ВОЖДИ
И СОВЕТНИКИ

**ВОЖДИ**
И СОВЕТНИКИ

Федор Бурлацкий

# Никита Хрущев

## и его советники—
### *красные,*
### *черные,*
### *белые*

ЭКСМО-ПРЕСС

2 0 0 2

УДК 882
ББК 63.3-8
    Б 90

Разработка оформления художника *Е. С. Пермякова*

**Бурлацкий Ф. М.**

Б 90    Н. Хрущев и его советники — красные, черные, белые. — М.: Изд-во ЭКСМО-Пресс, 2002. — 448 с., илл.

**ISBN 5-04-009686-0**

Эта книга посвящена деятелю, который нашел в себе мужество и могучий нравственный порыв, чтобы, преодолев свое прошлое, покончить навсегда с гильотиной массовых репрессий. Он не знал еще, что тем самым уничтожает главную опору сталинизма. Автор книги Федор Бурлацкий — мыслитель и писатель — много лет был советником Хрущева, Андропова и короткое время — Брежнева. Теперь он описывает эту драму в назидание потомкам.

                                                        УДК 882
                                                        ББК 63.3-8

### *Обращение к читателю*

**Н**адеюсь, что читатель прочел первую книгу серии «Вожди и советники», посвященную великому наставнику государей всех времен и народов Никколо Макиавелли. Теперь перед вами фигура первого деятеля эпохи реформации России — Никиты Сергеевича Хрущева, который сокрушил культ Сталина, во многом отвечавший образу диктатора, описанному флорентийским секретарем...

Важная особенность этой книги в том, что ее автор совмещает в себе и писателя, и мемуариста. У меня есть основание сказать, что я хорошо знал Хрущева и, как правило, понимал его поступки, внутренние побуждения и психологию. Так получилось в моей жизни, что я шесть раз сопровождал Никиту Сергеевича в зарубежных поездках, наблюдал и слушал его выступления и речи, нередко на расстоянии протянутой руки. Во время визита в Югославию и переезда на яхте «Галеб» из резиденции Тито на острове Брионы в Дубровник, мы, помощники и советники, сидели в маленькой каюте прямо напротив Хрущева и Тито. В момент пребывания в Болгарии в Варне я оказался за одним столом с Хрущевым и слушал, потрясенный, как он, стоя больше часа с рюмкой в руке, рассказывал о смерти Сталина, о том, как брали Берию. Во время пребывания в Чехословакии в резиденции президента страны незадолго до падения Хрущева я сидел в нескольких шагах от Новотного и записывал их беседу об экономических реформах.

Я был знаком довольно близко с семьей Хрущева — с супругой Ниной Петровной, с сыном Сергеем и дочерью Леночкой, умершей, к несчастью, в молодом возрасте. К сожалению, я так и не встретился с Радой Хрущевой, хотя косвенно у меня сложилось впечатление о ней, как о самом интересном члене этой семьи.

Хорошо помню поныне говорок Никиты Сергеевича с характерными украинизмами: буква «г», как «х» — это называлось «гаркать». Помню его веселый, озорной голос, доходивший в минуты большого возбуждения чуть ли не до визга. Помню его простонародные поговорки: «кузькина мать», «собака лает — караван идет», сопровождаемые непроизвольным всхохатыванием. Помню его бурную жестикуляцию и любимое развлечение — размахивать кулаком и стучать им по столу.

Именно меня пригласили в свое время в Колумбийский Университет США для прослушивания первой записи воспоминаний Никиты Сергеевича, надиктованных им на кассеты и тайно переправленных за рубеж его сыном Сергеем. Я тогда безапелляционно заявил: «Это он! Ни один актер не мог бы воспроизвести эти интонации, этот акцент и говорок». Замечу, кстати, что многие наши сатирики умело воспроизводили голоса Брежнева, Горбачева, Ельцина. Но что-то не припомню, чтобы кому-либо удавалось изобразить манеру Хрущева. Уж очень она была своеобразной и далекой от современного опыта...

Хрущев любил шутить. Но его шутки нередко обходились дорого стране. Одна из самых известных была, если использовать современный сленг, озвучена в самом «центре мирового империализма» — США. Вот как он сказал: «Мы вас похороним!». Вся Америка вздрогнула, и хотя он впоследствии не раз объяснял, что речь идет совсем не о войне, а об историческом процессе преодоления капитализма социализмом, ему там никто не поверил.

Другая известная шуточка настолько прилипла к Хрущеву, что каждый раз, когда я говорил о нем с кем-нибудь из американцев, те с улыбкой вспоминали, как он на заседании Генеральной Ассамлеи ООН во время выступления оратора из франкистской Испании снял ботинок и стал стучать им по столу. Любопытно заметить, что когда его сын Сергей спросил у отца, как это произошло, он услышал нечто совершенно невообразимое. Я думал, объяснил Хрущев, что в Америке, в отличие от нашей страны, принято выражать свой протест в любой форме — хочешь кричи, хочешь свисти, хочешь топай ногами.

Забавно, не правда ли? Ай да вожди мирового пролетариата, ай да борцы против сталинизма, великие реформаторы! Один этот эпизод стоит многих скучных исследований, где анализируется политическая культура вождей того времени.

При всем том не буду скрывать — я испытываю глубокую симпатию к Хрущеву. Прежде всего потому, почему любой современный читатель испытывает жгучий интерес к этому человеку. Сейчас даже трудно себе представить, как он рискнул, поднявшись на трибуну XX съезда партии, где находились исключительно железные кадры сталинского призыва, бросить им в лицо правду о «великом отце всех народов». Сейчас, оглядываясь в прошлое, не будет преувеличением сказать, что именно Хрущев нанес самый мощный удар по тоталитарной системе, становым хребтом которой были массовые репрессии.

Хрущев импонировал мне своей смелостью, пускай даже размашистостью и огромным энергетическим зарядом, хотя я хорошо видел и его недостатки: невысокую культуру, склонность к поспешным решениям и необдуманным действиям.

Не скрою, я был глубоко потрясен, когда Хрущева посредством подлого заговора при активном участии двух председателей КГБ — Шелепина и Семичастного — сняли с занимаемых постов и отправили в ссылку на подмосковную дачу. Когда я познакомился с Брежневым лично и понял, куда идет дело, — а дело шло к пересмотру решений и духа XX съезда, — я резко подал в отставку и ушел из аппарата ЦК КПСС, официально заявив о своем несогласии с новой политикой. Это дорого обошлось мне впоследствии...

Однако предлагаемая книга только в небольшой степени носит мемуарный характер. Главное место в ней занимает эпоха Хрущева — первого акта величественной и трагической драмы реформации в России. Приподнимем занавес и послушаем основных героев того, теперь уже далекого, времени. И вождей, и советников, и тех, кто помогал Хрущеву в его борьбе против сталинской диктатуры, и тех, кто тайно или явно тормозил этот процесс, а в конечном счете сокрушил самого тираноборца. В книге большое место отводится соратникам и противникам Хрущева — Брежневу, Андропову, Шелепину и другим деятелям.

Автор выражает свою глубокую благодарность Аркадию Вольскому, Борису Куракину, Владимиру Ресину за полезные советы и оказанную поддержку в подготовке к изданию этой книги.

*Автор*

*Новелла первая*

# ОЛИМП

## I

оя встреча с этим человеком была столь неожиданной и непредуготованной, что в этом можно было усмотреть чистый случай либо — по вкусу — перст судьбы. Дело было так.

Я катался как-то со своим сыном на велосипеде на Куркинском шоссе в Подмосковье. Те, кто бывал в этих местах, вероятно, знают, что там проходит знаменитая и удивительная по красоте велосипедная трасса, на которой нередко устраиваются отечественные и международные состязания. Это место именуют русской Швейцарией.

Между домом отдыха Нагорное, который называется Верхним, и дачным поселком того же ведомства (ЦК КПСС), который называется Нижним Нагорным, имеется спуск, извилистый и очень крутой. Редко когда обычный велосипедист рискует спускаться с него. Но мы с моим семилетним отпрыском лихие парни, мы скатывались оттуда вдвоем на одном полугоночном велосипеде. Вся штука заключалась в том, что, преодолев крутой спуск, надо было как можно выше взлететь на примерно такой же крутой подъем. Но доехать до самого верха нам практически никогда не удавалось. Приходилось соскакивать где-то на полпути.

В тот солнечный летний день нам тоже не удалось взлететь слишком высоко. Мы сошли с велосипеда и, придерживая его, медленно поднимались по крутогорью. Мысли мои были далеки от каких-либо деловых сюжетов. Сильная жара, обычная моя склонность к отвлеченным размышлениям и постоянная погруженность в семейные проблемы вызывали в моей душе подобие легкого протеста, окрашенного в юмористические тона. Ну чем я занимаюсь, думалось мне, чему я посвящаю лучшие годы своей жизни? Все-таки нет большего рабства, чем семейное рабство. Удивляюсь, как такая простая мысль не пришла в голову до меня ни одному из мыслителей. «Человек рождается свободным, а между тем всюду он в оковах». Помню, как потрясла меня эта фраза из трактата Руссо «Об общественном договоре», когда я изучал историю политических учений. Он писал о социальном рабстве. Но это такой род рабства, где человек ничего не может поделать: не он определяет время, место своего рождения и свое общественное положение. Но есть другой, куда более тяжелый и к тому же добровольный род рабства. Мужчина рождается свободным и отдает себя во власть женщине. Ты попадаешь под контроль другого человека с его культурой, привычками и образом мыслей. (Я имел случай впоследствии горько раскаяться в самоиронии...)

Но, конечно, семейное рабство имеет и оборотную сторону. Что может сравниться с той невыразимой радостью, которую испытываешь, глядя, ощущая, впитывая в себя свою маленькую копию, этот странный комочек бытия, который постепенно обретает твой облик и до смешного повторяет твои жесты, движения, привычки. Никогда бы я не познал этого чувства, чего-то нутряного, глубинного, подсознательного, захватывающего всего тебя целиком, без остатка.

Тем временем это маленькое воплощение моего «я», мой Сергуня, вышагивал рядом быстрыми, немного семенящими, но живыми, энергичными шажками, сверкая черно-карими глазами, насыщенными какой-то весомой мыслью, озорством, какой-то притягивающей магнетической силой... Господи! Как давно это было...

Да, так вот, не успели мы еще преодолеть подъем, как в двух шагах от нас остановилась «Чайка» и из нее выскочил, чуть прихрамывая, мой старый знакомый Лев Николаевич Толкунов.

— Федор, что ты тут катаешься на велосипеде? Делать тебе нечего, да в такое время, — сказал он, улыбаясь своей широкой японской улыбкой. — Идем работать к нам, в наш отдел. Меня назначили замом, и освободилось мое место консультанта. Я рекомендую тебя.

— Как кататься на велосипеде, я понимаю, но что такое работать в отделе — для меня темный лес, — сказал я, несколько ошарашенный этим напором, хотя давно уже взял себе за правило не выражать удивления ни по какому поводу.

— Какой там велосипед! Впрочем, пожалуйста, ты сможешь и на велосипеде кататься в свободное время, если оно будет у тебя оставаться, конечно! — продолжал загадочно улыбаться Толкунов. — Приходи завтра утром в третий подъезд. Я закажу тебе пропуск.

Ответить я не успел, да он и не ждал ответа. Шикарная «Чайка» исчезла за поворотом. Я работал в свое время с Толкуновым вместе, вернее, в одном коридоре. Наш журнал «Коммунист» переехал в ту пору на третий этаж здания, принадлежавшего газете «Правда», где он тогда трудился. Собственно, мы даже не общались по-настоящему друг с другом, хотя часто играли на нашем же этаже в настольный теннис. Впрочем, раза два-три мы беседовали с ним на серьезные темы, прогуливаясь во дворе.

— Кто это такой, папочка? — спросил меня сын, который с детства отличался любознательностью и совал свой носик во все дела. — Куда он тебя приглашал? Что это такое — отдел?

Я ему не ответил. Что я мог сказать, когда сам смутно представлял, что значит работать в отделе ЦК КПСС? Как это я могу работать в отделе? Я и так с трудом переносил ту минимальную дисциплину, которую требовал журнал. А в отделе надо приходить ровно в девять на работу и сидеть до шести, а то и до семи, до восьми и так каждый день! По силам ли это мне? Да и что я понимаю в делах отдела? Я никогда никем и ничем не руководил и не испытывал к этому особого призвания. Я написал к тому времени две книги и почти в каждом номере журнала публиковал свои статьи, и больше всего мне хотелось писать, а если получится, то попробовать себя и в художественной литературе. И даже журнал, где было достаточно возможностей для письма, тяготил меня прикованностью к рабочему месту и к каждому очередному номеру. Что же говорить об отделе, где, наверное, ни одной минуты не принадлежишь самому себе...

Несмотря на скромное место в журнале, я чувствовал себя активным участником бурного процесса политической жизни конца 50-х годов. Каждая моя публикация (а я напечатал несколько десятков статей в журнале) вызывала острые дискуссии в самом коллективе и за его пределами.

— Вы ходите по лезвию ножа, Федор Михайлович, — говорил мне один многоопытный и хитроумный работник редакции. — Смотрите, не обрежьте себе пальцы.

Но я меньше всего думал об этом. Мне часто говорили, что во мне вообще есть генетический недостаток — слабо развитое чувство самосохранения. И верно: я трижды ломал себе руку, один раз ногу и даже ухитрился повредить позвоночник. Но дело, конечно, не в этом. Вступив в область политики после 1953 года, я глубоко верил, что нахожусь в русле самых прогрессивных течений в нашей стране. Быть может, немножко впереди, немножко забегая, но ведь кто-то должен брать на себя эту опасную и опрометчивую — с точки зрения личных интересов — миссию?

Такое же чувство испытывали тогда многие представители послесталинского поколения. Политический маятник качнулся так далеко в сторону тоталитарного режима и тотального контроля, что он неизбежно должен был породить огромный импульс для противоположного движения. Я встречал все больше людей в политической среде, зараженных мессианским стремлением реформировать нашу идеологию и все общество. То был род какого-то тираноборства, тем более ожесточенного, что оно приходило в острейшее столкновение с настроениями большинства, которое по инерции продолжало думать и жить прежними представлениями.

Кроме того, меня мучило и другое чувство — какой-то вины перед старшим поколением наших школьных сверстников, большинство из которых погибло на фронте. Мы были первым поколением, которое не успело погибнуть на войне. Но, как писал потом В. Высоцкий, «ребятишкам хотелось под танки». Таким «танком» для нас стал сталинизм. Мы чувствовали неодолимую потребность в риске в борьбе с его наследниками...

Впрочем, рассказанный выше эпизод так мало занял мое внимание, что я даже не сообщил о нем жене, когда мы вернулись в нашу маленькую комнату на втором этаже двухэтажного барского дома в Нагорном. Я говорю «барского», хотя это неточно. Дом, собственно, был построен два десятилетия назад, но образцом — хотя, быть может, не лучшим — для него послужили старые барские дома средней руки.

Я упоминаю об этих житейских подробностях, чтобы читатель видел, что я ни в малейшей мере не был подготовлен к встрече с человеком, который стал политическим мифом в нашей стране и за рубежом.

Первая моя встреча с Юрием Владимировичем Андроповым, или с Ю. В. (так его за глаза называли в отделе), прошла довольно обыденно. Был он тогда одним из заведующих одного из многих отделов ЦК КПСС. И я почти ничего не слышал о нем прежде. В здании, где располагался отдел, я бывал уже не раз. Буквально за несколько дней до этого визита я посетил тот же третий подъезд, тот же третий этаж по приглашению соседа Ю. В. по кабинету, который занимался проблемами международного коммунистического движения, Б.Н. Пономарева. Мне довелось редактировать его статью, и он пожелал встретиться со мной непосредственно, поскольку, как мне объяснили, предложенные поправки и замечания произвели на него благоприятное впечатление. Потом я узнал, что руководитель международного отдела тоже имел виды на меня, хотел ко мне присмотреться с той же целью, что и Ю. В., — не подойду ли я для работы консультантом в его отделе.

Поэтому я зашел в кабинет Ю. В. без особого волнения, хотя, конечно, и не без острого любопытства:

журналистская и академическая среда, в которой я пребывал до этого, мало воспитывала чинопочитание, не говоря уж о том, что с юных лет я был настроен довольно критически ко всяким авторитетам, пытаясь самостоятельно оценить достоинства и недостатки каждого и внутренне сопротивляясь любому внушению. Кроме того, мне было свойственно ощущение игры в любой ситуации. Как будто все, что происходило вокруг меня, делалось не очень всерьез, а по какому-то предварительному молчаливому сговору, когда каждый участник выступает в определенной роли, относясь к ней как к чему-то внешнему, неглавному, тогда как главное оставалось невысказанным и совершалось где-то в тайниках сознания или даже подсознания.

Это чувство, кстати говоря, часто спасало меня в острых ситуациях, когда другой, менее «игровой» человек испытывал страх за личную судьбу и порученное дело, что сковывало его, мешало активно участвовать в обсуждении проблемы или в действии. Мне казалось, что лучше в любом положении сохранять чуть отстраненное, ироничное отношение к происходящему. Но, конечно же, такое свойство характера имело и отрицательную сторону. Я нередко бывал неосторожен и опрометчив в своих высказываниях и, как говаривал мне впоследствии Ю. В., «подставлял бока».

Помнится, я не испытал робости, когда после обычного рукопожатия с выходом из-за стола Ю. В. вернулся на свое место, а мы с Толкуновым, который сопровождал меня в кабинет, уселись по обе стороны за маленький столик, стоящий перпендикулярно к столу хозяина кабинета. Бросив беглый взгляд вокруг себя, я обратил внимание прежде всего на два огромных, почти во всю стену, окна, выходивших в сторону подъезда, портрет Ленина над головой хозяина кабинета, удлиненный стол слева от него, у которого находилось не менее десяти-двенадцати довольно массивных стульев, и кресло на председательском месте. Я не знал тогда еще, что мне придется сотни раз на протяжении многих часов сидеть за этим столом, как правило, на одном и том же месте, по левую руку от Ю. В., участвовать вместе с ним в трудном, нередко сумбурном, бесконечно утомительном и таком восхитительном процессе — совместном коллективном сочинении, редактировании и переписывании документов и речей руководителей страны. Но все это в будущем.

А пока я сидел, улыбаясь почему-то почти весело в ответ на мягкую улыбку Ю. В. Он уже тогда носил очки, но это не мешало разглядеть его большие, лучистые голубые глаза, которые проницательно и твердо смотрели на собеседника. Его огромный лоб, как будто бы специально освобожденный от волос по обе стороны от висков, его большой, внушительный нос, его толстые губы, его раздвоенный подбородок, наконец, руки, которые он любил держать на столе, поигрывая переплетенными пальцами, — словом, вся его большая и массивная фигура с первого взгляда внушала доверие и симпатию. Он как-то сразу расположил меня к себе, еще до того, как произнес первые слова[1].

— Вы работаете, как мне говорили, в международном отделе журнала? — раздался его благозвучный голос.

---

[1] Меня упрекали в печати за эту характеристику человека, который впоследствии участвовал в преследовании диссидентов. Но я пишу об Андропове 60-х годов — человеке XX съезда и пишу о своих чувствах того времени.

— Да, я заместитель редактора международного отдела в журнале «Коммунист».

— Ну, и как вы отнеслись бы к тому, чтобы поработать здесь, у нас, вместе с нами? — неожиданно спросил он.

Этот вопрос — я хорошо помню — был задан в самом начале разговора и поэтому прозвучал для меня совершенно неожиданно. Я мог ждать такого вопроса где-то в конце разговора, после того как хозяин кабинета познакомится со мной. Только потом я узнал, что такой вопрос, в общем, ни к чему не обязывал Ю. В. Это еще не было предложение. Это был способ знакомства с собеседником. Не думаю, что такой способ выражал какую-то накатанную или заранее подготовленную модель общения или преследовал цель поставить человека в нелегкое положение и проанализировать его реакцию. Нет. Скорее это отражало одно из характерных качеств Ю. В. — необыкновенно развитую интуицию, которая редко обманывала его.

— Я не думал об этом, — сказал я совершенно искренне, удивленный таким оборотом дела и забыв употребить общепринятую форму о том, как высоко я ценю оказанное мне доверие. И тут же продолжал: — Да и, откровенно говоря, я совершенно не уверен, что буду полезен в отделе. Я люблю писать, но не чувствую себя особенно пригодным для аппаратной работы.

— Ну, чего другого, а возможности писать у вас будет сверх головы. Мы, собственно, заинтересовались вами, поскольку нам не хватает людей, которые могли бы хорошо писать и теоретически мыслить. У нас здесь достаточно организаторов, и вам меньше всего придется заниматься чисто аппаратной работой. Консультанты у нас приобщены к важным политическим документам. Ваша работа в журнале и ваше образование — вы, кажется, кандидат юридических наук? — могут быть с большей пользой применены у нас, на партийной работе.

— Я никогда не занимался проблемами социалистических стран...

— Но вы писали о советском опыте, о нашем государстве, о развитии демократии, — вставил свое слово Толкунов. — А это как раз хорошая база для того, чтобы освоить опыт других стран социализма.

— Ну так как же? — Ю. В. приветливо улыбнулся. — Я думаю, что мы понравились друг другу?

— Что касается меня, здесь нет сомнений.

— Ну вот и хорошо, — сказал Ю. В. и дружески пожал мне руку.

Не помню, как очутился в коридоре, поспевая за Толкуновым, который, несмотря на свое прихрамывание, быстрым спортивным шагом шел к своему кабинету на четвертом этаже.

— Тебе будет интересно, Федор, — сказал Толкунов. — Ты увидишь, мы хорошо сработаемся.

Я не знал, что отвечать, и поэтому продолжал улыбаться все той же мягкой улыбкой, которую вызвала у меня встреча с таким значительным и одновременно таким обаятельным человеком, каким мне показался руководитель этого важного отдела. Толкунов попрощался со мной на лестничной клетке, и я, спустившись пешком с третьего этажа и отдав свой пропуск у входа дежурному лейтенанту, оказался на улице, где стояло у подъезда десятка два черных и белых машин «Волга», не так давно появившихся на улицах Москвы.

Я все еще переживал приятное чувство от только что состоявшегося разговора, но, право же, у меня в тот момент и в мыслях не было, что все это происходит всерьез, что эта встреча перевернет всю мою жизнь, направит ее по какому-то новому пути, о котором я никогда не думал, полагая себя человеком, созданным для совершенно иной деятельности — литературной, научной, но никак не политической. Дальнейшие события показали, как глубоко я ошибался — и в своем представлении о себе, и в оценке своего призвания. Впрочем, возможно, как раз тогда-то я и был прав, а ошибся, полагая себя политическим человеком?..

## II

Прошло десять дней, и я не то чтобы забыл — это было невозможно, — а как-то отодвинул воспоминание об этой встрече, хотя в глубине души она оставила непонятное мне самому ощущение удовлетворения. Мне показалось, что я понравился такому интересному человеку, и это было хорошо. Вдруг в середине дня звонок в редакцию. Толкунов:

— Федор! Завтра утром выходи на работу. Пропуск тебе заказан. Состоялось решение.

— Решение? Какое решение и что в нем?

— Как что? Ты назначен консультантом отдела. Подписал лично сам Первый. Так что не тяни волынку и завтра же приступай. Дел тут у нас по горло. Ну, будь здоров. (Слышу, у него зазвонил другой телефон, и так громко!) Меня вызывает Ю. В.

Я положил трубку с таким выражением лица, что мой коллега, сидевший напротив за своим столом, спросил:

— Что-нибудь случилось? Какой-то ляп в статье?

— Да нет, ничего плохого вроде не случилось, только мне придется, наверное, сегодня же сдать тебе все дела.

— Да ты что?! Так круто?

— Переводят на работу в отдел, — сказал я все еще как-то рассеянно.

— Так чего же ты киснешь, старина! С тебя причитается. Давай закатывай отвальную!

— Вместо отвальной я, пожалуй, оставлю тебе свою маленькую библиотеку. Она состоит из тринадцати томов произведений товарища Сталина на глянцевой бумаге и в роскошном переплете.

На другое утро я уже сидел за письменным столом у окна с видом на замкнутый внутренний дворик. Комната мне не понравилась: она была узкая, как пенал, и напоминала первую в моей жизни жилую комнату в трехкомнатной квартире, которую я получил, работая в журнале. Это было такое же кишкообразное помещение, постоянно продуваемое сквозняком, поскольку дверь и окно были на одной линии. Кроме того, с той комнатой у меня были связаны тягостные воспоминания. Мы жили там вчетвером — я с женой, сыном и няней, — а затем впятером, когда приехала моя мама, вышедшая на пенсию.

Дня три я томился в своем «пенале», не зная куда себя деть. Весь отдел был занят на Совещании представителей коммунистических и рабочих партий 1960 года, и до меня никому не было дела. На третий день к вечеру раздался знакомый, теперь почти уже родной голос Толкунова:

— Федор, ты сейчас не очень занят? Я хотел захватить тебя в одно место. Тебе будет интересно. Я уже на выходе.

Обрадованный, я быстро спустился с третьего этажа и добежал до подъезда, как раз когда показался прихрамывающий Толкунов. Мы сели в машину и через три минуты уже входили в Кремль. Предъявив удостоверение, Толкунов властно бросил: «Это со мной», и меня пропустили, разумеется, предварительно тщательно сверив фотографию в моем удостоверении с моей физиономией (видимо, пропуск был заказан заранее).

Сердце мое забилось радостно: я впервые попал в Кремль. Я гордо вышагивал рядом с Толкуновым, успевая бросать взгляды вокруг и стараясь запечатлеть все — и старые величественные башни, и купола церквей, и широкую площадку на белесой мостовой с черными машинами, которые казались неуместными здесь, на фоне этих восхитительных древностей.

Мы поднялись на верхний этаж и, пройдя по широкой внутренней лестнице, оказались в огромном зале, где стояло множество столов, уставленных напитками и разнообразными закусками. Не менее двухсот человек толпились вокруг этих столов, чокались, произносили тосты, переходили с места на место и создавали такой шум и гам, в котором трудно было что-либо расслышать.

Тут внимание мое было привлечено громким разговором, который происходил в самом конце зала, где собрались наши руководители и лидеры других партий. Я стал пробираться поближе, чтобы услышать, о чем говорил Первый. Находясь от него шагах в десяти, я впервые вблизи рассмотрел его.

Старшее поколение, конечно, помнит эту характерную фигуру, а младшее, возможно, никогда не видело даже его портретов. В ту пору ему, наверное, минуло лет шестьдесят, но выглядел он очень крепким, подвижным и до озорства веселым. Чуть что, он всхохатывал во весь свой огромный рот с выдвинутыми вперед и плохо расставленными зубами, частью своими, а частью металлическими.

Его широкое лицо с двумя бородавками и огромный лысый череп, крупный курносый нос и сильно оттопыренные уши вполне могли принадлежать крестьянину из среднерусской деревни или подмосковному работяге, который пробирается мимо очереди к стойке с вином. Это впечатление, так сказать, простонародности особенно усиливалось плотной полноватой фигурой и казавшимися непомерно длинными руками, потому что он почти непрерывно жестикулировал. И только глазки, маленькие глазки, то насыщенные юмором, то гневные, излучавшие то доброту, то властность, — только, повторяю, эти глазки выдавали в нем человека сугубо политического, прошедшего огонь, воду и медные трубы и способного к самым крутым поворотам, будь то в беседе, в официальном выступлении или в государственных решениях.

В момент, когда я впервые увидел его, он стоял с рюмкой в руке, а все остальные, наши и не наши, сидели за несколькими столами, близко придвинутыми друг к другу. Он держал рюмку с коньяком, хотя она мешала ему говорить, размахивал ею в воздухе, выплескивая коньяк на белую скатерть, пугая соседей и не замечая всего этого. Только потом, когда он уже совсем вошел в раж и глаза его уже не сузились, а расширились от ужасавших его самого воспоминаний, он осторожно поставил рюмку на стол, освободив, таким образом, правую руку, совершенно необходимую для убедительности его слов. И здесь я впервые услышал от него рассказ, который он потом при мне повторял еще дважды в другой обстановке, более камерной, в присутствии всего нескольких человек. Но что удивительно — он повторял рассказ почти заученно, внося лишь небольшие коррективы.

— Когда Сталин умер, мы, члены Президиума, приехали на ближнюю дачу в Кунцево. Он лежал на диване, и врачей возле него не было. В последние месяцы своей жизни Сталин редко прибегал к помощи врачей, он их боялся. Берия его, что ли, напугал, или он сам поверил, что врачи плетут какие-то заговоры против него и других руководителей. Пользовал его тогда майор один из охраны, который был когда-то ветеринарным фельдшером. Ему он доверял, он же и позвонил о кончине Сталина нам и вызвал врачей. Стоим мы возле мертвого тела, почти не разговариваем друг с другом, каждый о своем думает. Потом стали разъезжаться. В машину садились по двое. Первыми уехали Маленков с Берией, потом Молотов с Кагановичем. Тут Микоян и говорит мне: «Берия в Москву поехал власть брать». А я ему отвечаю: «Пока эта сволочь сидит, никто из нас не может чувствовать себя спокойно». И крепко мне тогда запало в сознание, что надо первым делом Берию убрать. А как начать разговор с другими руководителями? Тогда все подслушивалось, скажешь кому-нибудь, а он продаст. Несколько месяцев спустя стал я объезжать по одному всех членов Президиума. Опаснее всего было с Маленковым, друзья ведь были с Лаврентием. Ну, я приехал к нему, так и так, говорю. Надо Берию убирать. Пока он ходит между нами, гуляет на свободе и держит в своих руках органы безопасности, у всех нас руки связаны. Да и неизвестно, что он в любой момент выкинет, какой номер. Вот, говорю, специальные дивизии почему-то к Москве подтягиваются. И, надо отдать должное Георгию, — в этом вопросе он поддержал меня, переступил через личные отношения. Видимо, сам боялся своего друга. А Маленков тогда был Председателем Совмина и вел заседания Президиума ЦК. Словом, ему было что терять. Потом поехал я к Молотову. Тот долго думал, молчал, слушал, но в конце разговора сказал: «Да, верно, этого не избежать. Только надо сделать так, чтобы не получилось хуже». Я ему рассказал о своем плане. А план был такой: заменить охрану у входа, где проходило заседание Президиума, посадить там надежных офицеров и тут же, прямо на заседании, арестовать эту гадину. Потом поехал я к Ворошилову. Вот здесь сидит Клим Ефремович, он помнит. С ним пришлось говорить долго. Очень он беспокоился, чтобы не сорвалось все. Верно я говорю, Клим?

— Верно, верно, — громко подтвердил Климент Ефремович, весь красный то ли от рассказа, то ли от выпитого. — Только бы войны не было, — прибавил он почему-то не совсем кстати.

— Ну, насчет войны — это отдельный разговор, — продолжал Первый. — Значит, поехал я тогда к Кагановичу, выложил ему все, а он мне: «А на чьей стороне большинство? Кто за кого? Не будет ли его кто поддерживать?» Но когда я ему рассказал обо всех остальных, он тоже согласился. И вот пришел я на заседание. Сели все, а Берии нет. Ну вот, думаю, наверное, дознался. Ведь не снести тогда головы. Где окажемся завтра, никто не знает. Но тут он пришел и портфель у него в руках. Я сразу сообразил, что у него там, в портфеле! Да и у меня на этот случай, — тут рассказчик похлопал себя по правому карману широкого пиджака, — у меня, говорю, тоже было кое-что припасено... Сел Берия, развалился и спрашивает: «Ну, какой вопрос сегодня на повестке дня? Почему собрались так неожиданно?» А я толкаю Маленкова ногой и шепчу: «Открывай заседание, давай мне слово». Тот побелел, смотрю, рта раскрыть не может. Тут я вскочил сам и говорю: «На повестке дня один вопрос. Об антипартийной, раскольнической деятельности агента империализма Берии. Есть предложение, говорю, вывести Берию из состава Президиума, из состава ЦК, исключить из партии и предать военному суду. Кто за?» И первый руку поднимаю. И тут все остальные подняли руки. Берия весь позеленел — и к портфелю. А я портфель рукой цап! И к себе! «Шутишь, — говорю, — ты это брось!» А сам нажимаю на кнопку. Тут вбегают офицеры из военного гарнизона Москаленко (я с ними договорился заранее). А я им приказываю: «Взять этого гада, изменника Родины, и отвести куда надо». Тут Берия стал что-то бормотать, весь позеленел, в штаны наложил! Такой герой был других за холку брать и к стенке ставить. Ну, остальное вы знаете: судили его и приговорили к расстрелу. Вот как это было. Так вот, я хочу выпить, — он снова взял в руки свою рюмку, — за то, чтобы такое нигде и никогда больше не повторилось. Мы сами смыли это вонючее, грязное пятно и сделали все, чтобы создать гарантии против подобных явлений в будущем. Я хочу вас заверить, товарищи, что мы такие гарантии создадим и все вместе пойдем вперед к вершинам коммунизма! За здоровье руководителей всех братских партий!

«Яростно топчется все, что прежде лишь ужас внушало», — почему-то вспомнил я, слушая эти откровения, фразу, недавно прочитанную у Лукреция.

В этот момент я наконец оторвал глаза от рассказчика и, взглянув в сторону, увидел Ю. В. Он сидел молча, опустив голову и глядя в одну точку. Потом я узнал, что он вообще не любил пить, да и нельзя было ему из-за высокого кровяного давления. Но в тот момент мне показалось, что ему было неловко за рассказчика, что он считал изложение всей этой истории здесь, при таком большом стечении людей, неуместным. Может быть, я ошибался, хотя лицо его было очень выразительным и на нем отражалась смена настроений. (Впрочем, конечно, разгадывать его мысли вряд ли кому удавалось.)

Что касается меня, то я был поражен всем происходящим, всем услышанным и особенно тем, с какой легкостью я оказался приобщенным к самым сокровенным тайнам государства.

Впоследствии Хрущев многократно возвращался к своему рассказу об аресте Берии и вносил в него новые детали. Самые главные из них касаются реакции различных руководителей на предложение устранить этого палача. Колебался не только Ворошилов, долго приценивался Каганович, спрашивал настойчиво, кто за и кто против, и даже Микоян, с которым Хрущев, собственно, и начал первый разговор, считал вначале, что, возможно, Берия не безнадежен и еще сможет работать в коллективе. Несколько иначе выглядел и самый арест.

В 1960 году Хрущев умалчивал о роли Г. К. Жукова, поскольку он незадолго до этого добился его освобождения с руководящих постов. Позднее честность взяла верх над конъюнктурными соображениями. Хрущев признал, что главную роль в аресте сыграл Жуков вместе с Москаленко и другими военными. К слову, мне рассказывал интересный человек, В. Е. Лесничий, работник одного из подмосковных научно-исследовательских центров, о выступлении Г. К. Жукова перед их коллективом. Жуков вспоминал о Берии, которого ненавидел всей силой своей неукротимой души.

По словам Жукова, в одиннадцать часов в тот самый день, когда должны были взять Берию, раздался звонок. Хрущев говорит: «Георгий Константинович, прошу приехать ко мне, есть очень важное дело». Сажусь в машину, приезжаю, открываю кабинет, он встает из-за стола, подходит ко мне, берет меня за руки: «Георгий Константинович, сегодня надо арестовать подлеца Берию. Ни о чем не расспрашивайте, я потом расскажу». Я вздохнул, закрыл глаза и сказал: «Никита Сергеевич, я жандармом никогда не был, но эту жандармскую миссию выполню с большим удовольствием. Что надо делать?» Хрущев сказал: «Вы берете с собой генералов, проводите их через Боровицкие ворота, приходите в приемную, где будет заседание Президиума, ждете звонка, заходите, берете его и сидите до трех часов утра, пока не будет снят весь караул, затем придет майор, назовет пароль, вы сдадите Берию. Вот и все». Потом, продолжал Жуков, я посадил в машину на заднее сиденье Батицкого и Москаленко, накрыл их попоной, поскольку у них не было пропусков, и проехал через Боровицкие ворота в Кремль, зашли в приемную. Никто не знал, зачем приехали, кроме меня. Ждем. В час дня звонка нет, пять минут второго — нет. Я представил, что Берия арестовал всех и ищет меня. Состояние было очень тревожное. В час пятнадцать раздался звонок. Мы вытащили пистолеты, один остался у входа, вошли мы с Москаленко, слева сидел Берия. Я направился к нему, перед ним лежал портфель, мысль промелькнула, что может быть оружие, я толкнул портфель, схватил Берию за руки и закричал: «Берия арестован!» Он вскочил и крикнул: «Георгий Константинович, что случилось?!» В ответ я снова закричал: «Молчать!» Развернулся — и на выход с ним. Мне показалось, что не все члены Президиума знали об аресте и заподозрили, что я совершаю военный переворот. Вывели мы Берию, сняли пенсне, раздавили, отрезали пуговицы на штанах, ну, и просидели там до трех часов утра, потом его увезли.

...Так рассказывал Жуков. Тогда кто-то из аудитории спросил его: «Какое событие вы считаете самым важным в вашей жизни?» И маршал без колебания ответил: «Арест Берии!» Вот оно как.

Эпизод с портфелем, о котором говорили и Хрущев, и Жуков, — чистый фрейдизм. Один вроде толкнул, другой схватил портфель, полагая, что там оружие. Но оружия там не было, это впоследствии признавали оба, но они продолжали и продолжали рассказывать о портфеле, поскольку в их сознании он концентрировал в себе весь ужас возможного провала...

Вернемся, однако, в зал, где Хрущев еще не закончил свои откровения. Он как раз снова поднял рюмку с коньяком:

— Вот меня часто спрашивают, как это я вдруг вышел и сделал тот доклад на XX съезде. Столько лет мы верили этому человеку. Поднимали его. Создавали ему культ. И риск тоже был огромен. Как еще отнесутся к этому руководители партии, и зарубежные деятели, и вся наша страна? Так вот, я хочу рассказать вам историю, которая мне запомнилась с детства, еще когда обучался грамоте. Была такая книга «Чтец-декламатор». Там печаталось много очень интересных вещей. И прочел я в этой книге рассказ, автора не помню. Сидели как-то в тюрьме в царское время политзаключенные. Там были и эсеры, и меньшевики, и большевики. А среди них оказался старый сапожник Пиня, который попал в тюрьму случайно. Ну, стали выбирать старосту по камере. Каждая партия предлагает своего кандидата. Вышел большой спор. Как быть? И вот кто-то предложил сапожника Пиню, человека безобидного, не входящего ни в одну из партий. Посмеялись все, а потом согласились. И стал Пиня старостой. Потом получилось так, что все они решили из тюрьмы бежать. Стали рыть подкоп. Долго ли рыли, неизвестно, только вырыли. Ну, и тут возник вопрос, кому идти первым в этот подкоп. Ведь, может, тюремное начальство уже дознались о подкопе и ждут там с ружьями. Кто первым будет выходить, того первым и смерть настигнет. На эсеров-боевиков указывают, а те на большевиков. Но в этот момент из угла поднимается старый сапожник Пиня и говорит: «Если вы меня избрали старостой, то мне таки и надо идти первым». Вот так и я на XX съезде. Уж поскольку меня избрали Первым, я должен, я обязан был, как тот сапожник Пиня, сказать правду о прошлом, чего бы это мне ни стоило и как бы я ни рисковал. Еще Ленин нас учил, что партия, которая не боится говорить правду, никогда не погибнет. Мы извлекли все уроки из прошлого, и мы хотели бы, чтобы такие уроки извлекли и другие братские партии, тогда наша общая победа будет обеспечена. Я хочу выпить за наше единство, за верность заветам великого Ленина.

Тем временем тосты следовали один за другим, и шумное застолье завершилось только около полуночи. Меня представили многим известным людям, но я почти весь вечер чувствовал неловкость. Мне казалось, что я каким-то незаконным путем проник в это высокое собрание, услышал то, чего не должен был слышать. Все пришли в черных или синих костюмах, тогда так было принято. На работу надевали синий зимой, серый летом. А у меня не было ни черного, ни синего костюма. Я был одет в какой-то светло-коричневый костюмчик с вызывающими блестками и накладными плечами, сшитый по случаю у портного, который хотел сделать из меня «модного человека». Явившись на высокое совещание в этом затрапезном виде, я выглядел белой вороной. (Комплексы такого рода и связанная с ними некоторая робость скоро у меня прошли, да и костюмы стал я шить по форме в специальном ателье: синий, серый и даже дипломатический — черный.)

Видимо, Толкунов знал, что делал: он сразу вознес меня на Олимп, предоставил мне возможность познакомиться с нашими основными «заказчиками», то есть с теми, для кого мы должны были сочинять речи, готовить справки и документы (в нашей среде почему-то принято было иронически ставить ударение на втором слоге доку́менты).

Стремительность происшедшей со мной перемены поразила меня. Особенно я был удивлен тем, как быстро созрело мнение обо мне у руководителя отдела, который видел меня всего несколько минут. Только потом мне стало ясно, что он спрашивал обо мне у человека, авторитету и слову которого полностью доверял. Это был Отто Вильгельмович Куусинен, с которым Андропов работал еще в Карелии. Вернемся на два года назад.

## III

Ясным морозным утром в январе 1958 года за мной в редакцию заехал на «ЗИЛе» помощник О. В. Куусинена Н. В. Матковский. Я впервые ехал в «ЗИЛе» и чувствовал себя не очень уютно рядом со своим спутником на заднем сиденье, отгороженном довольно большим пространством от переднего сиденья, где находился шофер. Видимо, так чувствуешь себя в катафалке, только там поза другая, подумалось мне.

— Конечно, в такую погоду моряки предпочитают сидеть в каютах, а не на палубе, — пошутил Матковский, видимо, желая помочь мне преодолеть смущение. — Тебя, надеюсь, не шокирует мой матросский жаргон? Но я, старый морской волк, так и не могу привыкнуть к дипломатии и всегда иду прямиком к цели. Ты не возражаешь, что я буду говорить тебе «ты»? Ведь я постарше тебя лет на десять, — продолжал он, доверительно положив мне на колено свою широкую, с короткими пальцами, заросшую рыжими волосами руку.

— Да нет, конечно. Это, кстати, отнюдь не привилегия моряков. Мой шеф в редакции всегда говорит мне «ты», хотя я, конечно, говорю ему «вы».

— Ну, я могу говорить тебе «вы», но ты мало от этого выиграешь, — сверкнув серыми глазами с густыми белыми ресницами и осклабясь всем своим зубастым ртом, — сказал Матковский. Видимо, его несколько насторожила моя реплика, и он раздумывал, как ее следует истолковать: заносится, что ли, этот чернявый паренек или просто так болтает?

— Да нет, Николай Васильевич, я просто хочу попросить позволения говорить вам при этом «вы». Мне как-то неловко, как-то не с руки...

— Как хочешь. Вы там, ученые и журналисты, конечно, лучше знаете ритуал человеческого общения. Так что вам виднее.

Впоследствии я понял, что сделал крупный промах, сохранив дистанцию между собой и этой «открытой морской душой», как сам себя рекомендовал Матковский. Георгий Арбатов, который, по-видимому, назвал мою фамилию Куусинену, поступил иначе. Он с готовностью перешел на «ты» с бывшим матросом и сколько при этом выиграл...

Арбатова Отто Вильгельмович знал, надо думать, по совместной работе в журнале «Новое время», в котором довольно долго состоял членом редколлегии. И когда Куусинену поручили подготовить учебник по основам марксизма-ленинизма, он привлек к этому делу Арбатова, а тот помог ему сформировать новый авторский коллектив из молодых ученых и журналистов. Я говорю «новый», потому что Куусинену был предложен другой состав авторов, в котором он, однако, очень быстро разочаровался. То были люди, неспособные сколько-нибудь по-новому, свежо и неординарно подойти к глубоко волновавшим его проблемам развития современного мира.

Об этом мне поведал Матковский, когда мы ехали через Москву и дальше, по Волоколамскому шоссе до поселка Снегири, где жил на даче Куусинен.

— Это чудесный старик, ты увидишь сам, — сверкая своей зубастой улыбкой, говорил Матковский. — Да какой он старик, вру я, он моложе нас с тобой по духу, это безусловно. Новатор, самый настоящий новатор! Он не оставляет камня на камне от наших заскорузлых и застоявшихся, как вонючая лужа на палубе, представлений. Да и не только по духу. Ты увидишь, как он катается на лыжах, на коньках, подтягивается на перекладине. И это в свои семьдесят с лишним лет!

Немного парализованный бурным темпераментом матроса и продрогший в машине, которая плохо отапливалась, я сидел, забившись в угол, и чувствовал себя, как невеста, которую везут к незнакомому, но очень придирчивому жениху. Конечно, ничего страшного не произойдет, если жених ее отвергнет, и неизвестно, понравится ли ей самой жених, но все же неприятно, когда тебя везут на смотрины.

— Ты не тушуйся, парень, — проницательно заметил мой разговорчивый спутник. — Старик у нас неторопливый. Он ничего не берет на веру и ничего не решает сразу. Ему понравилась твоя статья о том, что надо развивать советскую демократию. И он даст тебе шанс написать раздел о государстве, прежде чем примет решение, включать или не включать тебя в авторский коллектив. Так что у тебя будет время...

Желая развлечь меня во время долгого пути, Матковский стал рассказывать разные истории, связанные с Куусиненом в коминтерновский период его деятельности. Отто Вильгельмович, по его словам, всегда отличался необыкновенной трудоспособностью. В ту пору в Коминтерне было принято (да и не только там) засиживаться на заседаниях до поздней ночи.

— Строили проекты мировой революции, — говорил Матковский. — Высказывали предположения: где, когда может произойти взрыв. Во время этих ночных бдений каждый вел себя по-своему.

Один из деятелей Коминтерна, Гарри Поллит, имел слабость к армянскому коньяку и потягивал рюмку за рюмкой, не закусывая, а запивая боржомом. А Отто Вильгельмович держал в своем кабинете гимнастические кольца, подвешенные к потолку, используя каждый перерыв для того, чтобы подтягиваться на них и делать всяческие фигуры. Димитров заметил как-то: «Вот, товарищ Куусинен, где вы научились воспитывать свою тактическую гибкость». — «Та, та, нам всегда не хватало гибкости в тактике. Но я никогда не забываю о нашей долгосрочной стратегии», — отвечал Отто Вильгельмович.

Я слушал байки Матковского развесив уши, не зная, верить ему или нет.

Впрочем, вероятно, общий стиль отношений между деятелями Коминтерна характеризовался не только страстными теоретическими спорами, но и живым юмором, в котором постоянно все состязались. Слушая Матковского, я вспомнил, как у нас в журнале побывал в гостях Гарри Поллит. Он не стал произносить больших официальных речей, а рассказал нам просто и весело о не очень веселых делах Компартии Великобритании. Мне надолго запомнились несколько, как я потом понял, типичных коминтерновских шуток.

— Вся наша беда была в том, что мы поверили товарищу Варге Евгению Самуиловичу (очень известный в ту пору экономист-международник. — *Ф. Б.*), который каждый раз предсказывал глубокий экономический кризис на Западе, — говорил Гарри Поллит. — Мы верили, что вот-вот разразится кризис и маленькая Красная Шапочка (это наша партия) стремительно вырастет, обретет силу и съест капиталистического волка. Кризисы приходили и уходили, а мы все равно оставались маленькой Красной Шапочкой.

Помню, как были шокированы старые работники журнала этой шуткой. Но что уж совсем показалось непристойным, так это тост, который сказал Гарри Поллит во время обеда в ответ на наши хорошо подготовленные и продуманные здравицы в честь Компартии Великобритании, всех братских партий и за победу революции. Гарри Поллит предварительно налил себе до краев не рюмку, а большой фужер армянского коньяка и произнес: «Я горячо поддерживаю все, что было сказано. А теперь давайте выпьем беспартийный тост. Я хочу выпить за наших жен, и за наших любовниц, и за то, чтобы они никогда не встречались за одним столом!»

Наши старики чуть не попадали со своих стульев, а молодые были в восторге от этой озорной манеры, ломавшей стереотипное тостирование.

Когда же Гарри Поллит стал прохаживаться насчет «партийно-китайского сленга», на котором мы пишем свои статьи, наш ответственный секретарь не выдержал и прошептал так, что стало слышно всем за столом: «Так вот почему в Англии так и не произошла революция!» За это он схлопотал суровый взгляд другого ответственного товарища, сопровождавшего Поллита и при случае затем заметившего секретарю редакции: «Гарри Поллит стал выдающимся деятелем мирового коммунистического движения в то время, когда ты еще сидел счетоводом в колхозе».

Я вспомнил об этом, слушая веселые рассказы Матковского и поглядывая в коротких паузах в окошко лимузина.

Дорога шла между заснеженными полями, лесами, перелесками. Я люблю этот белый покров, эту серо-синюю дымку, из которой будто вырвано, выведено за горизонт солнце. Белый снег всегда так умиротворяет меня, примиряет с чем-то необъятным и необозримым, что разлито вокруг нас и от чего мы постоянно отвращаем свой взор, устремляя его на какую-то мелкую повседневную задачу, невидимую, как снежинка, затерявшаяся в бесконечных снежных просторах...

Однако я не сумел сосредоточиться на этой мысли, поскольку мы уже приехали. Машина мягко и как будто даже робко прошла через ворота и остановилась возле небольшого деревянного двухэтажного домика. Пока мы отряхивали снег в маленькой прихожей, вышла полная женщина в белом переднике и певуче сказала нам, что Отто Вильгельмович ждет нас у себя в кабинете на втором этаже. Мы поднялись по узенькой скрипучей лесенке и оказались на антресолях, где в углу против окна стоял небольшой стол, заваленный книгами и рукописями.

Бумаг было так много, что я с трудом разглядел за ними сидящего в кресле маленького, щуплого, очень пожилого человечка, укутанного клетчатым пледом и каким-то мехом. Его небольшая головка с сильными залысинами и лицо — кожа да кости — усиливали впечатление дряхлости. Но вот вы наталкивались на его глаза, на его взгляд, и это совершенно опрокидывало первое впечатление. Глаза — как льдинки, не очень большие, синие, притягивающие к себе, вбирающие в себя, в самую глубину все, что попадало в поле их обзора, глаза, которые существовали как-то отдельно от всего лица и его мимики. Они жили своей жизнью, сообщаясь напрямую с какими-то центрами умственной деятельности, скрытыми в глубине черепной коробки. А головка чем-то напоминала голову Пикассо. Может быть, это мне показалось, когда я впервые увидел Отто Вильгельмовича, но и потом я не мог отделаться от этой ассоциации.

Худенький, маленький старичок показался мне удивительно значительным, и я испытывал отнюдь не свойственное мне чувство робости и желание непременно произвести на него благоприятное впечатление. А он молчал, этот старичок, остановив на мне спокойный, холодный, голубоватый взгляд, не выражающий ничего, кроме ожидания, как будто даже пустой, но на самом деле — и я смог в этом скоро убедиться — отражающий непрерывную, неутомимую, почти механическую работу мысли.

— Ну вот, Отто Вильгельмович, я и привез этого человека, — шумно начал Матковский. — Он, по-моему, хороший парень, хотя немного задается, не хочет переходить со мной на «ты». Но это я так, конечно, в шутку. — Матковский повернулся ко мне: — Отто Вильгельмович еще расскажет вам о своем замысле написать главу о государстве для нашего учебника. Это должна быть совсем необычная глава, быть может, центральная в книге. Ну, я свою миссию выполнил и замолкаю.

— Та, та, именно, именно, — проскрипел пожилой джентльмен. — Я пригласил вас, чтобы попробовать... Попробовать по-новому подойти к этому вопросу. У вас правильно сказано в статье: надо развивать советскую демократию. Но что это значит? Как вы думаете?

Я начал было пересказывать основные положения своей статьи, но Куусинен остановил меня взглядом.

— Та, та, именно... А как вы думаете, нужно нам сохранять диктатуру пролетариата, когда мы уже построили социалистическое общество? Или нам нужен переход к какому-то новому этапу развития государства?

Вопрос этот, надо сказать, смутил меня. Не потому, что я не задумывался над этим, а потому, что ответ на такой вопрос, как говаривали в нашей редакции, чреват непредвиденными последствиями. Сказать вслух, что, в общем-то, диктатура не нужна, что она решала особые задачи — и в гражданскую войну, и в момент неслыханного напряжения сил в предвоенный период, и в Отечественную войну? Я хорошо знал, что стереотип «диктатура пролетариата» в 30-х годах был использован для обоснования массовых репрессий, и в своих статьях косвенно уже покушался на этот стереотип. Но можно ли говорить об этом человеку, который представляет высшее руководство страны? Правда, в самой постановке им вопроса уже содержится намек на возможность какого-то нового суждения... Впрочем, я так и не додумал до конца мысль под внимательным, пытливым взглядом, который требовательно извлекал из меня не формальное, а искреннее мое мнение.

— Если говорить откровенно, Отто Вильгельмович, то мне кажется, что диктатура пролетариата не нужна в нашей стране, тем более личная диктатура вождя. Государство должно быть преобразовано. Процесс этот, собственно, уже идет, и задача в том, чтобы его сознательно ускорить.

— Именно, — всколыхнулся плед, что, как я потом понял, означало крайнюю степень возбуждения. — Но вот вопрос: во что же она, эта диктатура, преобразуется?

— Я думаю, в государство народа, а не одного класса, в советскую демократию.

— Та, та, именно, но, может быть, общенародное государство? Маркс когда-то критиковал лозунг «народное государство». Но это было давно и, кроме того, относилось совсем к другому государству. Лассаль рассчитывал заменить юнкерскую буржуазную власть на государство народное. Это была иллюзия. Это был обман. Но совсем иное дело сейчас у нас, когда диктатура пролетариата свою историческую роль уже сыграла.

Здесь он сделал паузу, которая длилась довольно долго, и я не знал, должен ли я что-то добавить к его рассуждениям. А он, по-видимому, продолжал обдумывать сказанное, как будто слово, отделившись от него, приобретало какое-то самостоятельное значение и звучание, так что следовало оценить его заново.

— Так в этом духе и нужно написать главу для учебника? — не выдержал я.

— Именно, именно, в этом духе. Надо обосновать это теоретически. Надо взять у Ленина: для чего и почему необходима диктатура пролетариата — и доказать, что сейчас она уже не нужна.

— Речь идет только о теории или также о практике? — спросил я. — Имеется ли в виду внести какие-либо крупные изменения в политическую систему?

— Та, та, именно, — отвечал Куусинен. — Вначале теория, а потом, — тут он сделал движение рукой куда-то вдаль, — а потом и практика...

Я понял, что это «потом» наступит не так скоро, но что сейчас надо добиться теоретического признания необходимости каких-то важных преобразований государственных институтов. (Теперь можно отметить, что понадобилось около 50 лет, чтобы диктатура стала уступать место демократии, да и то еще до конца не уступила. Такова была «историческая цена» скептического жеста Куусинена относительно практики...)

— Может быть, пока приобщить Федора Михайловича к Записке? — вставил свое слово Матковский.

— Та, та, и к Записке тоже. Но главное, надо поднять все работы Ленина, надо восстановить истину, чтобы обосновать общенародное государство.

Приглашение меня в авторский коллектив, как и вовлечение других молодых теоретических работников, для Куусинена было актом нелегкой борьбы. Впрочем, кульминация конфликта была раньше, о чем мне рассказывали Арбатов и другие. Все авторы сидели как-то за круглым столом и обсуждали перераспределение ролей. Разделы, которые не получились у прежних авторов, вручались вновь привлеченным. Один из отвергнутых «стариков», желая уязвить Куусинена, сказал:

— Тут вот, Отто Вильгельмович, западная печать комментирует ваше избрание в Президиум ЦК.

— И что же они пишут? — спокойно спросил Отто Вильгельмович.

— Они пишут следующее, я цитирую: «Президиум ЦК КПСС избрал старого члена партии Куусинена, который известен своими неортодоксальными взглядами и своей борьбой с догматизмом».

В этот момент говоривший победоносно посмотрел по сторонам, ища поддержки у окружающих, но нашел ее только у двух-трех человек из числа аутсайдеров.

— Та, та, именно, — протянул Куусинен в своей обычной манере. — Только вот непонятно: они пишут о борьбе с догматизмом, но как они смогли узнать о наших с вами спорах?

Дружный смех был ответом на эту тонкую, «типично коминтерновскую» шутку...

В ту пору сложился такой стиль: освобождать от основной работы на какой-то период авторов подобных партийных учебников, собирать их где-то на даче, с тем чтобы они могли целиком сосредоточиться на одном общем деле. И нас тоже поместили на даче в Нагорном на Куркинском шоссе, представляющем собой ответвление от магистрали, идущей на Ленинград.

Это был небольшой двухэтажный деревянный домик, в котором каждый имел свою комнатку с письменным столом, кроватью, тумбочкой и персональным туалетом. Три раза в день мы гуртом ходили в соседнее здание на кормление, где встречались за общими столами с членами другого авторского коллектива, работавшего над учебником по истории КПСС. Общее застолье, когда не было наших руководителей, нередко переходило в острую пикировку: позиции двух групп авторов расходились по очень многим вопросам.

Куусинен приезжал нечасто, и в его отсутствие фактически руководили два человека: Георгий Арбатов и Алексей Беляков. Один был журналистом, а другой работал в международном отделе и впоследствии стал помощником Отто Вильгельмовича. Они хорошо дополняли друг друга. Арбатов отличался совершенно уникальной способностью: он писал быстро, как машина, сбрасывая листок за листком прямо на пол. Ему ничего не стоило в течение нескольких часов накатать таким образом пятнадцать-двадцать страниц. Он очень легко облекал в литературную форму мысли, высказанные Куусиненом или другими членами коллектива.

Что касается Белякова, то тот писал мало. Складывалось впечатление, что он даже как бы презирает это занятие. Зато он был необыкновенно хорош, выступая в устном жанре. Его суждения всегда отличались от общепринятых и нередко поражали своей новизной и нетривиальным подходом. А еще он был великий мастер составления схем. Ему не важен был объект: он с равным удовольствием сочинял и переделывал схему всего учебника, отдельных глав, изложения того или другого вопроса, методику исследования — словом, почти чего угодно...

Арбатов был уже в молодости мужчиной представительным, крупным, с массивной фигурой, с тяжелым, как мы шутили, брудастым лицом и внушительным лбом. В ту пору он увлекался йогой, и мы часто заставали его стоящим на голове в своей комнате. При этом его сильно разреженные космы сваливались прямо на пол, что вызывало неизменные шутки, нимало не трогавшие Арбатова. Ему была присуща какая-то идущая изнутри генетическая важность и значительность.

Беляков, напротив, выглядел букой. Он трудно сходился с людьми, но, приблизив к себе кого-то, был способен часами изливать на него свои философские размышления, мало заботясь о том, соглашаетесь вы с ним или нет. Он был строен, крепок телом, черноволос — в общем, хорош собой. Он неизменно пользовался вниманием наших машинисток, с которыми мог часами болтать в их комнате, невзирая на срочную работу.

Я был влюблен в Белякова без памяти, настолько, что даже назвал своего второго сына его именем. Он тоже относился ко мне хорошо, снисходительно позволяя любить себя, находя во мне слушателя, готового часами внимать его откровениям.

Вместе с другими членами нашего коллектива я участвовал в подготовке Записки для высшего руководства, предложенной Куусиненом. Называлась она, помнится, несколько вызывающе: «Об отмене диктатуры пролетариата и переходе к общенародному государству». Ее действие было подобно взорвавшейся бомбе. Подавляющее большинство руководителей не только отвергло эту идею, но пришло в страшное негодование. Куусинен же только посмеивался одними глазами: как опытный аппаратчик, он предварительно согласовал вопрос с Хрущевым и получил его надежную поддержку.

Мы присутствовали в кабинете Куусинена в тот момент, когда он выслушивал замечания некоторых руководителей по поводу Записки. Отто Вильгельмович держал трубку внутреннего телефона так, что мы могли слышать его собеседника.

— Отто Вильгельмович! — кричала трубка. — Как же так! Что вы тут написали! Зачем же так извращать! Ленин считал диктатуру пролетариата главным в марксизме. А вы тут нам подсовываете какие-то новые цитатки Ленина, о которых никто и не слышал...

— Та, та, именно — не слышали. Не слышали потому, что эти очень важные высказывания Ильича держались под спудом. Вы знаете, наверное, что и сейчас еще многие работы Ленина не опубликованы.

— Не знаю. Не слышал. Нас учили совсем другому марксизму, — пробасила трубка и легла на рычаг.

— Та, та, это верно, — заметил Отто Вильгельмович, обращаясь к нам, — его учили совсем другому. Боюсь, что даже преподаватели в торговом техникуме, который он кончил, могли не знать этих высказываний Ленина.

Тут снова зазвонил внутренний телефон.

— Я вас слушаю, — как обычно, вежливо произнес Куусинен.

Но трубка молчала еще какое-то время и наконец взорвалась женским криком. Потом выяснилось, что это была Екатерина Фурцева, секретарь ЦК и будущий министр культуры.

— Как же вы могли, Отто Вильгельмович, покуситься на святая святых — на диктатуру пролетариата! Что же будет с нашим государством, с нашей идеологией, если мы сами будем раскачивать их основы?!

— Думаю, государство и идеология станут еще крепче, — бодро отвечал наш старик. — В самом деле, если государство стало всенародным и сохранило при этом руководство рабочего класса, то от этого оно, конечно, только выиграло, а не проиграло, и при этом никто не сможет оправдывать расправу с вами, со всеми нами ссылкой на диктатуру пролетариата!

— Ну, знаете, это вы уж слишком! На кого вы намекаете? У нас сейчас коллективное руководство и никто никого не собирается сажать!

— Вот именно, вот именно, — обрадовался Куусинен. — Коллективное руководство — это и есть прямой переход к социалистической демократии.

— Нет, Отто Вильгельмович. Меня вы не убедили! И никого не убедите. Так что я бы вам посоветовала отозвать свою Записку, пока еще не поздно. Пока еще не состоялось обсуждение.

— Не поздно, — промямлил Отто Вильгельмович с легкой издевкой. — Никогда не поздно восстановить истину. Что касается обсуждения, то я почему-то думаю, что к этому времени вы сами пересмотрите свою позицию...

— Никогда! Ни за что! Я эту диктатуру, можно сказать, всосала с молоком матери и буду стоять за нее насмерть!

— Ну зачем насмерть? Это же вопрос теории. Посмотрим, обсудим и коллективно решим. (Е. Фурцева, замечу в скобках, дозналась о том, какую роль я играл в «сокрушении диктатуры пролетариата». Это сыграло свою роль в другую эпоху, когда я с Карпинским опубликовал статью против цензуры министерства культуры СССР, т.е. самой Фурцевой в отношении театров. Она оббегала всех членов ПБ и особенно наседала на Леонида Ильича, настаивая на моем изгнании из печати — аппарат злопамятен и ничего не забывает.)

Но в ту пору Куусинен оказался прав. Ни один из его оппонентов даже не рискнул высказаться против Записки, когда происходило обсуждение. К этому времени все уже знали, что Первый — «за» и что он рекомендовал включить идею общенародного государства в Программу партии, что и было впоследствии поручено мне.

Мы говорили с Отто Вильгельмовичем о том, как в результате нового взгляда на на́ше государство будет изменена вся политическая система на принципах демократии. О том, что будут созданы прочные гарантии против режима личной власти, о том, что появятся новые политические институты общественного самоуправления.

Со времени революции основы нашей политической системы существенно не менялись. Они сохранились в том же виде, как и во времена Ленина. Это не помешало коренному изменению политического и идеологического режима в сталинское время. В чем же здесь дело? Как уберечь страну от нового поворота к авторитарному режиму в будущем — это составляло предмет наших дискуссий и мучительных раздумий. Впоследствии я написал книгу «Государство и коммунизм», навеянную совместными обсуждениями с О. В. Куусиненом.

Мое пребывание в авторском коллективе Куусинена не прошло бесследно. Дело в том, что он был хорошо знаком с Ю. В. Андроповым по совместной работе в Карельской республике. Поэтому рекомендация Л. Толкунова о моем приглашении в отдел попала на благоприятную почву. Впрочем, эпизод с «велосипедной встречей» у Нагорного, как показатель роли случая в нашей жизни, — тоже сохраняет право на свое истолкование...

Но что это я — все о себе да о себе. Нас, советников, было много и разных. Вернемся к вождю. И подумаем о том же: судьба или случай вознесли его, простого сына крестьянина, красноармейца, рабфаковца на самую вершину власти в великой стране...

*Новелла вторая*

# НАРОДНИК

## I

**К**то кого находит — история личность или личность историю? Я много размышлял и писал о политических фигурах XX века. Но до сих пор не могу с полной ясностью ответить самому себе на этот вопрос.

Михаил Булгаков, чье имя было восстановлено в хрущевское время, вопрошал в «Мастере и Маргарите» устами дьявола Воланда: могут ли люди допускать мысль о свободе воли, если жизнь их настолько ограничена, что они не в состоянии иметь план хотя бы на какую-нибудь тысячу лет? И другое: кирпич на голову человека случайно не падает — все предопределено.

Нам тоже в юности внушали веру в предопределение, правда, оно называлось научно — закономерность. Быть может, это шло от Гегеля: все действительное разумно. Это значит, что было, то и должно было быть. И только с возрастом и опытом мы стали понимать многовариантность истории. В ней заложены разные возможности, в игре участвуют разные фигуры.

Пешка добегает до последней линии и превращается в ферзя. Или ферзь попадает в ловушку и становится жертвой пешки. Я не вхожу здесь в обсуждение проблемы «народ и личность». В конечном счете именно идущие от народа социальные и нравственные импульсы определяют лицо эпохи. Но в конкретный период огромный отпечаток на нее накладывает и крупная историческая личность. Как бы там ни было, очевидно одно: политический деятель, особенно руководитель страны, не только выступает как орудие истории, но и самым непосредственным образом влияет на события и судьбы.

Как могло случиться, что после Сталина к руководству страной пришел именно Хрущев? Казалось, Сталин сделал все, чтобы «очистить» партию от любых своих противников — подлинных и мнимых, правых и левых. В 50-х годах передавалась из уст в уста одна из его афористичных фраз: «Есть человек — есть проблема, нет человека — нет проблемы». В результате в живых остались, казалось бы, самые верные, самые надежные. Как же Сталин не разглядел в Хрущеве могильщика своего культа?

В последние годы, незадолго до кончины, Сталин подверг опале Молотова и Микояна, готовя им, вероятно, такую же участь, какая постигла других руководителей, уничтоженных при их помощи и поддержке. Создание на XIX съезде Президиума ЦК КПСС, заменившего более узкое по своему составу Политбюро, было шагом к «отстрелу» следующей генерации засидевшихся соратников. Но Сталин — парадокс! — «не грешил» на Хрущева.

Старческое ослепление? Пожалуй, нет. Никколо Макиавелли, этот блистательный разоблачитель тирании, бросил некогда фразу: «Брут стал бы Цезарем, если бы притворился дураком». Думается, Хрущеву каким-то образом удалось притвориться человеком вполне ручным, без особых амбиций. Рассказывали, что во время длительных ночных посиделок на ближней даче в Кунцеве, где вождь жил последние тридцать лет, Хрущев отплясывал гопака. Ходил он в ту пору в украинской косоворотке, изображая «широго казака», далекого от каких-либо претензий на власть, надежного исполнителя чужой воли. Но, видимо, уже тогда Хрущев глубоко затаил в себе протест, хотя до конца еще и не сознавал его глубины. И эти его чувства стали выплескиваться на другой день после кончины Сталина.

Что же представлял собой Хрущев — третий руководитель Советской страны после революции? Почему именно он оказался на вершине власти после Сталина? Каков был его жизненный путь до этого стремительного взлета? Эти вопросы волновали всех, в том числе меня, когда мы наблюдали его первые шаги, а затем и всю его деятельность на протяжении «славного десятилетия». До этого мы мало что слышали о Хрущеве, поскольку в период нашего созревания он находился на Украине. Впервые по-настоящему о нем стало известно, когда он выступил с докладом об изменениях в Уставе партии на XIX съезде в 1952 году. Да и тогда никто не рассматривал его как возможного преемника Сталина. Его скромную фигуру заслоняли куда более известные имена Молотова, Маленкова, Микояна, Берии, Булганина, Ворошилова.

С тем большим интересом мы искали уже в ту пору сведения о прежней деятельности Хрущева. В этом смысле уникальное значение имела его единственная прижизненная краткая биография. Собственно, даже не биография, а очерк, касавшийся главным образом его жизни и деятельности на Украине. Он назывался «Рассказ о почетном шахтере»[1]. Издана была эта книга небольшим тиражом и распространялась главным образом на Украине. Хрущев не был заинтересован, по крайней мере тогда, в публикации своего жизнеописания. У всех еще на памяти была его острая критика «Краткой биографии Сталина», где «вождь всех народов» изображался самым мудрым, самым гениальным, самым великим деятелем во все времена истории человечества.

Никита Сергеевич Хрущев родился 4-го по старому стилю, а по новому — 17 апреля 1894 года в Курской губернии, в селе Калиновка. Его родители были простыми крестьянами — отец Сергей Никанорович, мать Ксения Ивановна. Кроме Никиты, у них была еще дочь Ирина.

Сам Хрущев на завтраке, устроенном в его честь на студии кинокомпании «Твентис Сенчури Фокс» в США 19 сентября 1959 года, рассказывал:

— Вы хотите знать, кто я такой? Я стал трудиться, как только начал ходить. До пятнадцати лет я пас телят, я пас овец, потом пас коров у помещика. Потом работал на заводе, хозяевами которого были немцы, потом работал в шахтах, принадлежавших французам. Работал на химических заводах, хозяевами которых были бельгийцы, и вот теперь — премьер-министр великого Советского государства.

В другой раз в другом месте, возвращаясь к событиям своего детства, он снова вспоминал свою пастушескую и рабочую юность:

— Помню, как я пас овец, только был не чабаном, а рангом ниже. Бывало, чабан меня посылает: «А ну, Никита, беги заверни овец. И я бегал, заворачивал их. В деревне я и телят пас... После работал на заво-

---

[1] «Рассказ о почетном шахтере». Сталино — Донбасс, 1961 г.

дах, в сырых шахтах, частенько приходилось мокрым уходить из шахты и так идти домой за три километра. Никаких бань, никаких раздевалок для нас капиталисты не делали... Если Горький прошел школу «народных университетов», то я воспитывался в шахтерском «университете». Это был для рабочего человека своего рода Кембридж, «университет» обездоленных людей России[1].

Был Никита мальчиком любознательным. Зимой он посещал школу и довольно быстро научился читать и писать. Когда ему минуло четырнадцать лет — это было в 1908 году, — он вместе с семьей переехал на Успенский рудник, в Донбассе.

Вначале Никита работал по своей прежней «специальности» и пас коров, но вскоре стал учеником слесаря, а затем слесарем. Хрущев любил свою профессию и гордился ею. Впоследствии, рассказывая о жизненном уровне рабочих в Юзовке и откровенно сравнивая его с положением при Советской власти, Хрущев ссылался как раз на собственный опыт.

— Я женился в 1914 году двадцати лет от роду, — сообщал Никита Сергеевич. — Поскольку у меня была очень хорошая профессия, я смог сразу же снять квартиру. В моей квартире была гостиная, кухня, спальня, столовая. Прошли годы после революции, мне больно думать, что я, рабочий, жил при капитализме в гораздо лучших условиях, чем живут рабочие при Советской власти. Вот мы свергли монархию, буржуазию, мы завоевали нашу свободу, а люди живут хуже, чем прежде. Неудивительно, что некоторые говорят: «Что же это за свобода? Вы обещали нам рай... Может быть, мы попадем в рай после смерти,

---

[1] См.: М е д в е д е в  Р.  Хрущев. Политическая биография. Нью-Йорк, издательство В. Чалидзе, 1986, с. 10; Дружба народов, 1989, № 7, с. 121.

только хотелось бы пожить получше на земле. Мы ведь не предъявляем каких-то особенных требований. Дайте нам угол, куда приткнуться...» Как слесарь в Донбассе до революции я зарабатывал 40—45 рублей в месяц. Черный хлеб стоил 2 копейки фунт, а белый — 5 копеек. Сало шло по 22 копейки за фунт, яйцо — копейка за штуку. Сапоги хорошего качества, вот такие, как на мне сейчас, стоили 6, от силы 7 рублей. А после революции заработки понизились, и даже очень сильно, цены также сильно поднялись...

Интересно, что, даже занимая высокие посты в 30-х годах, Хрущев психологически не порывал со своей изначальной профессией. Будучи первым секретарем Московского областного комитета партии и первым секретарем Московского городского партийного комитета, а также кандидатом в члены Политбюро, он не только радовался своему продвижению, но и постоянно боялся падения. Как он признавался, у него оставалось больше страха, чем торжества из-за огромной ответственности. И он долгое время возил и хранил личный инструмент: метромер, угольнички и другое имущество, необходимое для слесарного дела. На протяжении всего сталинского времени у него было такое чувство, что в любой момент его могут сбросить с занимаемых постов, и тогда он вернется к основной своей деятельности.

Но, несмотря на известный достаток и хорошую профессию, молодой слесарь не чувствовал себя удовлетворенным. И дело было не только в тяжелой работе. Его возмущали отношения хозяев к рабочим. Местный пристав Яновский рапортовал в ту пору о Юзовке своему начальству: «Во вверенном мне поселке, а также при руднике «Ветка» у станции Юзово состоит жителей мужчин и женщин 54 717 человек, в поселке 1 церковь, 1 православный молитвенный дом,

1 магометанский, 1 англиканский. Казенных винных лавок 16, пивных 17...» Надо думать, что Никита Сергеевич заглядывал в эти пивные и винные лавки вместе со своими друзьями, поскольку на всю жизнь сохранил слабость к крепким напиткам...

Здесь, в Юзовке, Хрущев получил первые уроки революционного сопротивления. В приземистой землянке рабочего Емельяна Косенко по вечерам собиралась молодежь, приглашали девушек, Никита играл на гармошке-двухрядке, и все вместе пели песни. Здесь же стали зарождаться в его сознании мысли о борьбе против хозяев шахты.

Никита сошелся с молодым шахтером Пантелеем Махиней, который приобщил его к чтению русской литературы, а потом и революционных книжек. Уже в зрелом возрасте, будучи руководителем страны, Хрущев вспоминал стихи из «Чтеца-декламатора»:

> Люблю за книгою правдивой
> Огни эмоций зажигать,
> Чтоб в жизни нашей суетливой
> Гореть, гореть и не сгорать...

Эти слова: «гореть, гореть и не сгорать» — особенно остро врезались в сознание молодого шахтера. Смелый и даже необузданный по характеру, он сделал это программой всей своей жизни. Его активности, напору, беззаветной склонности к риску мог позавидовать любой рекордсмен мира по спорту или герой войны.

Здесь же, в каморке Пантелея Махини, впервые Хрущев услышал слова «Коммунистического манифеста», врезавшиеся в его сознание на всю жизнь: «Призрак бродит по Европе — призрак коммунизма».

Участники этих вечеров вспоминают слова Никиты:

— Думаю я, хлопцы, вот о чем. Настанет такое время, когда сорганизуется рабочий люд, раздавит

царя и всю буржуйскую сволочь, сам на земле владыкой станет... Какая тогда жизнь будет!

Уже тогда Никита Сергеевич попал под подозрение. Сохранился любопытный документ — донесе-
ние агента охранки. В нем рассказывалось о забас-
товках, и молодой Хрущев представлен как один из
самых главных организаторов. Он был взят под не-
гласный надзор полиции.

По требованию полиции вместе с другими рабочими — участниками забастовки — был уволен и Хрущев. Однако его друзья помогли ему устроиться на
другую шахту. Хрущев шутил по этому поводу:

— Поменял я, хлопцы, подданство. То на немца
спину гнул, теперь к французу угодил...

Не отсюда ли пошла такая чувствительность Хрущева к любым формам зависимости от иностранного
капитала? Эта чувствительность была характерна вообще для советских коммунистов, включая Сталина,
Бухарина и многих других. Может быть, поэтому так
остро в период нэпа обсуждался вопрос об иностранных концессиях. Несмотря на упорные настояния
Ленина, подавляющее большинство функционеров
относились к этой идее с величайшей настороженностью. Может быть, по аналогичным мотивам советские руководители с таким негодованием отвергли после Второй мировой войны план Маршалла,
как будто бы предлагавший экономическую помощь
разоренной Советской стране. Может быть, поэтому
и сам Хрущев испытывал двойственное чувство, видя
технологические успехи за рубежом. С одной стороны, ему хотелось использовать лучшие достижения
Запада. Он восхищался урожаями кукурузы американского фермера Гарста и пропагандировал с огромной экспрессией эту культуру и технологию ее
выращивания в СССР. Но он опасался любых форм

вторжения зарубежного предпринимательства в Советский Союз. Сложившиеся еще в юности комплексы мешали ему осознать новый факт взаимной перекрестной зависимости национальных хозяйств между собой и необходимость участия в международном разделении труда.

Конечно, за этим стояли какие-то политические расчеты, но нельзя недооценивать и первые представления, которые складывались у Хрущева еще в дореволюционные годы.

## II

В марте 1914 года в Донбассе стал издаваться «Шахтерский листок». Хрущев был одним из тех, кто распространял эту газету, как и ленинскую «Правду», и другую нелегальную литературу, среди рабочих.

Сам Хрущев рассказывал о том, как он вместе с рабочими Донбасса встретил весть о Февральской революции. Его статья по этому поводу была напечатана в 1922 году к 5-й годовщине революции под названием «Воспоминания рудченковца».

— В день, когда пали цепи самодержавия, невольно вспоминается тяжелое время войны, дороговизна, низкая оплата труда и унижение народа, которым занимались все те, кто были нерабочими, кто имел хотя бы небольшую власть. И вдруг... настает этот день. В один вечер получили телеграммы. Телеграммы извещают о революции в Питере. Помню, с какой радостью читали мы за токарным станком эти телеграммы... У всех нас была уверенность — к старому возврата нет. Меня охватили какие-то чувства, хотелось плакать и смеяться, была какая-то уверенность в победе и не страшили здесь же стоявшие городовые...

Развернувшаяся вскоре гражданская война застала Хрущева в рядах боевых красногвардейцев. Он вошел в Первый донецкий пролетарский полк, который сражался против белой армии генерала Каледина. Однако, когда Рудченковку заняли немцы и войска Центральной рады, Хрущеву пришлось бежать из родных мест. Его спрятали в подземелье шахты, откуда он выбрался в степь, минуя вражеские заслоны, и скрылся с рудника.

После этого Хрущев вступил в Красную Армию, где вскоре стал комиссаром. Он участвовал во многих боевых операциях, в том числе в героической обороне Царицына, переименованного впоследствии в Сталинград. Конечно, молодой красноармеец не мог и представить себе, что двадцать с лишним лет спустя придется снова в этих же местах участвовать в великой Сталинградской битве в качестве члена Военного совета...

Выступая на студии кинокомпании «Твентис Сенчури Фокс» в Лос-Анджелесе, Хрущев рассказывал о своем участии в гражданской войне:

— Мне вспоминаются некоторые эпизоды времен гражданской войны, мои встречи и беседы с представителями интеллигенции бывшей царской России. Когда мы разбили белогвардейцев и сбросили их в Черное море, тогда я был в рядах Красной Армии. Наша часть стояла на Кубани, и жил я в доме, принадлежащем одной интеллигентной семье. Хозяйка в свое время окончила институт благородных девиц в Санкт-Петербурге. А от меня, видимо, тогда еще углем несло, когда я жил в ее доме. Там жили и другие интеллигенты — юрист, инженер, преподаватель, музыкант. Мы, красноармейцы, с ними общались... Когда они познакомились со мной, коммунистом, то увидели, что я не только не питаюсь мясом человека, но попросту голодаю. У меня иной раз даже хлеба нет, но я не только не отнимаю, но даже не прошу ничего... Представители старой интеллигенции все чаще убеждались, что коммунисты — честные люди, не имеющие личной корысти, что они заботятся об общем благе. Помню, мне хозяйка дома задавала такой вопрос: скажите, что вы понимаете в балете? Ведь вы простой шахтер... А я, признаться, тогда в балете ничего не понимал, потому что я не только балета тогда еще не видел, но и не встречал балерин. Как говорится, не знал, с чем это едят. Но я говорил, что обождите, все у нас будет, в том числе и балет. Говоря по правде, если бы меня тогда спросили, а что у вас будет, я, может быть, и не смог бы толком объяснить, я твердо верил, что впереди будет лучшая жизнь.

Очень типичный рассказ. Типичный для целого поколения молодых революционных деятелей. В отличие от «стариков» — так называли Ленина и многих его соратников, которые проделали огромный путь теоретического самовоспитания, были образованными профессиональными публицистами, литераторами, — хрущевское поколение пришло в революцию с простым багажом «классового инстинкта».

Этот инстинкт формировал сознание по простой схеме: мы рабочие, а они буржуи и помещики, а интеллигенты, конечно, стоят ближе к богатым, чем к бедным. Наше дело — отнять власть у угнетателей рабочего класса, раздавить их сопротивление, подчинить их себе, а там... Конечно, мы устроим новую, невиданную еще на земле жизнь. Как пелось в «Интернационале»: «Весь мир насилья мы разрушим до основания, а затем мы наш, мы новый мир построим: кто был ничем, тот станет всем!»

Хрущеву, как и многим его сверстникам, простым людям, было ясно, что надо перевернуть пирамиду и вывести на самый верх самые низы. А какой будет порядок — там посмотрим... Странно сказать, но, даже пройдя огромную школу политической жизни, побывав во многих странах мира, в том числе во Франции, Англии, США, Хрущев, как мы увидим дальше, не избавился от черно-белой схемы, усвоенной им в период революционной юности. Капиталисты на одной стороне, коммунисты — на другой. Здесь рабочие, там — эксплуататоры. Здесь социалистический лагерь, там — капиталистический, и борьба между ними неизбежна, кто-то кого-то должен закопать...

Я бы сказал даже больше: Хрущев был типичен именно для определенной части рабочего класса — рабочих в первом поколении, тех, которые еще недавно пришли из деревни. Можно было бы назвать десятки имен потомственных квалифицированных рабочих, которые уже до революции и в первые годы Советской власти прошли большую политическую и теоретическую школу. Между тем как Хрущев воплощал в себе в юности и слесаря, и недавнего пастуха. Он в равной мере ненавидел и капиталиста, и помещика. Но он очень туманно представлял себе, чем же можно заменить прежнюю систему, какой должна стать новая...

В конце гражданской войны Хрущев вернулся в Рудченковку. Он снова превратился в шахтера и молодого руководителя партийной ячейки.

В 1921 году начался новый период — нэп. Отказ от так называемой продовольственной разверстки, то есть прямого изъятия продуктов, производимых крестьянством, переход к политике обыкновенного налога. Началось возрождение крестьянской жизни в условиях семейного крестьянского двора. Были сделаны первые шаги по возрождению промышленности.

И в этот момент — ленинский призыв: «Учиться, учиться и учиться», адресованный рабочей молодежи, вчерашним красноармейцам. Учиться, чтобы суметь управлять государством, дело только за культурой и знаниями. В число первых молодых людей, которые откликнулись на этот призыв, попал и Хрущев.

В мае 1921 года он стал курсантом Донского техникума. Одновременно учился на рабочем факультете. За активный и неуемный характер, смелость и твердость его избрали секретарем партийной ячейки техникума. То был первый шаг на пути его восхождения к политическому руководству страной.

В середине 20-х годов этот техникум был преобразован в Индустриальный институт, в котором продолжал учиться Хрущев. А через некоторое время он стал секретарем районного комитета партии в Петрово-Маринском районе, в родных для него местах.

Впервые на общенациональном уровне он проявился в 1925 году. Хрущев был избран делегатом на XIV съезд партии. На съезде, как известно, произошло резкое столкновение между Сталиным и «новой оппозицией», руководимой Зиновьевым и Каменевым. Хрущев решительно взял сторону Сталина. Вернувшись к себе на родину, говорил в докладе на пленуме окружкома партии: «Наша линия — это линия большинства, то есть съезда партии и ЦК».

Пусть каждый определит свой рубеж, заявлял молодой партийный организатор. Как видим, он с самого начала свой рубеж определил. Он выступал вместе с большинством, а большинством дирижировал Сталин. Сейчас не так легко представить себе, как происходило размежевание сил в ту пору. Многие объясняют успехи Сталина в борьбе против других членов ленинского Политбюро исключительно его мастерством интриг и закулисных махинаций. Но дело обстояло сложнее.

В результате так называемого ленинского призыва в партию пришли сотни тысяч. Это были по преимуществу молодые люди, красноармейцы или работники низовых комсомольских ячеек. В отличие от «старой гвардии», которая состояла из интеллигентов или полуинтеллигентов, новое поколение коммунистов были выходцами из рабочей, а частично крестьянской среды. Они плохо или совсем не разбирались в сложных теоретических вопросах, составлявших предмет дискуссии на XIII, XIV и последующих съездах партии.

Такие люди, как Троцкий, Каменев, Зиновьев, а впоследствии даже Бухарин, мало импонировали им. Они были чужды этим рабочим, крестьянским парням, как «пустые спорщики», которые затуманивали ясные вопросы. А самый ясный вопрос заключался в том, что надо самим работать и мобилизовать рабочих, крестьян и специалистов. Кроме того, большинство новых молодых коммунистов выросло в период жестокой гражданской войны. Тогда все было просто: белые — красные, кто-то победит, кого-то поставят к стенке.

Сталин в силу своих качеств, как человек куда менее образованный и культурный, чем Троцкий, Зиновьев или Бухарин, был ближе к этой массе. Он никогда не усложнял дело, а выдвигал простые и понятные лозунги. Построить социализм в одной стране. Мобилизовать силы для ускоренной индустриализации. Взять средства для этого из деревни, больше неоткуда. Раздавить оппозицию, которая мешает работать. Противостоять мировому империализму, желающему задушить первую рабочую власть. Сталинизм привлекал простую народную массу вовсе не своей звериной жестокостью, а пафосом строительства, беспримерной производственной гонкой.

Поэтому я склонен думать, что Хрущев искренне брал сторону Сталина. Конечно, для него, вероятно, имело значение и то, что он поддерживает большинство. Это инстинктивная привычка каждого рабочего человека — чувствовать себя органической частью коллектива, не выбиваться из общих рядов, не изображать из себя одиночку, которая превосходит всех других. Можно было бы назвать это «стадным чувством», но такое определение не точно, не говоря уже о том, что оно оскорбительно. Скорее это чувство локтя солдата во время сражения. Победить можно только сообща. А «умники» пускай подчиняются общей воле. Конечно, молодой Хрущев был потрясен тем превращением, которое произошло в его судьбе. Он был избран на XIV съезд партии, попал в состав украинской делегации с правом совещательного голоса. Это был его первый приезд в Москву.

Выйдя из гостиницы одним из первых, чтобы попасть в зал заседания, он, однако, не сразу мог найти Кремль...

Возможно, что он так бы и остался на всю жизнь руководителем среднего звена, если бы не благоприятный случай.

Генеральным секретарем ЦК Компартии Украины в 1928 году был избран С. В. Косиор, расстрелянный через десять лет по указанию Сталина. Как и принято было, каждый новый руководитель начинал свою работу с перестройки партийного аппарата, и в числе новых людей, приглашенных Косиором, оказался Хрущев. Он был назначен заместителем заведующего организационным отделом ЦК КП(б)У. А через год, когда в Москве открылась Промышленная академия, Хрущев стал одним из первых ее слушателей. Здесь он выступил как активный борец против сторонников Бухарина. В результате он возглавил партийное бюро академии.

Понимал ли Хрущев суть тех разногласий, которые разводили Бухарина со Сталиным, так называемую «правую оппозицию» со сторонниками генеральной линии? Он сам признавался, что не понимал. Сторонники продолжения нэпа или его свертывания, «ситцевая индустриализация» или индустриализация за счет ограбления деревни, насильственная сплошная коллективизация или развитие многоукладности и добровольное кооперирование в деревне, сохранение новой партийной демократии или формирование культа личности — все эти вопросы были довольно далеки от хрущевского сознания.

Но что он понимал хорошо — это вопросы борьбы за власть и влияние. Он видел, как сторонники Бухарина в Промакадемии стремились «протащить» своих представителей на Бауманскую районную партконференцию. Тем самым отодвинуть его и других руководителей партбюро. И тут уже было не до теоретических споров. Стенка на стенку. Кто — кого. В этой борьбе Хрущев, конечно, чувствовал за спиной могучую опору, поскольку он поддерживал официальную сталинскую линию — линию подавляющего большинства, тогда как оппозиционеры имели весьма немногочисленных сторонников. Не последнюю роль играл культурный феномен, о котором уже упоминалось. Оппозиция — это «интеллигентики», сторонники Сталина — «рабочая косточка». Классовый инстинкт в самом первобытном виде в конечном счете имел решающее значение для хрущевского выбора.

## III

Счастливым случаем оказалось не только то, что Хрущев попал в Промышленную академию, где сразу выдвинулся как партийный руководитель. В этой академии училась Надежда Сергеевна Аллилуева — жена Сталина. Она была избрана парторгом в одной из групп и поэтому часто общалась с Хрущевым. Хрущев полагал, что именно ей он обязан тем, что на него обратил внимание Сталин. (Вот она — роль случая в изменении судьбы героев...)

— Когда я стал секретарем Московского комитета и областного и со Сталиным часто встречался, — рассказывал позднее Хрущев, — бывал у Сталина на семейных обедах, когда была жива Надежда Сергеевна, то я уже понял, что жизнь в Промышленной академии и моя борьба за генеральную линию в академии сыграли свою роль. Она много рассказывала, видимо, Сталину, и Сталин мне потом много в разговорах напоминал об этом... Я сперва даже не понимал, что уже забыл какой-то там эпизод, а потом я вспоминал — ах, видимо, Надежда Сергеевна рассказывала... Это, я считаю, и определило мою позицию. И, главное, отношение ко мне Сталина. Вот я и называю это лотерейным билетом, что я вытащил свой счастливый лотерейный билет. И поэтому я остался в живых, когда мои сверстники, мои однокашники, мои друзья, мои приятели, с которыми я вместе работал в партийных организациях, сложили голову как «враги народа».

Такую искренность, такое самоуничижение вряд ли мог позволить себе кто-либо, кроме Хрущева. Обычно каждый склонен искать причины своего успеха в своих личных достоинствах, умелых шагах и движениях, точном понимании ситуации, что особенно необходимо во время плавания по политическому морю, тем более такому бурному, как в 30-х годах. Хрущев не переоценивает своих способностей. В его сознании встреча с Надеждой Аллилуевой предопределила его дальнейшую судьбу. Но несомненно и то, что сам Хрущев не зевал, активно боролся за свое продвижение по политической лестнице.

Скорее всего самыми первыми шагами к политической карьере он был обязан главному редактору «Правды» Л. З. Мехлису, которому, по-видимому, стало известно о его активной борьбе против «правой оппозиции» в Промакадемии. И он предложил Хрущеву выступить с провокационной статьей в «Правде», которая громила сторонников Бухарина.

Это было перед XVI съездом партии, то есть летом 1930 года. По собственному признанию Хрущева, как я уже говорил, представители «правой оппозиции» пытались выдвинуть на Бауманскую районную партийную конференцию делегацию, составленную из своих сторонников. Они отправили Хрущева в командировку в колхоз, подшефный Промакадемии, чтобы он не помешал им осуществить их замыслы. Когда Хрущев вернулся, партийная конференция уже заседала и представлены на ней были главным образом «правые». И вот во время заседания его вдруг вызвали к телефону. Когда он взял трубку, то услышал: «Говорит Мехлис, редактор «Правды». Вы могли бы сейчас приехать ко мне, я пошлю за вами машину, есть срочное дело, по которому мне надо с вами поговорить».

Через некоторое время к общежитию, в котором жил Хрущев, подкатила машина, и вот он уже в «Правде» у Мехлиса. Тот зачитал ему письмо, якобы полученное от Промакадемии. В письме разоблачались «махинации» в бюро партячейки, которое незаконными средствами провело на Бауманскую районную парт-конференцию «правых оппозиционеров».

— Вы согласны с содержанием письма? — спросил у Хрущева Мехлис.

— Полностью, — сказал Хрущев.

— Вы согласны подписать такое письмо?

— Но как же я могу его подписать? — удивился Хрущев. — Ведь я не писал этого письма. Я даже не знаю, кто его написал.

— Это неважно, — ответил Мехлис. — Я прошу подписать это письмо потому, что я вам доверяю. Я много слышал о вас и той роли, которую вы играете в Промакадемии. Ваша подпись даст мне уверенность в том, что письмо отражает подлинное положение в академии.

— Ну хорошо, я подпишу, — согласился Хрущев.

Он подписал письмо, его посадили в машину и отвезли в общежитие. На следующий день, 26 мая 1930 года, письмо появилось в «Правде». Оно грянуло, будто гром с ясного неба. В академии занятия были приостановлены, начались заседания с требованием отозвать делегацию, посланную на Бауманскую районную партконференцию. Кстати говоря, по списку Промакадемии проходили также Сталин и Бухарин. Конечно, об отзыве Сталина не могло быть и речи, а что касается Бухарина, то его никто не отзывал, поскольку было получено указание сверху пока не трогать Бухарина. Кто же был отозван? Рыков, Угланов и другие так называемые «правые уклонисты». Хрущев, конечно, председательствовал на этом собрании и был избран делегатом на партконференцию. Эти перемены были произведены с такой быстротой, что не оставалось времени отпечатать новые мандаты. Поэтому новоиспеченным делегатам были даны мандаты старых делегатов. Хрущева даже не хотели пустить на конференцию, так как на мандате стояло не его, а другое имя. Но он прорвался.

Надо думать, что именно этот случай, а вероятно, и многие другие, подобные ему, сыграли решающую роль в стремительном продвижении Хрущева наверх. Таковы были правила игры, и он их принял.

Немалую роль в карьере Хрущева сыграл Л. М. Каганович, который в ту пору был членом Политбюро, секретарем ЦК ВКП(б) и первым секретарем Московского обкома. Он был знаком с Хрущевым еще на Украине. И именно Кагановичу принадлежала инициатива первых крупных назначений Хрущева. Тот недоучился в Промакадемии, а по рекомендации Кагановича в 1931 году был избран первым секретарем Бауманского райкома партии. Но и здесь он не засиделся. Прошло всего несколько месяцев, и Хрущев стал секретарем Краснопресненского райкома, а уже в 1932 году — вторым секретарем МК и МГК партии.

XVII съезд ВКП(б), обернувшийся трагедией для двух третей его делегатов, которых Сталин уничтожил либо сгноил в тюрьмах, послужил площадкой для нового взлета Хрущева. Сразу после съезда он становится секретарем горкома и вторым секретарем Московского обкома партии (первым был Каганович).

А в 1935 году, едва достигнув сорока лет, Хрущев занимает пост первого секретаря МК и МГК. Это было крупное назначение, поскольку в Московскую область входили территории нынешней Тульской, Калужской, Рязанской и Калининской областей.

Самая мрачная, самая туманная страница в биографии Хрущева, которая остается не до конца выясненной до сих пор, — это степень его участия в массовых репрессиях в середине 30-х годов. Нет никаких сомнений в том, что он был молотом, а не наковальней, хотя и не играл той роли, которую играли более высокопоставленные вожди, такие, как Молотов, Микоян, Каганович, Андреев, Ворошилов. Тем не менее и на совести Хрущева тысячи невинно загубленных людей — и на Украине, и в Москве. Кроме того, сейчас, когда открываются архивы о чудовищных избиениях 30-х годов, на многих списках людей, подлежавших «ликвидации», рядом с подписями Сталина мы находим и подпись Хрущева.

Сталин имел обыкновение повязывать всех членов руководства круговой порукой. Они должны были разделить с ним ответственность за уничтожение своих бывших друзей и соратников.

— Когда заканчивали следственное дело, — вспоминал Хрущев, — и Сталин считал, чтобы другие его подписали, то он тут же на заседании подписывал сам... и сейчас же вкруговую давал, кто тут сидел, и те, не глядя, по информации, которую давал Сталин, как он характеризовал это преступление, подписывали; тем самым вроде коллективный приговор был...

Вероятно, в архивах будут найдены все или почти все документы, и тогда можно будет точно установить, на каких списках стояла подпись Хрущева. Очевидно, что избежать общей круговой поруки участников массовых убийств Хрущев не смог.

Вот характерный рассказ самого Хрущева.

— Все кандидаты в члены Московского городского комитета партии, как и кандидаты в члены районных комитетов Москвы, должны были избираться с одобрения НКВД. Именно НКВД принадлежало последнее слово — можно ли выбрать в райком или горком такого человека. Нам думалось, что так и надо, иначе враги пролезут в партийные органы. Вот что произошло на Московской партконференции в 1937 году. В Военной академии имени Фрунзе работал один военком, которого мы в районе считали хорошим товарищем. При выборах в горкоме мы выдвинули его кандидатуру, и когда в момент голосования было названо его имя, вся конференция долго и горячо аплодировала. Вдруг в этот самый момент принесли мне записку из НКВД: «Примите меры, чтобы этот человек не прошел в горком партии. Ему доверять нельзя, он связан с врагами народа и будет арестован». Мы послушали — и выступили против этого человека. На делегатов конференции это произвело тяжелое впечатление. Следующей ночью этот человек был арестован.

Хрущеву приходилось нередко изменять своему, в общем-то, открытому и искреннему характеру. Тогда был установлен порядок, что партийные руководители, работая в тесном сотрудничестве с органами НКВД, должны были посещать тюрьмы. Хрущев рассказывал об одном из таких посещений, когда он встретил в тюрьме старого большевика Трейваса. В 20-е годы Трейвас был широко известен как комсомольский деятель.

— Сейчас, — вспоминал Хрущев, — когда прошло столько лет, должен сказать, что Трейвас работал очень хорошо, преданно, активно. Это был умный человек, и я был им очень доволен. Трейвас трагически кончил свою жизнь. Он был избран секретарем Калужского горкома партии и хорошо работал там. Гремел, если можно так сказать, Калужский горком. А когда началась эта вся мясорубка в 1937 году, то и он не избежал ее. Я встретился с Трейвасом, когда он сидел в тюрьме. Тогда Сталин выдвинул идею, что секретари обкомов должны ходить в тюрьмы и проверять правильную деятельность чекистов, поэтому я тоже ходил...

Конечно, Хрущев не предпринял никаких шагов, чтобы спасти Трейваса, да это было и невозможно.

3*

Выбор был простой: либо ты сажаешь в тюрьму, либо тебя сажают. Правда, многих участников тех страшных избиений постигла и та, и другая участь. Вначале они сажали, потом сами стали жертвами репрессий. Мясорубка, о которой говорил Хрущев, работала безостановочно.

Надо думать, что именно в результате своего послушания Хрущев в январе 1938 года был избран депутатом Верховного Совета СССР и членом его президиума. В то же самое время он стал кандидатом в члены Политбюро ЦК ВКП(б). Он занял место П. П. Постышева, одного из старых коммунистов, прежнего руководителя Украинской партийной организации.

За год до этого, в тот страшный 1937 год, были уничтожены почти все члены ЦК партийной организации Украины. Только в том году в этой республике было арестовано около 150 тысяч коммунистов. На Украину в качестве руководителя республиканской партийной организации был направлен Хрущев. Это произошло 29 января 1938 года. Хрущеву в известном смысле повезло, поскольку в его приезд на Украину основная волна репрессий уже спала. Однако он приложил руку к их завершению.

Трудно сказать, спрашивали ли у него согласия на арест Постышева и Косиора, который произошел в 1938 году за пределами республики. Но в речи на XVIII съезде партии в 1939 году Хрущев счел необходимым сказать, что «украинский народ с ненавистью относится к буржуазным националистам, ко всем этим подлым шпионам — любченкам, хвылям, затонским и прочей нечисти». Все это были бывшие украинские руководители, казненные Сталиным.

Хрущев тогда был стопроцентным сталинцем. Во

многих местах своих мемуаров он с подкупающей откровенностью признается, что при жизни Сталина полностью находился под его влиянием. Странно звучат в его устах на закате дней высказывания о том, что он был в плену «сталинского обаяния». Говоря о своих впечатлениях от драматического XVII съезда партии, Хрущев замечает, что в течение всей его работы в Московском городском партийном комитете он довольно часто имел возможность общаться со Сталиным, слушать его и даже получать непосредственные указания по тем или иным вопросам. Он был «буквально очарован Сталиным», «его предупредительностью, его заботой». Все, что он видел и слышал от Сталина, производило на него «чарующее впечатление».

Эта «очарованность» Сталиным не была поколеблена и после убийства Кирова. Хрущев подробно рассказывает об этом трагическом событии, поскольку он, как руководитель Московской партийной организации, был вовлечен в него непосредственно. Вечером 1 декабря 1934 года, вспоминает Хрущев, ему позвонил Каганович и попросил срочно приехать.

Хрущев вызвал машину, въехал в Кремль, и первый, кого он встретил, был Каганович, который, по-видимому, ждал его. «Я видел по наружности, внешности, значит, страх... вид у него такой был, какой-то... настораживающий. Меня буквально огорошило, думаю, что случилось? Значит, он говорит, вы знаете, несчастье. Кирова убили в Ленинграде».

Каганович сообщил ему, что намечается делегация, поедут Сталин, Ворошилов, Молотов, а от Московской парторганизации и московских рабочих делегацию должен сформировать Хрущев. Он собрал такую делегацию и поехал тем же поездом, что и Сталин, Ворошилов, Молотов. Они занимали свои отдельные вагоны, поэтому Хрущев их в дороге не видел. Рассказывая о своих впечатлениях после встреч в Ленинграде, Хрущев сообщает, что не сомневался в выдвинутой тогда версии о том, что убийцей был Николаев, исключенный из партии якобы за участие в троцкистской оппозиции. Поэтому он считал, что это дело рук троцкистов, «по-видимому, они организовали убийство», и «это вызывало у всех нас искреннее возмущение и негодование».

Больше всего Хрущева поразило, как переживал убийство Кирова Каганович, который, по его словам, был очень напуган. Что касается Сталина, то он увидел его только в момент, когда тот стоял в карауле у гроба Кирова в Ленинграде. «Сталин умел себя держать, лицо его было непроницаемо».

Хрущев рассказывает, что после убийства Кирова в Москве началась чистка, направленная главным образом против уголовных элементов, поскольку «действительно Москва была засорена». Поэтому составлялись списки, подозрительных стали высылать. Хрущев участвовал в проведении этого дела. По его словам, это был первый этап чистки после убийства Кирова. На самом деле высылали, конечно, не только «уголовных», а больше всего политических. Какая судьба постигла этих людей, что это были за люди, которых выслали, Хрущев, по его утверждению, не знал.

Подобно Понтию Пилату, Хрущев как бы умывает руки в связи с этой крупнейшей чисткой в Москве. Указания о ней он принимал как должное, списки, надо думать, с ним согласовывались. А если нет, то он «нездорового интереса» к тому, кого, за что и куда высылают, не проявлял.

Подробно сообщает в своих мемуарах Хрущев о репрессиях против военных. Он описывает каждого из деятелей, которых знал лично, прежде всего Якира, Тухачевского, Блюхера, Уборевича. Он болезненно вспоминает об их трагических судьбах. Но своей собственной вины за это не чувствует. Хрущев тогда уже находился на Украине и непосредственного участия в репрессиях против высшего и среднего командного состава армии не принимал. Такие списки, как известно по материалам XXII съезда КПСС, визировались, кроме Сталина, Молотовым, Кагановичем, Маленковым и Ворошиловым. В такой же манере Хрущев рассказывает о расстрелах Кузнецова и Вознесенского в послевоенный период. Сам он в этом не участвовал, но в глубине души ощущал боль и страх в связи с происходящим, гнал от себя эти мысли и уж, во всяком случае, не ставил под сомнение правильность политики Сталина. Вероятно, так оно и было. Иначе такому человеку, как Хрущев, невозможно было бы скрыть свое отношение к тому, что творилось, и уцелеть в те жестокие годы. Единственный выход — уйти в себя, сосредоточиться на решении текущих проблем, гнать всякие сомнения и подозрения, не делиться ими ни с кем.

Роль Хрущева в массовых репрессиях, в сталинских чистках несравнима с ролью ближайших соратников Сталина. Отчасти это объясняется тем, что он почти двенадцать лет прожил вне Москвы. Сталин обычно мало информировал Хрущева, как и других республиканских руководителей, о делах и решениях Политбюро, особенно закулисных, тайных, связанных с репрессиями или гонениями на тех или иных людей. И все же объяснение, почему именно Хрущев стал инициатором разоблачения Сталина после его смерти, связано не только с этим. Главное — личные качества Хрущева: человечность, доброта и искренность, которые он так и не мог выдавить из себя, несмотря на свое участие во многих ужасающих делах того времени.

Эту черту, кстати сказать, первым заметил в нем сам Сталин.

Характерный случай произошел в 1946 году. На Украине был неурожай, и республику постиг страшнейший голод. Между тем из Москвы пришла установка сдать государству 400 миллионов пудов зерна. Это было во много раз больше того, что можно было собрать на полях Украины. Одним словом, украинский народ остался бы абсолютно без хлеба. Хрущев знал о подлинном положении на Украине. Ему докладывали о том, что многие люди умирают с голоду, что были даже случаи людоедства. Хрущеву сообщили, что нашли голову и ступни человеческих ног под мостиком в небольшом городке близ Киева. Труп пошел в пищу.

Секретарь Одесского обкома партии А. И. Кириченко рассказал Хрущеву о своем посещении одной из деревень области. Его пригласили зайти к какой-то колхознице, и застал он там ужасную картину. Эта женщина на столе разрезала труп своего ребенка — не то мальчика, не то девочки. И приговаривала: вот Манечку мы съели, а теперь Ванечку засолим, и нам хватит на какое-то время. Женщина сошла с ума. Много случаев людоедства было и среди нормальных людей. Эти факты потрясли Хрущева. И, несмотря на прямое указание Москвы, Хрущев решился написать записку Сталину о том, что Украина вообще не может выполнить никаких поставок зерна, а напротив, сама нуждается в помощи из государственных запасов. Записка вызвала взрыв негодования у Сталина. Он направил Хрущеву оскорбительную телеграмму, в которой обозвал его «сомнительным типом» и приказал приехать в Москву.

Сталин только что вернулся из отпуска в Сочи. Хрущев немедленно выехал в Москву. Он был готов ко всему, даже к тому, что его объявят «врагом народа» и тут же отправят на Лубянку. Тем не менее он решил сказать Сталину, что его докладная записка точно отражает положение на Украине. Хрущев настаивал на экономической помощи. Это только разжигало гнев Сталина.

— Ты мягкотелый! — сказал он Хрущеву. — Тебя обманывают, они играют на твоей сентиментальности. Они хотят, чтобы мы растратили государственные запасы.

Многие «накручивали» Сталина, подогревая его недоверие к Хрущеву. Чекисты распространяли слухи, что он поддался местному влиянию и превратился в украинского националиста. В том же 1946 году Хрущев еще раз посетил Сталина и рассказал ему о другом эпизоде, который он видел лично.

Приехал Хрущев в гости к двоюродной сестре, которая жила в деревне, у нее прежде было несколько яблоневых деревьев. Но они исчезли.

— А где же яблони?

— Я их вырубила!

— Как так «вырубила»? Зачем?

— Да на каждую яблоню надо налог платить...

Когда Хрущев рассказал этот случай Сталину, тот обвинил его в стремлении отменить налог и закричал: «Ты — народник! Вот кто ты!.. Народник!»

Многие исследователи на Западе делают вывод, что именно эта «народническая» идеология Хрущева и послужила причиной его крутого поворота в оценке Сталина на XX съезде партии. Я не очень согласен с этим. Само понятие «народничество» в России расходится с тем, что на Западе называют «популизмом». Традиционное представление о народниках, то есть течении 60-х — 80-х годов XIX века в России, отнюдь не всегда связано с подлинной защитой, да и с подлинным пониманием народных интересов. Народники, как известно, убили царя Александра II — Освободителя. Они не гнушались методами террора. Их идеализация «народа вообще», «народного духа», народного превосходства над «бесхребетной, слабохарактерной, либеральной интеллигенцией» сыграла самую дурную роль в подготовке умонастроений в период революции в феврале и октябре 1917 года. Ненависть к помещикам и капиталистам у них нередко сливалась с отрицанием западной культуры и всякой цивилизованности. Что касается методов борьбы, то здесь они ничуть не уступали представителям чиновно-полицейской власти. Ответом на государственный террор, по их мнению, мог быть только террор снизу.

Не думаю, что и Сталин, бросая Хрущеву обвинение в народничестве, имел в виду его приверженность именно к этому, исторически имеющему вполне определенные черты течению. Скорее это была грубая, вульгарная оценка приверженности Хрущева к защите простого человека. Не зря Сталин ставил на одну доску «народничество», мягкотелость и сентиментальность Хрущева.

Первозданный, можно сказать, генетический гуманизм, не растраченный полностью Хрущевым, несмотря на все испытания той суровой эпохи, — вот, по моему мнению, главная причина, по которой именно Хрущев стал великим тираноборцем и сокрушителем культа Сталина и режима его власти. Самый нормальный человеческий страх удерживал его от защиты несправедливо казнимых людей в период сталинщины. Но тем сильнее накапливались в его душе боль, раскаяние, чувство вины и ответственности за все, что происходило.

В таком толковании психологических мотивов, побудивших Хрущева выступить с секретным докладом на XX съезде партии против Сталина, меня еще раз убеждают самый стиль, канва этого доклада. Здесь не так много общих рассуждений и оценок и даже цифр, характеризующих массовые репрессии. Больше всего и сильнее всего здесь рассказывается об отдельных человеческих судьбах. Особенно о тех людях, которых Хрущев знал лично и с которыми не порывал внутренней связи даже тогда, когда их объявляли «врагами народа» и ликвидировали. Эмоциональность Хрущева, заквашенная на человечности, и подвигнула его в первую очередь на этот смелый шаг.

...Итак, Хрущев пришел к власти не случайно и одновременно случайно. Сам Сталин, поднимая его с одной ступеньки на другую, невольно подготовил почву для возвышения Хрущева. Он не распознал в нем выразителя того направления в партии, которое в других условиях и, вероятно, по-иному было представлено такими несхожими деятелями, как Дзержинский, Бухарин, Рыков, Рудзутак, Киров. Это были сторонники развития нэпа, советской демократизации, противники грубых насильственных мер в промышленности или в сельском хозяйстве, а тем более в культуре. Несмотря на жестокие сталинские репрессии, это направление никогда не умирало. В этом смысле приход Хрущева был закономерным.

Но, конечно, здесь был и большой элемент случайности. Если бы Маленков столковался с Берией, если бы «сталинская гвардия» сплотилась в 1953 году, а не в июне 1957 года, не быть бы Хрущеву лидером. Сама наша история могла пойти по несколько иному руслу. Нам трудно сделать это допущение, но на самом деле все висело на волоске.

И все же история сделала правильный выбор. То

был ответ на реальные проблемы нашей жизни. Все более нищавшая и, по сути, полуразрушенная деревня, технически отставшая промышленность, острейший дефицит жилья, низкий жизненный уровень населения, миллионы заключенных в тюрьмах и лагерях, изолированность страны от внешнего мира — все это требовало новой политики, радикальных перемен. И Хрущев пришел — именно так! — как надежда народа, предтеча нового времени...

# IV

## Глазами Макиавелли

*В 80—90-х годах открылись архивы, обнаружилось многое, что оставалось тайной в период оттепели. Исследователи набросились, как коршуны, или — благороднее, — как гончие собаки в поисках новых следов того драматического момента, когда произошел переход власти от Сталина к его наследникам, а от них к Хрущеву лично. Попробую взглянуть на этот процесс глазами героя своей предыдущей книги — Макиавелли. Что это значит? Это значит рассмотреть незамутненно, очищенным от сантиментов взглядом на борьбу за личную власть, ее сохранение и ее укрепление. Тогда нам станет яснее, почему победителем вышел Хрущев, а не кто-нибудь другой.*

*Прежде всего напомню о том, что успел подготовить Сталин незадолго перед кончиной. Можно представить себе, что он всей силой своей властной и раздраженной натуры заранее ненавидел преемника. Думаю, что именно этим объясняется тот факт, что Сталин подверг опале трех самых популярных деятелей партии, которые могли претендовать на высшую власть: В. Молотова, А. Микояна, К. Ворошилова. Как известно, он не включил их в состав Бюро Президиума*

ЦК, избранного на XIX съезде. В состав Бюро вошли будущие основные фигуры междуцарствия: Берия, Маленков, Хрущев, Булганин, которые и стали узким коллективом наследников. Тем самым именно Сталин предопределил состав колоды, откуда должен был выскочить пиковый король.

Иными словами, Сталин вольно или невольно повторил ошибку Ленина, который не обозначил преемника, а незадолго до смерти попытался отстранить Сталина. Сталин сделал то же самое с В. Молотовым, который в свое время занимал пост председателя Совмина и, несмотря на свой закрытый характер, пользовался репутацией твердого ленинца и друга Сталина. Если учесть, что Молотов прожил после Сталина больше 20 лет, можно представить себе, как долго еще сохранялся бы тоталитарный режим. Я не беру в расчет Микояна и Ворошилова, так как никто в составе высшего руководства не поддержал бы их в качестве вождя.

Итак, первый шаг к власти Хрущев сделал не сам, а при поддержке Сталина, который включил его в самый узкий круг руководителей. Второй шаг был сделан тоже не по инициативе Хрущева. У смертного ложа Сталина сложилась новая руководящая четверка: Маленков, Берия, Хрущев, Булганин. Фактически это была тройка, так как Булганин не был партработником, а вполне довольствовался положением министра обороны. Решающий шаг сделали совместно Маленков и Берия. В ночь на пятое марта они подготовили проект постановления Бюро Президиума ЦК КПСС, которое согласовали потом с Хрущевым и утвердили на Бюро.

В проекте предлагалось созвать 5 марта в 8 часов вечера совместное заседание Пленума ЦК, Совмина и Президиума ВС СССР. Здесь предлагалось в связи с болезнью Сталина и для обеспечения «бесперебойного руководства» страной принять необходимые решения. В документе содержится впервые упоминание о «тройке» — Маленков, Берия, Хрущев. Значит, сговор между ними о разделе власти уже в основном состоялся. Тем самым Маленков допустил крупную ошибку: он включил Хрущева, чего мог и не делать, — в число коллективных наследников. Эта ошибка была усугублена им на заседании 5 марта вечером (еще до смерти Сталина, которая произошла через 1 час 50 минут). Но надо было торопиться, чтобы кто-то не выскочил из задних рядов руководителей...

На этом заседании[1] было принято «историческое» постановление о распределении высшей власти, внесенное Маленковым «по поручению Бюро Президиума ЦК». Маленков (по предложению Берии) получил пост Председателя Совмина СССР и право председательствовать на заседаниях Президиума ЦК. Иными словами, он обрел посты, которые занимал Ленин. Берия был назначен первым замом Председателя Совмина и министром внутренних дел СССР, куда вошло и КГБ. Хрущеву было предложено «сосредоточиться» на работе в ЦК КПСС и оставить пост секретаря Московского горкома.

Это двусмысленное понятие «сосредоточиться» сохранялось всего два часа — до смерти Сталина, который тоже был включен в число 11 членов Президиума ЦК (!). Остальные 14 членов были вымараны — о них даже не упоминалось (кроме четырех кандидатов в члены Президиума). Заодно было ликвидировано и Бюро Президиума. Иными словами, произошло сосредоточение власти в руках первой тройки, а также первой десятки руководителей.

Почему опытный аппаратчик Маленков и хитроумный лис Берия решили включить в «тройку консулов» (по примеру Цезаря и Наполеона) Хрущева? Ответ для меня совершенно очевиден: они недооценили его. Напо-

---

[1] См. Н. А. Зенькович. Тайны уходящего века. Из-во ОЛМА-ПРЕСС, с. 136—137 и следующие.

мню фразу, которую любил повторять Макиавелли: «Брут стал бы Цезарем, если бы притворился дураком». Хрущев — притворился, — ну не то чтобы дураком, но достаточно простоватым человеком, деятелем на подхвате, не лидером. (Замечу в скобках, как меня позднее поразил Брежнев, когда он был еще вторым человеком в руководстве, он повторял не раз в разговоре со спичрайтерами: пишите для меня поскромнее — я не лидер, я не лидер!) Примерно то же произошло и с Хрущевым: он сумел внушить Маленкову, Берии и другим, что не претендует на лидерство, остается как бы в тени двух главных вождей. Неудивительно, что он сумел своей крестьянской хитрецой ввести в заблуждение Маленкова. Но как мог ошибиться на его счет самый сильный и прожженный Берия — ума не приложу. Можно понять, почему он сам не стал претендовать на шапку генералиссимуса. Второй грузин на русском троне — это уже слишком! Но он рассчитывал быть именно первым за спиной более слабого и даже — да простит мне господь — более интеллигентного Маленкова. В общем совершенно очевидно, что оба они сваляли дурака в опьянении огромной властью, которая свалилась на них после смерти тирана, которого боялись пуще огня и ненавидели всей раздавленной душой.

Итак, первый шаг Хрущева к власти проложил Сталин, второй — Маленков и Берия, хотя, конечно, Хрущев и сам не зевал, а оказывался в нужный момент в нужном месте.

Но гениальный шаг на пути к власти сделал сам Хрущев. Читатель помнит рассказ о том, как он инициировал заговор против Берии. Он прекрасно понимал, что пока тот сидит на своих опричниках, никакая власть не может считать себя прочной. Это понимали и другие члены руководства. Что касается Маленкова, то он-то и оказался простаком в этой игре. Берия был его опорой и надежным союзником. Трудно было допус-

*тить мысль, что он покусится на пост Маленкова. Поэтому последнему следовало еще долго опираться на сложившийся альянс и упрочивать свою власть.*

Что побудило его согласиться на уничтожение Берии? Мешал он ему в проведении более либерального курса? Нет, сам Берия выступил со многими, далеко идущими инициативами, например, предложил «отдать ГДР» за примирение с Западом. Опасался ли Маленков, что Берия подсидит его и по сговору с тем же Хрущевым займет его место Предсовмина? Возможно, так как если русский человек возглавил партию, то нерусский — в стране, где едва больше половины населения принадлежит к лицам некоренной национальности, — было бы не лишено логики. Или же страх перед этим энергичным, сильным и беспредельно жестоким и властным человеком, — не это ли толкнуло Маленкова на роковой шаг? Трудно сказать. Но по моему интуитивному ощущению, скорее всего Маленков опасался сговора между Берией и Хрущевым. И тогда вместо трех «консулов» осталось бы два. Так или иначе, Маленков сделал чудовищную ошибку с точки зрения своей личной власти — и горько поплатился за нее.

Наконец еще одно. Он как-то упустил из виду, что главной частью бюрократии является партийный, а не государственный аппарат. Хотя надо сказать, что к концу жизни Сталина, который возглавлял Совмин, госаппарат сосредоточил в своих руках огромную власть. Кстати, такая деталь, — все лучшие дачи, в том же поселке «Успенское», принадлежали министрам, а не секретарям ЦК; и бюджетом распоряжался на деле Совмин и министерства. Однако традиция верховенства партии, ЦК — сохранялась. И Маленков недооценил это.

Сейчас нередко можно встретить в литературе рассуждения о том, что Г.М. Маленков был бы более успешным и даже наиболее демократичным вождем партии и государства после Сталина. Я не склонен верить этому. Маленков имел репутацию одного из самых жестких и жестоких бюрократов — послушных проводников политики Сталина. Не случайно ему принадлежала идея создания так называемой «партийной тюрьмы» на Лубянке, он и курировал ее, и навещал там бывших партруководителей.

Правда, один важный факт говорит как бы в его пользу. Это его доклад на XIX съезде партии, незадолго до смерти Сталина. Помню, как меня поразили тогда формулировки доклада «о перерождении целых звеньев госаппарата» и весь его дух, направленный на новую чистку, возможно, сравнимую с 1937 годом. Но все это декларировалось под лозунгами борьбы с бюрократизмом и «перерождением номенклатуры». Такие установки могли исходить только от Сталина. Скорее всего они выражали извечное недовольство партаппарата тем, что госаппарат имеет слишком много власти и особенно привилегий. Это была типичная институциональная борьба. Четыре могучих аппарата с первых шагов Советской власти остро конкурировали между собой: номенклатура партии, государства, КГБ, комсомола. В разные периоды брали верх то одни, то другие. В середине 30-х годов НКВД стоял реально над партаппаратом и прямо подчинялся Сталину. Позднее партноменклатура в той или иной мере стала брать верх над опричниками.

Сильное соперничество происходило между аппаратами ЦК и Совмина, разросшимися до невероятных размеров. Партийцы завидовали госчиновникам — лучшие квартиры, дачи, поездки за рубеж. Маленков, как секретарь ЦК, отражал эти настроения.

После Сталина, когда началось некоторое возвращение к ленинским моделям руководства, было решено, что первый человек, как при Ленине, возглавит Совет министров. Им стал Маленков и для верности он оставил за собой право председательствовать на заседаниях Президиума ЦК. Тогда же должность Генерального секретаря была упразднена, и ее заменила должность Первого секретаря, которую занял Хрущев. Но Маленков просчитался. Еще полностью сохранялась сталинская традиция — главный человек возглавляет партию. И Хрущев умело воспользовался этим, быстро набирая в партаппарат своих и вообще новых людей.

Я помню стычку между ними на партийном собрании аппарата ЦК после смерти Сталина. (Журнал «Коммунист», где я работал, одно время входил в эту «первичную организацию»). Маленков выступил с докладом, в котором продолжал резко критиковать «переродившихся бюрократов». В зале стояла гробовая тишина: там находились именно эти бюрократы. Вдруг в тишине раздался веселый голос Хрущева: «Все это может быть и верно, Георгий Максимилианович, но аппарат — это наша главная опора». И сразу — гром аплодисментов.

Вопрос о том, хотел ли Маленков сделать нечто большее для народа, чем Хрущев, остается открытым. Для меня несомненно, что он никогда бы не решился на секретный доклад о Сталине — он был для этого слишком типичным чиновником, а не деятелем, способным на крутые повороты. Что касается хозяйственной политики, то, возможно, он действовал бы более компетентно, но опять же без посягательств на государственное управление экономикой.

Итак, в результате случайного сцепления обстоятельств, умелого притворства и хитроумной игры к власти пришел Хрущев, хотя еще предстоял целый тур его борьбы с Маленковым и неразоружившимися сталинцами.

*Новелла третья*

# ТИРАНОБОРЕЦ

## I

ак решился Хрущев выступить с докладом о Сталине на XX съезде, зная, что подавляющее большинство делегатов будет против разоблачения? Откуда он почерпнул такое мужество и такую уверенность в конечном успехе? То был один из редких случаев в истории, когда политический руководитель поставил на карту свою личную власть и даже жизнь во имя высших общественных целей. В составе послесталинского руководства не было ни одного деятеля, который решился бы выступить с подобным докладом о культе личности. Хрущев, и только Хрущев, на мой взгляд, мог сделать это — так смело, так эмоционально и во многих отношениях так необдуманно. Надо было обладать натурой Хрущева — отчаянностью до авантюризма, надо было пройти через испытания страданием, страхом, приспособленчеством, чтобы решиться на такой шаг.

Мне не довелось присутствовать на этом съезде в тот момент, когда Хрущев произнес свой доклад о Сталине. Вообще доклад был, как известно, сделан уже

после того, как состоялись выборы в ЦК КПСС и
сам Хрущев был избран Первым секретарем ЦК партии. Вероятно, он считал неосмотрительным выступать с докладом до выборов. И не случайно. Во время моих разговоров со многими партийными работниками в ту пору я имел возможность убедиться,
насколько рискованной была акция, предпринятая
Хрущевым.

Сам я впервые ощутил весь драматизм происходящего, когда встретился с одним из редакторов нашего журнала Сергеем Павловичем Усольцевым, который был в секретариате на XX съезде. Он пришел в
редакцию прямо после заседания и уселся, не говоря
ни слова, в свое кресло весь белый, как снег, да что
там — не белый, а серый, как земля под солончаком.

— Что произошло, Сергей Павлович? — спрашивал я.

А он молчит. Даже губы не шевелятся. Как будто
бы язык застрял между зубов, не ворочается. Я дал
ему выпить воды. Он сделал глоток, другой. Посидел
немного. И опять ни звука.

— Не томите, Сергей Павлович! Что, сняли там
кого-то или избрали не того? Или журнал наш решили прикрыть? — неуместно сострил я.

— Журнал... Не до журнала тут. Тут такое порас-
сказали... Неведомо, что и думать. Куда идти... Что
делать?

— Домой, вероятно, пора идти. Я и так задержал-
ся, чтобы услышать ваш рассказ.

— Не положено рассказывать. Специально огова-
ривалось: не должно просачиваться. Используют
враги, чтобы сокрушить нас под корень!

— Как это сокрушить, Сергей Павлович? У нас самое могучее государство и армия такая, которой бо-

ится даже Америка. Не так давно взрывали, на этот раз не атомную, а водородную.

— Да не в этом дело, — поморщился Усольцев, — бомбы разные бывают. Это тоже бомба, только замедленная. Когда взорвется, неизвестно, и что оставит после себя в нашей идеологии — тоже непонятно.

— Сергей Павлович, вы все загадками говорите. Рассказали бы все, что к чему и о чем речь.

— Не могу, пойми ты, не могу. Нет права. Погоди, может, пройдет время, и всех проинформируют. Официально. Потому что знать-то всем надо, кто в печати. Да и партийным работникам. Вопросов будут тысячи...

Так я и не дознался в тот вечер. Правда, уже через несколько дней всем нам, по крайней мере всем сотрудникам нашего журнала, стало известно, о чем говорилось в секретном докладе. А еще через небольшой срок об этом узнал весь мир. Доклад этот через разные каналы попал в руки зарубежных средств массовой информации и стал сенсацией. Потом было решено зачитывать доклад на заседаниях в низовых парторганизациях.

Помню, как проходило чтение секретного доклада в редакции нашего журнала. Читали его по очереди три человека, и каждый вкладывал частицу своих чувств в произносимые слова. Молодой редактор отдела, человек моего поколения, получивший образование в специальном привилегированном Институте международных отношений, читая, как будто даже радовался чему-то: то ли раскрытой наконец правде, то ли разоблачениям представителей старой генерации. А один из ее представителей, в свою очередь, читая текст, спотыкался на каждой фразе, беря ее на зуб, как бы взвешивая достоверность информации и покачивая головой, всем видом своим показывал недоверие и неуместность происходящего.

Больше всего поразили факты о сталинских репрессиях. Никто из нас — решительно никто — не мог предположить масштабов злодеяний, хотя тогда и не была сказана вся правда обо всех пострадавших. Но и то, что стало известно, потрясло наши души.

Большинство работников журнала «Коммунист» реагировало отрицательно, многие высказывали сомнения. Сталин еще слишком живо ассоциировался с победой в тяжелейшей войне, ему приписывали и достижения первого периода восстановления народного хозяйства, и уж, конечно, с его именем была связана вся идеологическая жизнь. Было ясно: страна должна отвергнуть старый путь. Неясно только было, каким будет новый путь, как быстро дадут эффект новые решения. Всем хотелось плыть дальше и скорее, но многие опасались, что поиск новых путей и ломка традиций могут дестабилизировать обстановку и раскачать лодку. В их числе был, конечно, Усольцев. Впрочем, его сознание было маленькой частицей умонастроений, охвативших многих партработников в 50-х годах. Они были против секретного доклада, предстояла острая борьба вокруг наследия прошлого и в особенности вокруг новых решений, обращенных в будущее.

Как я уже говорил, мне не раз приходилось слушать воспоминания Хрущева о Сталине. Это были пространные, нередко многочасовые размышления-монологи, как будто разговор с самим собой, со своей совестью. Хрущев был глубоко ранен сталинизмом. Здесь перемешалось все: и мистический страх перед Сталиным, способным за один неверный шаг, жест, взгляд уничтожить любого человека, и ужас из-за невинно проливаемой крови. Здесь было и чувство личной ответственности за погубленные жизни, и накопленный десятилетиями протест, который рвался наружу, как пар из котла...

Хрущев отмечает в своих воспоминаниях, что после смерти Сталина и вплоть до ареста Берии сталинские принципы управления страной продолжали действовать. Все оставалось, как было. Никто и не думал о том, чтобы реабилитировать людей, которые погибли и были заклеймены как «враги народа», или освободить из лагерей заключенных.

— В течение трех лет, — повествует Хрущев, — мы оказывались не в состоянии порвать с прошлым, не в состоянии найти мужество и решимость приподнять занавес и взглянуть на то, что за этим занавесом скрывается, — аресты, судебные процессы, произвол, расстрелы и все остальное, что происходило в стране в период диктатуры Сталина. Казалось, что мы оставались скованными рамками своей собственной деятельности под властью Сталина, не могли освободиться из-под его контроля и после его смерти. Вплоть до 1956 года мы были не в состоянии психологически избавиться от представления о «врагах народа». Мы упорно продолжали верить в то, что, по мысли Сталина, мы окружены врагами, с которыми надо бороться, пользуясь методами, оправданными теоретически и проводимыми в жизнь Сталиным: мы ведем жесткую классовую борьбу и укрепляем базу нашей революции. Мы не могли себе представить, что все эти казни и процессы были, с юридической точки зрения, сами по себе преступными. И тем не менее так оно и было. Сталиным были совершены действия, которые считались бы преступными в любой стране, за исключением фашистских государств Гитлера и Муссолини.

Когда же возникли у Хрущева сомнения в «сталинском гении»?

Первый психологический перелом он испытал после ареста и разоблачения Берии. Как человека эмоционального, Хрущева всегда потрясали отдельные факты и судьбы конкретных людей. Но даже те факты, которые выплеснулись во время процесса над Берией, не произвели переворота в его сознании. Он продолжал во всем обвинять лично Берию. «Мы делали все возможное, чтобы выгородить Сталина, не отдавая себе полного отчета в том, что защищаем преступника, убийцу, виновного в массовом истреблении людей. Повторяю, только в 1956 году мы освободились от своей приверженности к Сталину».

Это не совсем точно. К. Симонов в своих воспоминаниях о Сталине «глазами человека моего поколения» пишет о конфликте, который произошел у него с Хрущевым. Через несколько дней после смерти Сталина Симонов опубликовал в «Литературной газете» статью, в которой провозглашал главной задачей писателей отразить великую историческую роль величайшего гения — Сталина. Хрущев был крайне раздражен этой статьей. Он позвонил в Союз писателей и потребовал смещения Симонова с поста главного редактора «Литературной газеты». Этого ему добиться не удалось, но очевидно, что уже тогда у Хрущева возникло новое отношение к Сталину.

Я отлично помню, что уже через несколько месяцев после смерти Сталина Хрущев лично дал указание главному редактору «Коммуниста» подготовить редакционную статью против культа вождя. Мы участвовали в ее подготовке, а название она носила традиционно-догматическое: «Народ — творец истории». В ней были приведены известные цитаты из Маркса против культа личности и содержались прямые намеки на культ личности в СССР. Каждому было понятно, что речь шла о Сталине, хотя фамилия его не упоминалась. Так что зародыш антикульта вызревал в сознании Хрущева уже в ту пору: статья была опубликована летом 1953 года.

А после этого я по согласованию с руководством журнала провел с группой работников свои первые исследования — о привилегиях чиновников; об условиях в тюрьмах, особенно в лагерях для детей; о здравоохранении для простых граждан. Было подготовлено три толстых тома материалов, которых руководство «Коммуниста» не рискнуло ни печатать, ни даже направить в ЦК. Кажется, это было одно из первых конкретных социологических исследований, проведенных, вероятно, кустарным способом.

## II

Обратимся непосредственно к докладу Хрущева на закрытом заседании XX съезда КПСС 24—25 февраля 1956 года. Не буду подробно пересказывать его содержание, меня больше интересуют оценки Хрущевым Сталина, то, за что он его критиковал и за что не критиковал, а даже продолжал похваливать.

Главное содержание доклада составляет рассказ о чудовищных сталинских избиениях людей. Как раз это больше всего потрясло не только участников съезда, но и всех коммунистов в ту пору. Как говорил Хрущев, из 139 членов и кандидатов в члены ЦК партии, избранных на XVII съезде, 98 человек, то есть 70 процентов, были арестованы и расстреляны (большинство в 1937—1938 годах). Из 1966 делегатов этого съезда с правом решающего или совещательного голоса 1108 были арестованы по обвинению в контрреволюционных преступлениях — также подавляющее большинство. Число арестов и обвинений в контрреволюционных преступлениях возросло в 1937 году по сравнению с предыдущим годом больше чем в 10 раз.

Приведя и другие данные о чудовищных массовых репрессиях, Хрущев подробно остановился на подозрительных обстоятельствах убийства Кирова. В частности, сообщил, что после этого убийства руководящим работникам Ленинградского НКВД были вынесены очень легкие приговоры, а в 1937 году их расстреляли. Можно предполагать, что они были расстреляны, чтобы скрыть следы истинных организаторов убийства Кирова. Он подробно рассказал о трагической судьбе Постышева, Эйхе, Рудзутака и многих других деятелей. Я. Э. Рудзутак, кандидат в члены Политбюро, член партии с 1905 года, проведший десять лет на царской каторге, категорически отказался на суде от вынужденных признаний, «выбитых» из него в ходе следствия.

В протоколе сессии Военной коллегии Верховного суда есть следующее заявление Рудзутака:

«...Единственная просьба к суду — это довести до сведения ЦК ВКП(б) о том, что в органах НКВД имеется еще не выкорчеванный гнойник, который искусственно создает дела, принуждая ни в чем не повинных людей признавать себя виновными... Методы следствия таковы, что заставляют выдумывать и оговаривать ни в чем не повинных людей, не говоря уже о самом подследственном». Это заявление было оставлено без внимания. В течение двадцати минут был вынесен приговор, и Рудзутака расстреляли.

Когда в 1939 году волна массовых арестов стала спадать, когда руководители партийных органов с периферии стали обвинять работников НКВД в том, что к арестованным применялись меры физического воздействия, Сталин 10 января 1939 года отправил шифрованную телеграмму секретарям областных и краевых комитетов, ЦК компартий республик, народным комиссарам внутренних дел и руководителям органов НКВД. В этой телеграмме говорилось: «ЦК ВКП(б) разъясняет, что применение физического воздействия в практике НКВД было допущено с 1937 года с разрешения ЦК ВКП(б)». Это «правильный и целесообразный метод».

Конечно, Хрущев тогда не сказал, да и не мог сказать всей правды о сталинских репрессиях. Сейчас называют цифру в 40 миллионов пострадавших, включая мнимых «кулаков» в 30-х годах и репрессированные народы во время Отечественной войны. Другие специалисты снижают цифру до 4 миллионов. Истина все еще не установлена научно, еще слишком свежи раны.

Но в докладе Хрущев выплеснул все свое накопившееся глубокое негодование, протест и отрицание варварских методов допросов, избиения, уничтожения честных и ни в чем не повинных людей.

Однако уже в тот момент в нашем сознании возник вопрос: кто же из живущих понесет ответственность за эти преступления и каковы гарантии, что они не повторятся? Хрущев поставил первый вопрос, но не дал на него ответа. «Мы должны серьезно разобрать и правильно проанализировать этот вопрос для того, чтобы исключить всякую возможность повторения даже какого-либо подобия того, что имело место при жизни Сталина, который проявлял полную нетерпимость к коллективности в руководстве и работе, допускал грубое насилие над всем, что не только противоречило ему, но что казалось ему, при его капризности и деспотичности, противоречащим его установкам», — говорилось в докладе.

Анализируя причины массовых репрессий, Хрущев видел их в том, что Сталин настолько возвысил себя над партией и народом, что перестал считаться и с Центральным Комитетом, и с партией.

Если до XVII съезда он еще прислушивался к коллективу, то после полной политической ликвидации троцкистов, зиновьевцев и бухаринцев, когда в партии в результате этой борьбы и «социалистических побед» было достигнуто полное единство, Сталин начал все больше и больше пренебрегать мнением членов ЦК и даже членов Политбюро. Сталин думал, что теперь может решать все один, и все, кто еще ему был нужен, — это статисты; со всеми другими он обходился так, что им только оставалось слушаться и восхвалять его.

Итак, Хрущев видел главную причину репрессий в совершенно неумеренном и беспрецедентном насаждении Сталиным своего культа личности. Хрущев привел материалы из «Краткой биографии» Сталина и «Истории ВКП(б). Краткий курс», написанных группой авторов. Сталин сделал свои вставки в эти книги. Вот что он писал о себе: «Мастерски выполняя задачи вождя партии и народа, имея полную поддержку всего советского народа, Сталин, однако, не допускал в своей деятельности и тени самомнения, зазнайства, самолюбования». В первоначальном тексте биографии была следующая фраза: «Сталин — это Ленин сегодня». Но Сталину это предложение показалось слишком слабым, поэтому он изменил его так: «Сталин — достойный продолжатель дела Ленина, или, как говорят у нас в партии, Сталин — это Ленин сегодня». И еще: «Сталинское военное искусство проявилось как в обороне, так и в наступлении. С гениальной проницательностью разгадывал товарищ Сталин планы врага и отражал их».

Хрущев рассказал о том, что книга «История

ВКП(б). Краткий курс» была написана группой авторов. Но Сталин отсек всех авторов и так написал об этом в «Краткой биографии»: «В 1938 году вышла в свет книга «История ВКП(б). Краткий курс», написанная товарищем Сталиным и одобренная Комиссией ЦК ВКП(б)». И, наконец, даже цари, по словам Хрущева, не создавали премий, которые они называли своими именами. Апофеозом превозношения Сталина стал текст Государственного гимна СССР, одобренного им самим. «Нас вырастил Сталин на верность народу, на труд и на подвиги нас вдохновил», — говорилось в гимне. Кто мог думать в ту пору, что именно этот гимн с возможными исправлениями текста станет гимном новой демократической России — поистине традиции — душа держав.

Напомню, что в секретном докладе было впервые сказано о политическом завещании Ленина, в котором Ленин предлагал переместить Сталина с поста Генсека. Здесь же говорилось о его полном пренебрежении принципами коллективного руководства.

На протяжении тринадцати лет не созывались съезды партии. Пленарные заседания ЦК почти совсем не проводились. В течение войны не было ни одного пленума ЦК. Правда, как отмечает Хрущев, была попытка созвать пленум в октябре 1941 года, все члены ЦК приехали тогда со всей страны в Москву. Они ждали два дня открытия пленума, но напрасно. Сталин испугался и даже не пожелал встретиться и поговорить с членами ЦК.

Хрущев противопоставляет ленинское отношение к оппозиции сталинскому. Он ссылается на пример выступления Каменева и Зиновьева против ленинского плана вооруженного восстания накануне Октябрьской революции. Тогда Ленин поставил перед ЦК вопрос об их исключении из партии, однако после революции Зиновьеву и Каменеву были предоставлены руководящие должности. То же самое относится и к Троцкому.

Хрущев отмечает, что Ленин не останавливался перед красным террором и применял самые суровые меры подавления врагов, однако делал это только в исключительных случаях. Он приводит слова из доклада Ленина на сессии ВЦИК 2 февраля 1920 года, в котором Ленин объявил об отмене смертной казни: «Террор был нам навязан терроризмом Антанты... Как только мы одержали решительную победу, еще до окончания войны, тотчас же после взятия Ростова, мы отказались от применения смертной казни и этим показали, что к своей собственной программе мы относимся так, как обещали. Мы говорим, что применение насилия вызывается задачей подавить эксплуататоров, подавить помещиков и капиталистов; когда это будет разрешено, мы от всяких исключительных мер отказываемся. Мы доказали это на деле».

В противоположность этому Сталин осуществлял методы административного насилия, репрессий и террора. Массовые аресты, высылки многих тысяч людей, расстрелы без суда и нормального следствия создали обстановку страха и ужаса. Осуждая это, Хрущев подчеркивает, что чрезвычайные методы следовало применять лишь против тех, кто в действительности совершит преступление против советской системы.

...Помню, мне уже тогда показались недостаточными или даже наивными объяснения Хрущевым причин сталинского массового террора. Он искал эти причины прежде всего в личных качествах самого Сталина и даже впоследствии в своих мемуарах снова возвращался именно к этому истолкованию, в сущности, иррациональных массовых избиений. В одном месте он говорит «о деспотизме Сталина». В другом — о том, что Сталин был «очень недоверчивым человеком; он был болезненно подозрительным».

— Он мог посмотреть на кого-нибудь, — рассказывал Хрущев, — и сказать: «Почему ты сегодня не смотришь прямо?» Или: «Почему ты сегодня отворачиваешься и избегаешь смотреть мне в глаза?» Такая болезненная подозрительность создала в нем общее недоверие к выдающимся партийцам, которых он знал годами. Всюду и везде он видел «врагов», «лицемеров» и «шпионов».

Описывая послевоенное «ленинградское дело», Хрущев снова отмечает именно это:

— Нужно сказать, что после войны положение еще больше осложнилось. Сталин стал еще более капризным, раздражительным, грубым, особенно возросла его подозрительность. Его мания преследования стала принимать невероятные размеры. Многие работники становились в его глазах врагами.

То же самое Хрущев констатирует в связи с так называемым «делом врачей». По сообщению Хрущева, Сталин вызвал бывшего министра государственной безопасности С. Д. Игнатьева и заявил ему: «Если не добьетесь признания врачей, то с вас будет снята голова». А вызвав следователя, дал ему указание: «Бить, бить и бить». Его подозрительность, умноженная на личный произвол, развила чувство неограниченной самодержавной власти.

Хрущев рассказывает, как на одной из встреч Сталин сообщил ему о конфликте с Югославией и Тито. Сталин спросил его, показывая какой-то документ: «Вы это читали?» — и, не ожидая ответа, сказал: — Стоит мне пошевелить мизинцем — и Тито больше не будет. Он слетит...» «Такое заявление, — замечает

Хрущев, — отражало манию величия Сталина, ведь он так и действовал: шевельну мизинцем — и нет Косиора, еще раз мизинцем — и нет уже Постышева, Чубаря. Шевельну опять мизинцем — и исчезают Вознесенский, Кузнецов и многие другие».

Нельзя сказать, что Хрущев полностью сводил объяснения деспотизма Сталина к его личным качествам. Но приходится констатировать, что он проделал только часть пути от критики Сталина к критике сталинизма как режима, не говоря уже о критике системы в целом. Это можно видеть из заключительных выводов доклада на XX съезде партии.

Хрущев — не думаю, что только в угоду функционерам, а достаточно искренне — отмечает, что у Сталина были несомненные заслуги перед партией, рабочим классом, перед международным рабочим движением. По его мнению, Сталин был убежден, что все, что он делал, нужно для защиты интересов трудящихся от происков врагов и нападок империалистического лагеря. «Нельзя сказать, — говорил Хрущев, — что это действия самодура. Он считал, что так нужно делать в интересах партии, трудящихся, в интересах защиты завоеваний революции. В этом истинная трагедия!»

Далее Хрущев призывал сделать все, чтобы навсегда покончить с культом личности как чуждым марксизму-ленинизму явлением, вернуться к тщательному осуществлению на практике ленинских принципов партийного руководства и, наконец, восстановить полностью социалистическую демократию, выраженную в Конституции СССР, бороться против отдельных лиц, злоупотребляющих своей властью. В целом Хрущев звал к ленинскому ренессансу, что стало философией всей его эпохи.

Невозможно, однако, не видеть всей ограниченности критики Хрущева. Он все еще разделял «генеральную линию» Сталина по коллективизации, индустриализации, борьбе против оппозиции.

И не он один. Вспомним, что большинство деятелей, приговоренных к смерти Сталиным, продолжали верить в него. Многие из них перед расстрелом выкрикивали: «Да здравствует товарищ Сталин!» Так кричал Ягода — сталинский палач, уничтоженный той же безжалостной машиной. Даже те, кто был сослан, пребывали на каторге в Соловках или Воркуте, продолжали ожесточенно спорить с бухаринцами, троцкистами, зиновьевцами, не говоря уже об эсерах и меньшевиках.

Кстати, сам Хрущев на XX съезде в своем докладе говорил: «Партия провела большую борьбу против троцкистов, правых, буржуазных националистов, идейно разгромила всех врагов ленинизма. Эта идейная борьба была проведена успешно, в ходе ее партия еще более окрепла и закалилась. И здесь Сталин сыграл свою положительную роль... Представим себе на минуту, что бы получилось, если бы у нас в партии в 1928—1929 годах победила политическая линия правого уклона, ставка на «ситцевую индустриализацию», ставка на кулака и тому подобное. У нас не было бы тогда мощной тяжелой индустрии, не было бы колхозов, мы оказались бы обезоруженными и бессильными перед капиталистическим окружением».

Благодаря этой борьбе Сталина, по мнению Хрущева, подавляющее большинство поддержало генеральную линию и партия смогла организовать трудящиеся массы на проведение ленинского курса построения социализма. Ошибку Сталина Хрущев видит в деформации ленинской политики. Не в самом подходе к ней, а лишь в деформации методов, а именно в применении суровых репрессивных мер, что было нетерпимо, когда социализм, как считал Хрущев, был в основном построен и эксплуататорские классы ликвидированы. Итак, цели правильные, методы — ложные, вредные, варварские. Такова основная концепция Хрущева в докладе на XX съезде партии. Странно сказать, но до сих пор мы слышим те же доводы противников радикальной структурной перестройки существующей в нашем обществе системы...

Было бы антиисторично говорить об этих выводах Хрущева с позиции сегодняшнего дня. Сорок шесть лет прошло с момента XX съезда, накоплен огромный опыт — в чем-то позитивный, в чем-то негативный. И сейчас мы видим главное — величие подвига, совершенного Хрущевым в тот драматический момент. К массовым репрессиям не было возврата, хотя преследование инакомыслия все еще продолжалось. Культ личности при Брежневе возродить не удалось, несмотря на усилия брежневских клевретов, сочинивших девять томов его «произведений», позабытых на второй же день после его кончины.

Но сейчас, с позиции нового политического опыта, мы видим всю недостаточность анализа и выводов, сделанных Хрущевым на XX съезде партии. Он осудил тиранию, но не затронул авторитарной власти. Он отверг культ личности, но в значительной степени сохранил систему, которая его породила. Что касается сетований на личные качества Сталина, деспотический его характер, то это поистине детский уровень политических размышлений. Разве можно объяснить жестокость Нерона или Калигулы, Гитлера или Муссолини только их личными качествами?

Конечно, для деспотизма нужен деспот. Вопрос в том, почему проявляется деспотизм, который приводит этого деспота к власти, и почему народ, или по крайней мере его большинство, преклоняется перед деспотом? Приходится признать, что Хрущев, осудив чудовищные крайности сталинского режима, в своем докладе на XX съезде партии все еще оставался в плену многих сталинских представлений. Что касается моих взглядов того времени, то я уже через несколько лет после XX съезда выступил с критикой не только режима личной власти, а и всей системы тоталитаризма. Таких же взглядов придерживались и многие другие советники, которых я называю «белыми». Но об этом — дальше.

## III

Начались брожения. Наиболее горячие головы стали требовать дальнейшей десталинизации, но это натолкнулось на самое жесткое противодействие партийного и государственного аппарата. Всю Москву обошло сообщение о том, как была распущена одна из партийных организаций в академическом институте в связи с требованиями, прозвучавшими при обсуждении секретного доклада, — привлечь к ответственности всех виновных в массовых репрессиях. Эта акция, предпринятая, как говорили, по указанию М. А. Суслова, показала те лимиты, которые устанавливало партийное руководство в критике сталинизма. Не будем забывать, что в него входили тогда еще такие соратники и откровенные последователи Сталина, как Молотов, Маленков, Каганович и другие.

Однако остановить поток они уже были не в силах, особенно потому, что доклад вскоре перестал быть секретом для мирового общественного мнения. Есть все основания полагать, что именно Хрущев позаботился об этом. У меня нет сомнений, что лично от него исходила инициатива ознакомить с содержанием доклада представителей коммунистических и рабочих партий, приехавших на XX съезд КПСС.

Вначале с докладом были ознакомлены главы делегаций компартий — Б. Берут, В. Червенков, М. Ракоши, В. Ульбрихт, М. Торез, П. Тольятти, Д. Ибаррури, Й. Коплениг. В конце февраля 1956 года текстом доклада располагал уже Иосип Броз Тито, прочитавший его членам Исполкома Союза коммунистов Югославии.

14 марта Тольятти, докладывая Центральному Комитету своей партии о XX съезде КПСС, подверг критике собственные политические действия в прошлом. 16 марта «Нью-Йорк таймс» помещает статью своего московского корреспондента о закрытом докладе Хрущева. На другой день его основное содержание пересказало агентство Рейтер. 19—21 марта весьма смягченное резюме доклада напечатала газета «Юманите», орган Французской компартии. 20 марта изложение доклада публикует югославский еженедельник «Коммунист».

Копии доклада стали быстро распространяться и вскоре продавались на черном рынке в Варшаве, где одна из них и была куплена неким американцем за 300 долларов. Шеф ЦРУ Аллен Даллес передает ее своему брату, государственному секретарю Джону Фостеру Даллесу, а тот воспроизводит доклад Хрущева 4 июня на страницах «Нью-Йорк таймс».

Таким образом, Хрущев впервые за всю историю Советской власти пустил в ход прием — апеллировать к международной общественности при решении проблем внутрипартийной борьбы. Он укреплял свои позиции в партии и стране, опираясь на поддержку и сочувствие прогрессивных сил в комдвижении и даже западного общественного мнения.

Проблема, однако, была в том, что Хрущев так и

не преодолел до конца своих дней колебаний в отношении сталинизма. Это можно проследить, если обратиться к его мемуарам. Несомненно, его настроения и взгляды в период написания мемуаров значительно отличались от того, что он думал и говорил, когда находился у власти. Кстати, ничего неожиданного в этом нет. Достаточно обратиться к мемуарам американских президентов Д. Эйзенхауэра и Дж. Картера, чтобы увидеть, какая дистанция отделяет высказывания того же человека в период, когда он стоит на вершине политической пирамиды и когда он уходит на покой, тем более в опалу, с двусмысленным званием «персонального пенсионера».

При всей независимости и самобытности его характера, интеллектуальный мир Хрущева не только формировался, но и кристаллизовался на базе сталинских идей. И по мере того как исчезали из окружения Сталина крупные теоретики — Троцкий, Зиновьев, Бухарин, да и деятели второго эшелона — Рыков, Киров, Орджоникидзе, Куйбышев и многие другие, — Сталин возвышался в сознании окружающих его людей как единственный человек, способный формулировать теоретические и политические идеи.

Хрущев на протяжении многих томов своих воспоминаний, как, собственно, и всей своей деятельности на посту руководителя страны, всеми силами пытается разорвать путы сталинизма, вырваться из плена, в который прочно попал в начале своей жизни. О каком бы событии он ни вспоминал, какой бы вопрос ни анализировал, он снова и снова возвращается «к вождю всех народов», пытается противостоять его посмертному влиянию, но нередко опускает руки.

...Мемуары Хрущева против моей воли снова обратили меня к анализу сталинизма. Ибо, перечитывая его потрясающие свидетельства раздвоенности человеческого сознания, особенно чувствуешь, что со Сталиным не покончено. Сталин все еще с нами, он все еще в нас. И надо выдавить из себя по каплям до конца сталинизм как приверженность к такой теории, системе и практике, которая до сих пор облыжно называется социализмом...

Но вернемся к Никите Сергеевичу, ибо он больше других приложил усилий, чтобы разорвать оболочку, в которой родился, и выскочить на новый свет. Быть может, поэтому он громче других сказал свое слово против Сталина. Против Сталина — да, но против сталинизма — скорее нет.

Конечно, сейчас легко критически оценивать позиции Хрущева по вопросам демократии, поскольку в новое время поставлены и сформулированы такие крупнейшие идеи, как многопартийность, правовое государство, парламентская система. Было бы неисторично требовать даже от столь незаурядного деятеля, как Хрущев, чтобы он на второй день после низвержения культа Сталина совершил такой скачок в своем сознании и политической практике. Но есть другой критерий, который вполне уместен и приложим для объективного анализа достижений и провалов хрущевской оттепели. Это — предшествовавший Сталину ленинский опыт.

Страна вправе была ожидать уже в тот период ренессанса нэпа с его элементами экономического и внутрипартийного плюрализма. Но этого не произошло. Ни в отношении норм партийной жизни, ни в области советской демократии, ни в деятельности общественных организаций, ни в социальной и экономической политике. Хотя некоторые шаги в таком направлении были, несомненно, сделаны.

Что же помешало Хрущеву, по крайней мере в

теории, более последовательно идти этим путем? Не будем говорить о практике — конечно, она определялась реальным соотношением сил в руководстве партией, настроениями и взглядами функционеров. Но в теории — в теории он, увы, оставался вечным сталинским пленником. Хотя в мемуарах у Хрущева были свободны руки, тем не менее и здесь — быть может, в особенности здесь — мы видим отчетливо теоретические основы ограниченности его взглядов, догматические лимиты «их не перейдеши».

Впрочем, Хрущев не был исключением. Еще в древние времена говорилось: «Прошлое легче порицать, чем исправлять» (Ливий).

Особый интерес в мемуарах Хрущева представляют его размышления о партийных традициях, сложившихся во времена Сталина, о том, как это отразилось после его смерти. Он вспоминает, что инициатива созыва XIX съезда исходила лично от Сталина. Хотя со времени XVIII съезда прошло тринадцать лет, никто из членов руководства и заикнуться не мог о новом съезде. Раньше такая пауза могла мотивироваться войной, но и после войны прошло семь лет, пока был созван очередной съезд партии.

Хрущев повествует о том, как совершенно неожиданно однажды Сталин сказал о том, что надо собрать съезд. К тому времени Центральный Комитет фактически перестал функционировать как орган коллективного руководства. Все делалось от имени ЦК, но решения принимались единолично Сталиным. Он даже не спрашивал членов Политбюро, а сам диктовал решения. Сталин какое-то время держал в неведении своих соратников относительно повестки дня будущего съезда и о том, кто будет выступать с докладами. Другие члены руководства обсуждали между собой, гадали, возьмет ли он сам на себя

Отчетный доклад, и полагали, что вряд ли, поскольку он физически был слаб и не мог выстоять так долго на трибуне. Потом Сталин определил регламент, повестку дня, докладчиков: Маленкова — с Отчетным докладом, Сабурова — по пятилетке и Хрущева — по Уставу партии. Это поручение, как свидетельствует Хрущев, не очень его обрадовало, поскольку трудно было подготовить доклад по этому вопросу, в особенности утвердить его, под жестким контролем Берии и Маленкова. Они в конечном счете резко сократили доклад, так что он занял всего лишь что-то около часа.

Члены руководства тайно обсуждали между собой, почему Отчетный доклад не был поручен Молотову или Микояну? Как говорил Хрущев, члены довоенного руководства рассматривали Молотова как будущего вождя, который заменит Сталина, когда Сталин уйдет из жизни.

Однако в тот период не могло быть и речи об этих двух деятелях, поскольку они находились в опале. Да и жизнь их подвергалась опасности. Хрущев описывает, как готовились так называемые «выборы» на съезд. Все делегаты, по его утверждению, были подобраны аппаратом ЦК партии, который определил, сколько должно быть рабочих, сколько интеллигентов, сколько колхозников. Одним словом, вся структура участников съезда и весь состав Центрального Комитета были заранее отработаны и предопределены. «Не выбирали на съезд людей, — замечает Хрущев, — как когда-то это было, а уж говорили — что вот такого-то надо провести на съезд, что он имеется в виду, этот человек, чтобы его выбрать в состав Центрального Комитета — членом или кандидатом, или членом Ревизионной комиссии».

Оценивая такую практику с позиций персонального пенсионера, Хрущев выражает сожаление и даже возмущение:

— Ну, можете себе представить, а, к сожалению, такая практика — она, собственно, осталась и сейчас, так же проходили выборы и на XX съезд. Это такая уродливая демократия. Эти методы неправильные, нетерпимые. Я постарался искать новые методы, пытался внести коррективы в новый Устав партии. Но очень робко мы это делали. Почему робко? Потому что мы продукты, мы сами, люди, руководители, мы продукт революции. Мы воспитаны были на примерах Сталина. А Сталин для нас был тогда величиной, не знаю, какого значения. Что нам, так сказать, не выдумывать, а подражать.

Поэтому, считает Хрущев, руководители его поколения не смогли психологически освободиться от такого состояния, чтобы искать какое-то кардинальное решение и вернуть партию на «ленинские рельсы» партийной демократии.

Как видим, Хрущев сам определил причины живучести авторитарных нравов, согласно которым все делалось сверху, аппаратом, а в конечном счете — верховным руководителем партии. Человек искренний, как всегда, он нашел в себе силы, чтобы осудить собственную деятельность. Три съезда, проведенные при руководящем участии Хрущева, мало отличались от сталинских с точки зрения методов и моделей.

Принцип выборности, сменяемости и подотчетности всех руководителей, который декларировался в ленинские времена, был давно заменен принципом подбора и расстановки кадров.

Примером полного торжества этого принципа Хрущев считал XIX съезд партии. Здесь было выдвинуто ровно столько кандидатов, сколько необходимо было избрать. И все шло автоматически, без сучка без задоринки.

Правда, на XIX съезде произошел небольшой, но характерный казус. В результате технической ошибки при перепечатке пропустили несколько фамилий, в том числе генерала Говорова. Спохватились уже после съезда. Сталин решил эту проблему просто — включил в список ЦК пропущенных людей — и дело с концом, кто мог возражать?

Большая неожиданность ждала Хрущева и других членов руководства на первом пленуме после XIX съезда. Сталин открыл его сам и внес предложение включить в состав Президиума ЦК 25 человек.

Уже сам этот факт вызвал удивленные переглядывания между соратниками вождя, потому что они полагали, что такое большое количество людей не сможет принимать оперативные решения. Но еще большее удивление вызвали у них многие имена членов руководства — здесь появились совершенно неожиданные фамилии. Некоторые попали в состав Президиума, не будучи до этого членами ЦК. Хрущев потом спрашивал у Маленкова, Берии, кто подсунул Сталину эти фамилии? Все отрицали свое участие. Так никто и не смог разгадать, откуда появились новые имена.

И самая большая неожиданность произошла, когда Сталин предложил состав Бюро Президиума ЦК. В него вошли: Сталин, Булганин, Берия, Маленков, Каганович, Сабуров, Первухин, Ворошилов, Хрущев. Особенно удивило Хрущева даже не то, что не вошли Молотов и Микоян, а то, что был включен Ворошилов, хотя было известно, что Сталин в последние годы относился к нему со все большим подозрением.

Всего в Бюро вошли девять человек, однако Сталин, как повествует Хрущев, «по своему благоволению» избрал более узкую «пятерку». Об этом официально нигде не сообщалось. Но скоро так сложилось, что чаще всего Сталин собирал у себя именно этот состав: Берия, Булганин, Хрущев, Маленков. Иногда приглашали также Кагановича, но никогда не звали ни Молотова, ни Микояна и редко на таких закрытых заседаниях Бюро появлялся Ворошилов. Собственно, по свидетельству Хрущева, никаких изменений в стиле руководства после съезда не произошло. Как и прежде, начиная с 1938 года, Сталин все решения принимал один. И все, так сказать, склонялись перед его единоличным управлением, ибо знали, что в противном случае — опала, тюрьма, расстрел. Это висело как дамоклов меч над каждым.

Хрущев подробно рассказывает в мемуарах об опале Молотова и Микояна, выражает удивление и сожаление по этому поводу. Что касается Микояна, то это еще можно понять, поскольку тот стал ближайшим сподвижником Хрущева в послесталинский период. Но Молотов был самым последовательным противником Хрущева. Тем не менее и на старости лет персональный пенсионер осуждает Сталина за необоснованную, с его точки зрения, опалу Молотова. За то, что того изображали чуть ли не агентом империализма.

Он рассказывает, что члены «пятерки» тайно информировали время от времени Молотова и Микояна о «приглашениях» Сталина на ближнюю дачу, и они приезжали, что вызывало недовольство Хозяина, который однажды устроил «большой разнос» прежде всего Маленкову, который вел подобные «игры» с опальными.

О патриархальных и авторитарных представлениях о характере власти, сохранившихся у Хрущева до самой кончины, я уже говорил. Он так и не преодолел этих взглядов даже тогда, когда писал в своих мемуарах об «уродливой демократии». Тем не менее Хрущев проделал большой путь от персонализации критики Сталина на XX съезде партии к борьбе против сталинского режима власти. Важными вехами на этом пути стали встречи с Тито в 1955 году, трагические события в Венгрии 1956 года, июньский Пленум 1957 года, когда Хрущева пытались свергнуть сталинисты, наконец, XXII съезд КПСС, завершившийся выносом тела Сталина из Мавзолея.

Сторонники Сталина, накопившие большой счет претензий к Хрущеву по поводу XX съезда, а также его новаций во внутренней и внешней политике, решили дать бой и отстранить его от руководства партией. Это произошло на заседании Президиума ЦК КПСС 18 июня 1957 года. Три дня длилось беспрецедентное заседание, где схватились две стороны — Хрущев и поддержавшее его меньшинство и Молотов, Маленков, Каганович, располагавшие большинством в Президиуме ЦК. Это большинство, которое в последствии назвали «арифметическим» приняло решение о смещении Хрущева с поста Первого секретаря ЦК КПСС. Однако они не рассчитали своих сил. Хрущева поддерживала значительная часть аппарата ЦК партии, так как он успел к тому времени заменить многих его работников, а главное — поддерживала армия, которую возглавлял Г. К. Жуков, активный антисталинист, и КГБ, председателем которого был близкий Хрущеву человек — И. А. Серов. С их помощью Хрущев сумел в течение нескольких дней созвать Пленум ЦК КПСС. И вот впервые за многие десятилетия Пленум выступил в роли решающей инстанции. После жаркой дискуссии Молотов, Маленков, Каганович и «примкнувший к ним» Шепилов были объявлены «антипартийной группой», выдворены из состава высшего руководства партии. Хрущев одержал одну из самых крупных побед в своей бурной политической жизни.

Однако он не стал по-сталински расправляться со своими врагами. Ему хотелось и в этом отношении заложить новую традицию.

Постановление Пленума и краткая информация о его работе были опубликованы лишь 4 июля 1957 года. В решениях Пленума говорилось об «антипартийной группе Маленкова, Кагановича, Молотова» и умалчивалось об участии в ней Ворошилова, Булганина и других. И Ворошилов, и Булганин сохранили свои посты. Из состава Президиума и из ЦК были выведены Молотов, Маленков, Каганович, Шепилов. Сабуров потерял пост члена Президиума ЦК, Первухин стал лишь кандидатом в члены Президиума ЦК. Июньский Пленум увеличил численность Президиума ЦК до 15 человек, в его состав вошли недавние кандидаты — Л. И. Брежнев, Е. А. Фурцева, Ф. Р. Козлов, Н. М. Шверник, Г. К. Жуков. Членами Президиума стали также А. Б. Аристов, Н. И. Беляев и О. В. Куусинен.

Никто из противников Хрущева не был тогда исключен из партии, все они получили назначения вне Москвы. Молотов направлялся послом СССР в Монголию, Каганович стал директором Уральского горно-обогатительного комбината в городе Асбесте, Маленков — директором Усть-Каменогорской ГЭС на Иртыше, Шепилов получил профессорскую должность в Средней Азии.

Выдающуюся роль в разгроме сталинистов сыграл маршал Г. К. Жуков. Как рассказали, во время заседания Президиума ЦК КПСС, когда в результате голосования было принято решение об освобождении Хрущева с поста Первого секретаря, Жуков бросил историческую фразу: «Армия против этого решения, и ни один танк не сдвинется с места без моего приказа». Эта фраза в конечном счете стоила ему политической карьеры.

Вскоре после июньского Пленума Хрущев добился освобождения Жукова с постов члена Президиума ЦК КПСС и министра обороны СССР. Сделано это было в традиционном для того времени духе — в момент, когда маршал находился в зарубежной командировке. Ему не было предоставлено минимальной возможности объясниться, точно так же, как не было дано необходимого разъяснения народу о причинах изгнания с политической арены самого выдающегося полководца Великой Отечественной войны. И причина изгнания была опять-таки традиционная — страх перед сильным человеком...

В оставшихся после смерти В. В. Гришина бумагах с записями о пережитом были и странички о снятии Жукова с поста министра обороны[1].

В то время, когда маршал Жуков в 1957 году находился с визитом в Югославии по приглашению министра обороны этой страны, в Москве был созван Пленум ЦК КПСС, обсудивший вопрос о Г. К. Жукове. С докладом выступил секретарь ЦК КПСС М. А. Суслов, который обвинил маршала в бонапартизме, грубости, бестактности, высокомерии, пренебрежительном отношении к своим подчиненным, товарищам по работе. Очень резко по отношению к Жукову выступил начальник Главного политического управления Советской Армии и Военно-Морского Флота генерал-полковник А. С. Желтов. Он говорил, что министр обороны не считался с политичес-

---

[1] Материал взят из книги: Н и к о л а й  З е н ь к о в и ч «Тайны уходящего века-3». Москва, «Олма-Пресс», 1999, с. 498—499.

кими органами и партийными организациями в армии и на флоте. Он нескромен, груб, заносчив.

Гришину особенно запомнилась речь Маршала Советского Союза К. К. Рокоссовского. Этот скромный, обаятельный человек рассказывал, как в ходе битвы под Москвой в октябре — ноябре 1941 года в его дивизию приезжал или звонил по телефону из Москвы Г. К. Жуков, каждый раз бранился, угрожал расстрелом. А он и так каждодневно мог быть убит на фронте.

— И тут вдруг, — рассказывал на Пленуме Рокоссовский, — меня вызывает в Москву Сталин. Я очень забеспокоился. Уж если Жуков угрожает мне расстрелом, то, наверное, из поездки к Сталину мне живым не возвратиться. Но И. В. Сталин принял меня как великий полководец. Он подробно расспросил о положении на моем участке фронта, в чем нуждаются войска, внимательно выслушал мои ответы и соображения. Я уехал из Кремля воодушевленным. Вскоре дивизия получила подкрепление людским составом, боеприпасами и вооружением.

Короче, два человека — два стиля руководства.

В фойе зала заседаний Пленума была выставлена картина, изображающая Жукова на белом коне, портреты маршала. Пленум ЦК принял решение: вывести Г. К. Жукова из членов Президиума ЦК партии и освободить его от обязанностей министра обороны СССР. Новым министром обороны был назначен Маршал Советского Союза Р. Я. Малиновский.

Вернувшись из Югославии, Г. К. Жуков остро переживал случившееся, говорил о Хрущеве: «Ведь мы недавно расстались друзьями».

А вот свидетельство другого члена руководства — Н. А. Мухитдинова[1]:

---

[1] Материал взят из книги: Н и к о л а й  З е н ь к о в и ч «Тайны уходящего века-3». Москва, «Олма-Пресс», 1999, с. 500.

— Буквально на всех пленумах 1957 года Жуков продвигался по вертикали в высших партийных органах. С чем это было связано? Это было связано с драматическими событиями тех месяцев. Жуков полностью поддержал Хрущева при устранении и ликвидации Берии, затем — при снятии с поста Председателя Совета Министров Маленкова. Итак, на XX съезде он стал кандидатом в члены Президиума ЦК. Далее — раскол внутри Президиума, выступление семи его членов против Хрущева. Тут Жуков твердо поддержал Хрущева — и стал членом Президиума.

В день возвращения Жукова назначили заседание Президиума. Когда собрались, Хрущев вдруг сказал:

— Сейчас к Москве подлетает Жуков. Его пригласят прямо сюда. Открыто хочу с вами поделиться информацией и впечатлениями. Он замышляет взять власть в стране, проводит в этом направлении серьезную работу, нам кое-что уже известно. Я пожилой человек, мне себя не жалко, но жаль потерять наш политический курс, оборвать то, что успешно начато, допустить установление военной диктатуры. Это опасно, может привести к гражданской войне, кровопролитию. Все вы окажетесь далеко отсюда. Надо серьезно поговорить с Жуковым, принять решение. На Секретариате договорились, что завтра проведем Пленум и окончательно решим вопрос с Жуковым.

Все сидят, слушают, ни протокола, ни стенограммы, ни одного постороннего. Видно, все хорошо рассчитали. Скоро вошел Жуков и занял свое место за длинным столом.

Он, видимо, уже почувствовал, что назревает что-то из ряда вон выходящее. Сел, не сказав ни слова. Тогда Хрущев заявил:

— Мы вот собрали Пленум, чтобы обсудить ваше поведение, товарищ Жуков. К нам поступают сигналы, что вы зазнались, действуете самовольно, опять взялись за старое — игнорировать партию и ее руководство. В войсках, особенно командном составе, зреет недовольство тем, что вы не считаетесь с ними, подчас оскорбляете. Хотим выслушать ваши объяснения. Мы вам оказали доверие, списали старые грехи, за которые вас вывели в свое время из ЦК. А вы вместо того, чтобы оправдать доверие, так себя ведете, противопоставляете себя ЦК, настраиваете армию против партии.

Жуков встал и сказал:

— Мне вообще непонятно, что происходит, о чем идет речь. ...Не знаю, какими данными располагаете. Я служил честно, нигде никогда никого не настраивал против партии и руководства. Наоборот, делал все, чтобы сплотить армию вокруг партии.

Слово взял Брежнев. Он очень сильно критиковал Жукова. На этот раз выступал уверенно, категорично, даже с апломбом, и совсем не был похож на того Брежнева, который совсем недавно, в июне, быстро присмирел и спасовал перед «антипартийной группой»[1].

## IV

### Глазами Макиавелли

*Итак, Хрущев проявил поистине макиавеллиевскую изворотливость, чтобы получить возможность выступить с секретным докладом «О культе личности и его последствиях». Подавляющее число членов Президиума ЦК было не просто против, а активно боролось с первой до последней минуты, чтобы не допустить вы-*

---

[1] Материал взят из книги: Н и к о л а й  З е н ь к о в и ч «Тайны уходящего века-3». Москва, «Олма-Пресс», 1999, с. 504—505.

*ступления Хрущева на съезде по этому жгучему и больному вопросу.*

*Между тем решимость Хрущева созрела уже давно. Есть множество свидетельств того, что уже на второй день после похорон Сталина Никита Сергеевич стал думать как, с какого конца подойти к этому делу и рассказать правду о Сталине, о репрессиях, о режиме его власти. Сын Хрущева Сергей, довольно наивно настроенный в ту пору в пользу «великого отца всех народов», пришел к своему отцу с мемориальным номером журнала «Советский Союз», выпущенным вскоре после смерти Сталина. На обложке — его красочный портрет в мундире. Сын ждал восхищения отца, но тот неожиданно сказал, что журнал печатать (это был сигнальный экземпляр) не следует. Именно из-за портрета. Кстати, точно так же реагировал и Г. Маленков на подобные публикации в «Правде»[1]. Член руководства Н. Мухитдинов свидетельствует, что развенчание Сталина в разной форме началось уже через 4 дня после его похорон, — на Пленуме ЦК 14 марта 1953 г.*

*Первый выстрел прозвучал накануне XX съезда и сделал его секретарь ЦК по идеологии Н. Н. Поспелов. У всех нас, кто знал его лично, информация об этом факте вызвала большое удивление, — он слыл догматиком почти на уровне М. Суслова. С Поспеловым была связана байка, которую я сам слышал от Мариэтты Шагинян. Работая над романом о семье Ленина, она обнаружила в архивах документ с просьбой матери В. И. на высочайшее имя о зачислении сестры Ленина в Институт благородных девиц. На ходатайстве была начертана резолюция — девиц иудейского происхождения в институт не принимают.*

*Шагинян прятала копию этой бумаги у себя в мат-*

---

[1] См. Н. З е н ь к о в и ч. Изд-во «ОЛМА-ПРЕСС», 1999, с. 360 и следующие.

*расе в доме отдыха в Малеевке. А потом она показала ее Поспелову. Этот маленький человечек взволновался настолько, что забегал по кабинету, размахивая руками, как петушок, восклицая: «Этого нам только не хватало!»*

*Так вот именно ему было поручено (я уверен, что это сделал Хрущев) подготовить проект антисталинского доклада. Члены Президиума ЦК встретили эту идею в штыки. Больше всех кричали Молотов, Ворошилов, Каганович. Они говорили:*

*— Нас притянут к ответу. Мы были в составе руководства, и, если мы не знали, то это наша беда, но мы ответственны за все.*

*Хрущев отвечал:*

*— Мы как руководители не имели права не знать. Мы не знали многого, потому что был установлен такой режим, когда ты должен знать только то, что тебе поручено... Но некоторые даже принимали участие в решении этих вопросов. Поэтому здесь ответственность разная.*

*— Кто нас спрашивает? — кричал Ворошилов.*

*Хрущев отвечал:*

*— Преступление-то было. Надо нам самим сказать, что оно было. Когда тебя будут спрашивать, тебя уже судить будут.*

*В конце концов Хрущев пригрозил, что выступит от себя лично, а потом пусть каждый объясняет свое поведение. Это напугало противников. Они увидели некоторое преимущество, что всю ответственность на себя как бы взваливает сам докладчик. Кроме того, Маленков дрогнул и, хотя он был создателем «партийной тюрьмы», поддержал Хрущева. Я не исключаю также, что опытные партийные бульдоги могли надеяться, что доклад Хрущева вызовет такой шок и про-*

*тест у номенклатуры, что им будет нетрудно «спихнуть» его.*

*Важная деталь — механика подготовки доклада. Уже на самом съезде Хрущев привлек к работе над ним главного редактора «Правды» Д.Шепилова. Тот работал в кабинете Хрущева два с половиной дня. Однако и этот текст «перелопатили». Возможно, это сделали помощники Хрущева Лебедев и Шуйский. По моему мнению, скорее Лебедев — я хорошо знал их обоих по совместным поездкам, и писать-то умел Лебедев. Сам Хрущев только диктовал. Между прочим, Шепилов вспоминает, что видел одно слово, начертанное рукой Хрущева: «Азнакомица»[1]. Совсем как знаменитые четыре ошибки Екатерины Великой в слове «еще» — «исчо»...*

*Согласно логике Макиавелли, Хрущев сыграл ва-банк своим докладом. Шансов провалиться и потерять свой пост было больше, чем обрести популярность. Но он пошел на чудовищный личный риск. Во имя чего? Идеи десталинизации? Да, конечно. Но еще из-за своей неистребимой генетической склонности к авантюрам. Мы увидим еще проявление этих его качеств на июньском Пленуме 1957 г., а также в период Карибского кризиса, в конфликте с Китаем и лично с Мао Цзэдуном.*

*Но Хрущев победил на XX съезде! Вот что парадоксально! Доклад был выслушан ночью в гробовой тишине и очень редко прерывался жидкими аплодисментами.*

*В чем же дело? Дело в чудовищной трусости его противников по Президиуму. Если бы они решились — Молотов, Ворошилов, Каганович, если бы Маленков примкнул к ним, весь XX съезд мог бы пойти по совершенно другому руслу. Но они проиграли игру в тот момент, когда приняли предложение Хрущева: сделать доклад в*

---

[1] См. Н. Зенькович. Изд-во «ОЛМА-ПРЕСС», 1999, с. 371.

конце съезда, **после выборов(!!)** и разойтись без всяких прений. Напористость Хрущева взяла верх над привычным делом, воспитанным годами покорности Сталину, — уйти в кусты, отмолчаться, ждать своего часа.

18 июня 1957 года, через год с небольшим, им показалось, что они этого счастливого момента дождались. Один из участников этого заседания Н.А. Мухитдинов вспоминает:

— Захожу в кабинет Президиума. За столом председательствующего не Хрущев, а Булганин. Никита Сергеевич сидит в общем ряду, справа. Вижу, кроме членов Президиума, кандидатов в члены, никого нет, даже стенографисток.

Выступал Маленков. Он обвинял Хрущева в извращении политики партии, игнорировании правительства, в неэтичном поведении за рубежом. После Маленкова выступали Сабуров, Молотов, Каганович. Брежнев пытался защитить Хрущева, но ему заткнули рот. Первухин пригласил Мухитдинова в кабинет и сказал, что надо освободить Хрущева и поставить на его место Молотова. После обеда выступил Жуков, который закончил словами: «Армия не потерпит смещения руководства ЦК». Это прозвучало как угроза.

Стали голосовать: кто за освобождение Хрущева? Семь из десяти «за». Трое — Суслов, Микоян, Кириченко от голосования воздержались. Тогда Хрущев стукнул по столу и сказал:

— Не имеете права принимать такое решение! Не вы меня избирали, а Пленум.

Возник спор, и заседание отложили на завтра. И тут Хрущев еще раз обнаружил свой несгибаемый характер и византийское хитроумие. Он пригласил в кабинет своих сторонников — Суслова, Мухитдинова, Жукова, Фурцеву, выразив резкое недовольство трусливым поведением ближайшего его сердцу — Брежнева, который в кабинет не зашел. Хрущев предложил план: срочно созвать членов и кандидатов в члены ЦК, членов ревкомиссии. Он обратился к Жукову с просьбой вместе с министром внутренних дел обеспечить военными самолетами прибытие этих людей.

19 июня заседание Президиума ЦК было продолжено. «Неожиданно» в приемной оказалась группа членов ЦК, которая требовала, чтобы ее допустили к заседанию. Несмотря на возражения Булганина, в комнату вошло 15—20 человек — в основном люди из аппарата ЦК, военные, среди них маршал Конев, министр МВД Серов и другие. Они потребовали разъяснений о том, что происходит, и созыва Пленума ЦК. Началась перепалка. Булганин стучал по столу, Маленков предложил Ворошилову выйти с группой и объяснить им положение. Хрущев выступил против и от волнения покраснел и даже пошатывался. В этот момент Маленков окончательно струсил и сказал:

— Давайте не будем дальше вести дискуссию. Пусть Никита Сергеевич продолжает работать.

Ему поддакнул Каганович. Вернулись Хрущев и Ворошилов, которые выходили с военными, и Хрущев потребовал созыва Пленума на завтра. Булганин и его партнеры притихли и согласились с тем, что на Пленуме выступит с докладом сам Хрущев. В этот момент Хрущеву передали записку. Это было от Брежнева, который писал, что заболел, но полностью поддерживает Хрущева.

В самом смешном положении оказался Д.Т. Шепилов. Он выступил как типичный интеллигент, т.е. абсолютно нерасчетливо и достаточно искренне. Он не поддерживал Молотова и Маленкова, но критиковал Хрущева за ошибочное поведение на международной арене. Шепилов по инициативе Хрущева занял пост министра иностранных дел. Хрущев очень уважал его,

*ценил как сторонника десталинизации и высокообразо-*
*ванного человека, поднимал его со ступени на ступень.*
*И поэтому был особенно уязвлен его двусмысленным по-*
*ведением. Отсюда и приставка, на всю жизнь прилип-*
*шая к Шепилову — «и примкнувший к «ним»... Это был*
*первый горький опыт привлечения интеллигента на вы-*
*сокий пост. Второй опыт Хрущев проделал с А. Шеле-*
*пиным, но тот оказался крепким орешком, типичным*
*кэгэбэшником, мастером тайного заговора. Но об этом*
*я расскажу позднее.*

*Д. Шепилов в своих воспоминаниях объясняет свое*
*поведение тем, что следовал завещанию Ленина, кото-*
*рый никого не назвал своим преемником и предлагал*
*коллегиальное руководство партией. Это очень наив-*
*ное объяснение. В партии такого типа обязательно*
*должен был во главе стоять вождь с железными кула-*
*ками. Иначе — все рассыпалось бы, как и произошло*
*впоследствии при перестройке.*

*Как и почему сумел победить Хрущев? Он победил*
*потому, что сумел опереться на «силовиков» — армию*
*и МВД и потому, что его поддержал партаппарат.*
*А поддержали его не из-за идейной близости, а из-за*
*личных интересов: он успел привести в эти сферы своих*
*людей и они понимали, что если «уйдут» его, выбросят*
*и их. Конечно, были деятели, как например Жуков, ко-*
*торые ненавидели старую сталинскую гвардию и опа-*
*сались поворота назад, к репрессиям. Но большинство*
*просто калькулировало свои позиции и сделало ставку*
*на победителя.*

*Опора на силовиков — уже без кавычек, — стала*
*главным методом руководства в условиях «демократии*
*и рынка» сорок лет спустя. Забегая вперед, напомним,*
*каким образом Ельцин сумел одержать победу над пар-*
*ламентом в 1993 году. Сущность власти — увы, почти*
*не меняется, несмотря на включение в процесс ее фор-*

мирования избирательных процедур и демократических форм. Потому, что люди — важнее институтов, — руководители, окружение, народ. И их культура, традиции, страхи, надежды.

Рассказывают, что после Пленума и изгнания опозиции Хрущеву позвонил Каганович — его постоянный покровитель в прошлом — и спросил: «Никита, а что с нами будет?» Хрущев перешел на фальцет и проговорил: «А что сделали бы вы, если бы ваша взяла? Расстреляли меня, сгноили в тюрьме?! А я вам скажу просто так: идите вы все на...» И тут последовало самое ходовое русское словечко.

Так странно была сломана вековая традиция убивать или ссылать своих врагов и заложена новая — выбрасывать их на свалку истории. Позднее такой участи не избежал и сам Хрущев.

Теперь рассмотрим глазами Макиавелли другой политический сюжет: расправа Хрущева с Жуковым.

Поступил ли Хрущев разумно и предусмотрительно, освободив Г. Жукова со всех постов — с точки зрения своей личной власти, или ошибся? Напомню, что Г. К. Жуков сыграл едва ли не решающую роль на июньском Пленуме ЦК, взяв решительно сторону Хрущева против большинства Президиума ЦК и пригрозив им военной силой. Напомню также величественную фразу Жукова в период, когда его снимали с работы, адресованную Хрущеву: «Вы лишаетесь друга». Последующие события октября 1964 года подтвердили это: когда Хрущев оказался жертвой нового заговора, он не смог опереться на армию. Рекомендованный им на должность министра обороны Р. Малиновский предал своего покровителя и перешел к Брежневу и Шелепину. Можно с большей долей уверенности предположить, что Жуков, если бы он сохранил свои посты, не поступил бы так. Он был человеком чести и огромного личного до-

*стоинства. На него можно было положиться. Значит, Хрущев ошибся, сняв его со всех постов? Не будем спешить с ответом на этот вопрос. Ответ зависит от того, насколько основательны были подозрения Хрущева относительно бонапартистских наклонностей Жукова. Еще более точно — о его намерениях взять власть в партии и государстве в свои руки.*

Что касается бонапартизма, то он имел место только в одном смысле — Жуков хотел командовать армией и флотом единолично, сведя до минимума вмешательства партийных органов, в том числе ЦК. Он всегда с пренебрежением относился к политическим генералам, с трудом терпел из контроль еще во время войны. А после того как он дважды сам сыграл политическую роль — в аресте Берии и в борьбе Хрущева против молотовской оппозиции, — он полагал себя вправе самостоятельно руководить министерством обороны. Его фраза во время июньского Пленума 1957 года о том, что ни один танк не выйдет без его приказа, действительно подтверждала его претензии на особое место в иерархии власти. Войдя в Президиум ЦК, он обрел и партийную власть, осуществляя как бы партийное руководство над министерством обороны, т. е. над самим собой. Вот это так.

Однако тщательное исследование всех материалов Пленума ЦК, когда свергали Жукова, всех обвинений со стороны Хрущева и его соратников, не дает никаких подтверждений о претензиях Жукова на высшую власть в стране. Ссылки на особые армянские подразделения в таком контексте выглядят крайне несерьезно. Жуков, собственно, создавал то, что в США получило название частей быстрого реагирования. Это было вполне оправданно и своевременно. Надо ли было об этом докладывать сразу в ЦК или нет — вопрос спорный, так как никаких дополнительных финансовых средств на это не испрашивалось и никакой новой стратегии это не означало. Со стороны Хрущева раздувание этой истории было просто придиркой.

Впрочем, все выступление Хрущева на Президиуме против Жукова было непристойным. Он валил на него все обвинения и сплетни, которые сопровождали возвышение Жукова во время войны, включая и претензии Сталина, и ревнивые высказывания других маршалов, прежде всего Рокоссовского. Впечатление такое, что Хрущев был сам лично задет чем-то, — вероятно, популярностью Жукова и его независимым поведением. Возможно, его задевали и претензии Жукова на личную дружбу, и подчеркивание особой роли в его спасении от сталинистов. Кстати, здесь нет ничего нового, так было во все времена. Макиавелли не раз отмечал, что государь расправляется с ближайшими помощниками, особенно со своими спасителями. Вспомните сцену: Цезарь Борджа и де Орко из моей книги о великом флорентийце. Впоследствии Брежнев расправился с А. Шелепиным и В. Семичастным, сыгравшими основную роль в его борьбе за власть. Не могу не напомнить также, как Борис Ельцин 20 лет спустя расправился с членами Межрегиональной группы, которая привела его к власти.

Хрущев тоже, действуя в русле устойчивых традиций, избавляется от спасителей, они опасны, и на них просто неприятно смотреть, поскольку они напоминают о моментах страха и беспомощности самого правителя.

Значит, Хрущев, снимая Жукова, действовал эмоционально, нерасчетливо, нетерпеливо. И был наказан за это в октябре 1964 года.

Мне уже приходилось отмечать главное отличие русских государей от европейских и особенно от американских президентов. Это превалирование страстей над разумом. *За некоторым исключением — Ю. Андропов, В. Путин, — все русские вожди могут быть отнесены к категории интевитуистов, которые больше полагаются на подсознание, «на нюх», на схватывание ситуации без серьезного анализа и без проникновения во все детали. Хрущев был типичным представителем этой категории властителей, нередко это ему помогало, но часто мешало принимать правильные решения, даже в вопросах защиты своей личной власти. А известно, что сохранить власть, как правило, бывает труднее, чем захватить ее. И пример Хрущева весьма поучителен.*

*Другой урок — отношения правителя с теми структурами, которые при Сталине называли «органами» или «генералами», а позже, при Ельцине — «силовиками». В этом отношении накоплен в нашей стране весьма разнообразный опыт. Прямое подчинение лично руководителю «органов» — при Сталине и невключение министра обороны в политическое руководство — при Маленкове. Непоследовательные действия Хрущева — вначале он вывел председателя КГБ из состава партийного руководства, точно так же, как министра обороны, затем ввел Жукова в Президиум ЦК, потом раскаялся в этом решении, но на его место поставил Малиновского. Непоследовательность и сумбурность решений Хрущева сказались и в этом отношении. Руководители КГБ и армии впоследствии сыграли основную роль в заговоре против Хрущева — он выпустил руководство ими из своих рук. Кажется, только Борис Ельцин, из числа наследников верховной власти в стране, вполне извлек уроки из этого опыта.*

 начале 1960 года я был надолго откомандирован в группу подготовки проекта Программы партии, размещавшуюся в подмосковном санатории «Сосны», и попал в распоряжение руководителя этой группы Б. Н. Пономарева. Там, за городом, я провел полтора года, выезжая в Москву только по воскресеньям.

Я и раньше встречался с ним по разным поводам, хотя и редко. А тут мне представилась возможность больше года видеть его каждый день. Все члены группы участвовали в обсуждениях, редактировании и других видах работ. Сотрудник Коминтерна, начальник Совинформбюро при Совете Министров СССР, заведующий Международным отделом ЦК КПСС, Б. Н. Пономарев напоминал английских консерваторов на коммунистический лад. Не реакционер, как М. А. Суслов, а именно консерватор, не чуждый умеренных новых идей.

Самой колоритной фигурой в нашем коллективе был Елизар Ильич Кусков, который работал тогда консультантом в отделе Пономарева. Несмотря на свой вид типичного деревенского мужика, да еще из старой дореволюционной России, на массивное, почти квадратное лицо с крупным мясистым носом, раздвоенной заячьей губой и большими редкими зубами, несмотря на свое незаконченное высшее образование, он с полным на то основанием выступал в роли не только организационного, но и интеллектуального центра. Это был природный русский ум — основательный и неторопливый, смекалистый и хитроватый, бесконечно доброжелательный и склонный к подначке. Это была какая-то народная глыба, не обтесанная цивилизацией, но цивилизованная по самой своей природе. Я не встречал человека большей доброты и отзывчивости. Никто из нас не умел тоньше чувствовать политическое слово. И никто не знал более веселых и пакостных деревенских частушек, чем Елизар. Ну и, конечно, что там говорить, не дурак был выпить. И эта слабость в конце концов загнала его в гроб намного раньше положенного срока. По стечению обстоятельств, я не попал на его похороны и до сих пор казню себя, потому что были мы с ним, несмотря на противоположность наших натур и воспитания, самыми близкими друзьями, «незаконно» перебрасывая мостик между двумя международными отделами, немного конкурировавшими между собой.

Елизар был начальником штаба, он регулировал весь процесс подготовки документа, бесконечные передвижения участников, непрерывно курсировавших на новеньких черных «Волгах» между Москвой и «Соснами». Он назначал заседания, поддерживал связь с руководителем группы, а при случае пользовался выходом и в более высокие сферы. Кроме Елизара, работал там еще постоянно уже знакомый читателю Беляков. Он выступал в обычной своей роли: хорошо и много говорил и отличался редкой способностью подмечать алогизмы и огрехи в любом тексте. Я в ту пору уже несколько поостыл к Белякову, сосредоточив свои чувства на Елизаре, который восхищал своей полной непохожестью на сложившиеся у меня представления о теоретике и пропагандисте и вообще размышляющем и пишущем человеке. Вовсе не надо кончать университетов, быть кандидатом или доктором наук, думалось мне, чтобы глубоко мыслить и хорошо писать, — поистине природный ум и интуиция стоят большего.

А ученых мужей там пребывало немало, и польза от них была относительная...

Мне было поручено работать над разделом о государстве. Я видел свою задачу в том, чтобы обосновать переход от государства диктатуры пролетариата к государству общенародному и сделать отсюда необходимые выводы для развития партийной и советской демократии. Эта задача, в общем, была нетрудной для меня, поскольку в ту пору уже вышел в свет учебник «Основы марксизма-ленинизма», в котором содержалась вся необходимая аргументация. Кроме того, в моем распоряжении была Записка, подготовленная в свое время под руководством О. В. Куусинена. Я немного горжусь тем, что своей рукой вписал в Программу отмену диктатуры пролетариата — главного в ленинизме, теоретического обоснования массовых репрессий.

Затем Елизар, хитроумный, как лис, «перебросил» меня в другой раздел — о развитии стран социалистического содружества, потом приобщил к процессу общего редактирования всего международного раздела. Я должен был отразить в разделе о «социалистическом лагере» наши позиции, зафиксированные в Заявлении, и в то же время не включать формулировки, которые другие страны могли бы расценивать как диктат «старшего брата».

Одно из центральных мест при подготовке проекта Программы партии занимал вопрос о мирном сосуществовании, дружественных отношениях и сотрудничестве со всеми государствами и народами. Здесь должна была найти отражение новая стратегия, вырабатываемая странами социализма в их взаимоотношениях с Западом, — ориентация на длительное мирное экономическое соревнование, в ходе которого выявятся все «преимущества социализма». Само по себе именно это должно стать примером для рабочего и демократического движения во всём мире. Речь шла и о том, чтобы сделать выводы из новой ситуации, созданной термоядерным оружием: о новом характере войны и ее катастрофических последствиях для всех народов и государств, о мире как единственной альтернативе взаимному уничтожению, о прекращении «холодной войны» и конфронтации, о радикальном улучшении всего международного климата.

Подобный подход вызывал сильное сопротивление в нашей научной среде, представители которой полагали, что это противоречит установкам на мировую революцию. В подготовленных ими записках, а также статьях сторонники такой позиции жонглировали цитатами из произведений Ленина, написанных в годы революции и гражданской войны, совершенно игнорируя новую политику СССР, когда страна вступила в пору мирного строительства и стала налаживать дипломатические, экономические и иные отношения с капиталистическими государствами.

Парадоксально, но понадобилась целая историческая эпоха, чтобы восстановить и развить применительно к современности идеи периода нэпа.

Немало дискуссий вызывал вопрос о формах перехода к социализму в капиталистическом мире. Собственно, если говорить точнее, о возможности мирного, ненасильственного перехода с использованием парламента. Этот вопрос, как известно, ставился еще в 20-х годах, а в наше время впервые был широко и аргументированно изложен в программном документе английских коммунистов «Путь Британии к социализму», в редактировании которого по их просьбе принимал участие Сталин. Потом эта проблема формулировалась в документах французской, итальянской и многих других западноевропейских компартий. В таком виде это вошло в документы КПСС, потому что, естественно, в этом вопросе она должна была ориентироваться прежде всего на мнения компартий капиталистических стран.

Помню, находились мы как-то в теплый летний день на террасе второго этажа нашего маленького домика. Анушаван Агафонович Арзуманян, в ту пору директор Института мировой экономики и международных отношений Академии наук СССР — человек небольшого (сталинского) роста, с прелестным цветом лица, теплыми навыкате глазами и с вечной доброжелательной улыбкой, сидел на окне, покачивая своими маленькими ножками. Он рассуждал вслух:

— Ты, Федор, счастливый: ты доживешь до того времени, когда социализм победит во всей Европе.

— И когда же это произойдет, по вашему предположению, Анушаван Агафонович? — спрашивал я не без ехидства.

— Не позднее чем через пятнадцать-двадцать лет

— А каким путем? Революции, что ли, произойдут в странах Западной Европы, или социалисты и коммунисты объединятся в парламентах, или еще как-нибудь?

— Я не знаю, каким путем, — отвечал маленький

человек. — Но твердо знаю, что социализм — дело одного-двух десятилетий.

Арзуманян говорил так уверенно, как будто бы он владел какой-то тайной, неведомой всем нам. Он был родственником Микояна, но я не знаю, в какой степени выражал настроения и взгляды последнего. Сам Арзуманян, несмотря на то, что подвергался гонениям в конце 30-х годов и, кажется, какое-то время сидел в тюрьме, сохранил совершенно детскую веру в грядущее и недалекое торжество коммунизма на всем земном шаре. Откуда шла эта вера у представителей старшего поколения? Были они как будто бы нормальными людьми, часто ездили за границу, не могли не видеть разницу в техническом развитии, уровне и образе жизни двух систем. Тем не менее заряд бодрости, полученный ими где-то в 20-х годах, насквозь пронизывал все их существо. Мой скептицизм казался им результатом недостаточной зрелости, а зрелость приходила, по их мнению, не столько на основе изучения какого-то практического опыта, сколько из добросовестного перечитывания трудов Маркса и других классиков. Арзуманяну, как впоследствии увидит читатель, довелось сыграть некоторую роль во время заговора и освобождения от работы Хрущева.

И конечно, вопрос о гарантиях против повторения культа личности и о его последствиях занял большое место при подготовке Программы партии. В частности, уже тогда начался процесс обновления советского законодательства, всех кодексов и основных законов, а также подготовки новой Конституции СССР.

Оценка исторической роли Сталина — этот вопрос вызывал споры, нередко чрезвычайно ожесточенные. Поэтому на протяжении работы над материалами Программы мы выслушали множество самых

*129*

противоположных и разнообразных рекомендаций. В конечном счете восторжествовала точка зрения, которую не раз в личных беседах высказывал Ю. В. Он говорил, что нет проблемы, способной в большей мере расколоть коммунистическое движение, чем вопрос о Сталине, поэтому рекомендовал ограничиться краткими формулировками, взятыми почти дословно из известного постановления «О преодолении культа личности и его последствий». После длительного перетягивания каната восторжествовала именно эта позиция.

Один из практических выводов из опыта прошлого был связан с более последовательным осуществлением принципа сменяемости кадров. Этот тезис тоже вызвал бурные споры. Идея ротации кадров, которая исходила непосредственно от Хрущева, претерпела ряд изменений. Было проработано не менее десяти вариантов формулировок, которые дали бы ей адекватное воплощение. Первый хотел создать какие-то гарантии против чрезмерного сосредоточения власти в одних руках, засиживания руководителей и старения кадров на всех уровнях. В отношении первичной парторганизации это не вызвало особых споров. Но относительно ротации в верхних эшелонах власти мнения разошлись кардинальным образом. В этом пункте даже Хрущеву с его авторитетом, упорством и настойчивостью пришлось отступить.

В первоначальный проект нам удалось включить принципы, согласно которым можно находиться в составе высшего руководства не больше двух сроков. Это вызвало бурные протесты более молодой части руководителей. Им казалось крайне несправедливым, что представители старшего поколения, которые уже «насиделись», пытаются ограничить их возможности и активность. В следующем варианте два срока были заменены на три, но и эта формулировка была отвергнута. В окончательном тексте весь замысел — создать совершенно новую процедуру сменяемости кадров — оказался препарированным до неузнаваемости. А то, что осталось, относилось почти исключительно к низовым структурам и вскоре выявило свою практическую непригодность. Трудно сказать, с чем была связана эта неудача. То ли с тем, что не были найдены наиболее разумные и приемлемые формы ротации кадров, или с сопротивлением заинтересованных людей, но остается фактом, что идеи, направленные против чрезмерной концентрации власти в одних руках, воплотить в программном документе не удалось. Замечу кстати, что споры о ротации кадров не затихли до сих пор. Хотя в Конституцию РФ внесено пояснение об ограничении двумя сроками нахождения на должности губернатора, президента республики. Этот принцип нередко нарушается и оспаривается. Старая коммунистическая догма о пожизненном нахождении в номенклатуре до сих пор не преодолена.

Самые большие споры вызвало предложение включить в Программу цифровые материалы об экономическом развитии страны и ходе экономического соревнования на мировой арене. С этим предложением на одно из заседаний приехал крупный хозяйственник А. Ф. Засядько. Насколько я припоминаю, члены рабочей группы — экономисты и неэкономисты, в том числе и я, — решительно выступили против этого предложения. Доклад, который сделал Засядько в рамках рабочей группы, показался нашему руководителю и всем нам легкомысленным и ненаучным. Выкладки о темпах развития нашей экономики и экономики США фактически были взяты с потолка: они выражали желаемое, а не действительное.

6*

Однако сам Засядько легко положил конец разгоревшейся дискуссии. Он открыл первую страницу книжки в синем переплете с машинописным текстом примерно на восьмидесяти страницах и показал надпись: «Включить в Программу» — и знакомую подпись Первого. Так в Программу партии, вопреки мнению подавляющего большинства участников — и не только в рамках рабочей группы, но и на политическом уровне, — были включены цифровые выкладки о том, как мы в 80-х годах догоним и перегоним Соединенные Штаты. (Сейчас раздаются голоса об «опережающем развитии» экономики России в сравнении с Западом. Это напоминает позиции Хрущева, только он мечтал все же вначале «догнать», а потом «перегнать», а его невольные последователи хотят сразу «перегнать», не догоняя...)

Надо, впрочем, попытаться представить себе и общий дух того времени. Хотя мало кто верил в цифры Засядько, но энтузиазмом и оптимизмом были охвачены все. И базировались эти чувства вовсе не на пустом месте: мы были убеждены, что принимаемая Программа открывает этап крупных структурных преобразований и сдвигов, иначе зачем надо было бы принимать и утверждать новую Программу?

На самом деле замысел состоял в том, чтобы найти формы, средства, методы, механизмы для того, чтобы достичь нового индустриального уровня и догнать ушедшие вперед более индустриально развитые страны, чтобы коренным образом улучшить сельское хозяйство, обеспечить население продуктами питания и высококачественными товарами, создать уровень жизни, достойный нашего многострадального народа.

К тому времени сколько-нибудь мыслящим теоретическим работникам стало ясно, что достигнуть этого невозможно посредством простого наращивания количественных изменений — больше газа, стали, угля, нефти, электроэнергии, машин, одежды. Такое развитие не сулило никаких качественных перемен и обрекало страну на прогрессирующее отставание в области новой техники и технологии. Нет, речь шла об изменении структуры производства и управления.

К несчастью, Первый был окружен советниками, которые сводили на нет многие разумные, назревшие преобразования или меняли их чисто организационными решениями, нередко невзвешенными, непроверенными, непродуманными.

Поэтому система новых экономических взаимоотношений так и не была определена. Все было сделано наспех, при большом сопротивлении многих работников хозяйственного аппарата, не понимавших целей этих преобразований, необходимости ломки традиций и озабоченных переменами в своей судьбе, поскольку им нередко приходилось оставлять насиженные кабинеты в Москве и отправляться в отдаленные районы. Еще хуже обстояло дело с преобразованиями в области государственного управления и структуры партийного руководства.

У нас говорили о слабости, присущей Первому: «Он привык ходить в стоптанных тапочках». Такая слава шла за ним, когда он еще работал на Украине, потом в Москве. Это значит, что Хрущев предпочитал работать с тем аппаратом, который достался ему от предшественников, и редко менял людей в своем окружении. И поэтому он часто оказывался в плену исходящей от них информации, а также их предложений и рекомендаций. Насыщенный до предела жаждой преобразований, как взрывчаткой, он, однако, часто становился жертвой своей собственной невысокой культуры и в особенности некомпетентности или предрассудков непосредственно окружавших его лиц.

Неспособность Хрущева разбираться в кадрах была замечена давно. Он был всегда склонен скорее полагаться на льстецов, чем на подлинных сторонников его реформаторских преобразований. Поэтому окружал себя такими людьми, как, например, Н. Подгорный, которые в рот ему глядели и готовы были взяться за любое его поручение. Поэтому же ему мало импонировали самостоятельные, крупные личности, независимые характеры. Хрущев был слишком уверен в себе, чтобы искать опору в других. И это стало одной из причин его падения. Люди, которые в глубине души не разделяли его реформаторских взглядов, считали их проявлением некомпетентности или даже чудачеством, при первом же удобном случае избавились от него...

Правда, одно время Хрущев тянулся к более интеллигентным кадрам в партийном аппарате. Достаточно напомнить его отношение к Д. Т. Шепилову, которого он выдвинул на посты секретаря ЦК, министра иностранных дел. Однако предательское поведение Шепилова в ходе июньского (1957 г.) Пленума ЦК КПСС навсегда отвратило Хрущева от «интеллигентиков».

Образовавшаяся при Хрущеве пресловутая пресс-группа оказывала огромное влияние на принимаемые решения и часто толкала его из одной крайности в другую, используя его эмоциональность, торопливость и вспыльчивость. Ю. В. прекрасно знал обо всем этом. Он не стремился ни войти в эту пресс-группу, ни включить в нее кого-нибудь из своих сотрудников. Он имел самостоятельные «выходы» на Первого и предпочитал подготовляемые нами документы передавать непосредственно ему или другим членам высшего руководства.

Кроме работы над проектом Программы, на группу была еще возложена подготовка доклада о ней на съезде партии. Вначале предполагалось, что не будет самостоятельного доклада, а вопрос о Программе займет свое место в Отчетном докладе. Потом была спущена другая установка, хотя времени до съезда оставалось немного, и группа лихорадочно занялась проектом нового доклада. В этом участвовала значительная часть группы, но на последнем этапе оставили только двоих — Елизара и меня. Перед нами поставили задачу «оживить» текст, придать ему более разговорную форму и дополнить сугубо теоретическое изложение какими-то яркими политическими и даже литературными отступлениями. Помню, как мы с Елизаром сидели в жаркие летние дни в беседке возле нашей резиденции и наперебой, соревнуясь, диктовали стенографистке.

Завершающий этап работы над Программой партии наступил уже во время XXII съезда КПСС. Обсуждение проекта в партийных организациях, в печати и на самом съезде потребовало внесения не менее двадцати редакционных и принципиальных поправок. К сожалению, однако, не были учтены пожелания, высказанные в некоторых письмах, о том, чтобы изъять из Программы цифровой материал об экономическом соревновании двух мировых систем. Поколебать позицию докладчика в этом вопросе не удалось. Тем не менее новая Программа КПСС была встречена с энтузиазмом во всей партии и в народе, с надеждой и верой в то, что в короткие исторические сроки удастся добиться крупнейших результатов в экономическом и социальном развитии страны, радикально поднять уровень народного благосостояния. В этом были уверены, кажется, все. И в очередной раз это оказалось иллюзией...

## II

Пожалуй, именно в хрущевскую пору сложилась эта странная традиция: считать, что авторитет лидера определяется количеством произносимых им слов.

Хрущев был большой любитель поговорить и даже поболтать. Неоднократно мне приходилось присутствовать при его встречах с зарубежными лидерами, во время которых он буквально не давал никому вымолвить слова. Воспоминания, шутки, политические замечания, зарисовки тех или иных деятелей, нередко проницательные и острые, анекдоты, подчас довольно вульгарные, — все это создавало, как говорят сейчас, «имидж» человека непосредственного, живого, раскованного, не очень серьезно и ответственно относящегося к своему слову. Прошло более тридцати лет, и до сих пор мне приходится слышать о его неловкой шутке в США: «У нас с вами только один спор — по земельному вопросу, кто кого закопает». Точно так же и в Китае все еще вспоминают, как он, разбушевавшись в одной из бесед с китайским представителем, кричал, что направит «гроб с телом Сталина прямо в Пекин». На XXII съезде все его участники, как и вся партия и народ, стали свидетелями странного зрелища. Хрущев вначале зачитал четырехчасовой Отчетный доклад, а затем, после перерыва, снова взобрался на трибуну и еще часа три зачитывал доклад о проекте Программы партии...

На XXII съезде КПСС (1961 г.) по инициативе и под огромным давлением Хрущева был сделан следующий крупный шаг в критике сталинизма, в разоблачении и осуждении культа личности Сталина. Как известно, Хрущев добился решения Президиума ЦК КПСС, чтобы каждый член руководства выступил по этому вопросу. И даже М. А. Суслов вынужден был сделать это. Можно отметить ряд направлений, по которым произошло дальнейшее продвижение вперед в анализе сталинского режима.

Прежде всего была полностью раскрыта роль группировки, сплотившейся вокруг Сталина после смерти Ленина, в которую входили Молотов, Каганович, Ворошилов, Микоян, а впоследствии Маленков, Берия и другие. Тем самым был вскрыт и показан механизм внутрипартийной борьбы. В условиях формального запрета фракций и объединений в партии стали возникать группировки, боровшиеся за власть и влияние. И та группировка, которая объединилась вокруг Сталина и которую поддерживала новая партийная бюрократия, не могла не взять верх. Хрущев рассказал о том, как сопротивлялись члены этой группировки разоблачению культа личности на XX съезде, как они противостояли реабилитации невинно осужденных и казненных людей, как они стремились посредством очередного дворцового заговора повернуть дело вспять к неосталинизму.

Когда на Президиуме ЦК обсуждался вопрос о реабилитации Тухачевского, Якира, Уборевича, Хрущев спросил Молотова, Кагановича и Ворошилова:

— Вы за то, чтобы их реабилитировать?

— Да, мы за это, — ответили они.

— Но вы же и казнили этих людей, — сказал Хрущев с возмущением. — Так когда же вы действовали по совести: тогда или сейчас?[1]

Он, конечно, не получил ответа на этот вопрос.

Затем было принято решение о выносе тела Сталина из Мавзолея и об увековечении памяти видных деятелей партии и государства, ставших жертвами необоснованных репрессий в период культа личности.

И наконец, Хрущев впервые поставил вопрос о

---

[1] XXII съезд Коммунистической партии Советского Союза: Стенографический отчет в 3-х т. М., 1962. Т. 2., с. 586.

том, как относиться к инакомыслящим в партии, поставил, правда, довольно робко и не очень отчетливо. Он говорил в заключительном слове на съезде:

— Возможно ли появление различных мнений внутри партии в отдельные периоды ее деятельности, особенно на переломных этапах? Возможно. Как же быть с теми, кто высказывает свое, отличное от других мнение? Мы стоим за то, чтобы в таких случаях применялись не репрессии, а ленинские методы убеждения и разъяснения[1].

Он снова сослался на пример отношения Ленина к Зиновьеву и Каменеву после их известного выступления против вооруженного восстания в октябре 1917 года. В годы, последовавшие за смертью Ленина, подчеркивал Хрущев, ленинские нормы партийной жизни были грубо извращены в обстановке культа личности Сталина. «Сталин возвел в норму ограничение внутрипартийной и советской демократии. Он бесцеремонно попирал ленинский принцип коллективного руководства, допускал произвол и злоупотребление властью».

Сама постановка вопроса об инакомыслии в партии представляла собой крупный шаг вперед в конкретных условиях партийной жизни в послесталинский период. Но нельзя не видеть и всей ущербности подхода Хрущева к этому вопросу. В сущности, он сводил дело больше к терпимости, лояльности, мягкости к людям, которые выступают в тот или иной период со своим, отличным мнением. В конечном счете такие люди должны подчиниться мнению большинства и под влиянием критики исправить свои взгляды. Но ведь точно так же ставился вопрос в борьбе против Троцкого, затем Каменева, Зиновье-

---

[1] XXII съезд Коммунистической партии Советского Союза: Стенографический отчет в 3-х т. М., 1962. Т. 2., с. 582.

ва, Бухарина. Именно в ту пору сложилась практика, при которой от «уклониста» требовали саморазоблачения и осуждения своих взглядов. Это считалось главным условием не только сохранения за ними тех или иных постов, но и самого их пребывания в партии. И еще до разгула репрессий «уклонисты» один за другим становились на колени, били поклоны, «разоблачали» свои ошибки, обещали исправиться. Так поступали почти все. Бухарин под жестоким прессом внутрипартийной критики и наказаний многократно выступал с покаянными заявлениями.

Хрущев как будто даже не допускал мысли, что меньшинство может оказаться правым и большинству придется признать свою неправоту. И безусловно, ему не приходило в голову, что может быть разнообразие и столкновение различных мнений, предложений, альтернатив, касающихся существенных вопросов внутренней и внешней политики. Поэтому, хотя по инициативе Хрущева был нанесен могучий удар по режиму тиранической власти и связанных с ним массовых репрессий, идеологическая основа авторитарного режима, по сути дела, затронута не была.

Хрущев считал естественным и нормальным, что небольшая группа руководителей, прежде всего Первый секретарь ЦК партии, располагает монополией на решение всех вопросов жизни общества. Он и они в конечном счете решают, как распределять финансовые ресурсы, в каком направлении развивать колхозы, совхозы, заводы, фабрики, как и кому присуждать Государственные премии, награды в области литературы, изобразительного творчества, театрального дела, науки. Хрущев даже не задумывался над тем, почему это право принадлежит ему лично и еще десятку других людей, которые его окружают и которых он сам подобрал. В силу каких природных качеств самих руководителей, в силу мандата от кого — от партии, от народа? И как такой режим сказывается на жизни людей? В голове Хрущева и всего прежнего поколения руководителей сидела традиционная модель патриархального крестьянского двора. Есть патриарх, то есть старейшина либо семьи, либо рода, никем не избираемый. Он имеет право распоряжаться судьбами каждого члена семьи или рода, мотивируя это защитой каких-то общих интересов. Это типичное проявление авторитарно-патриархальной политической культуры, по-видимому, так и не было преодолено ее самым демократичным и, быть может, самым свободомыслящим представителем — Хрущевым.

Патернализм, вмешательство в любые дела и отношения, непогрешимость патриарха, нетерпимость к другим мнениям — все это составляло типичный набор вековых представлений о власти в России.

Проблема гарантий против режима личной власти натолкнулась на непреодолимое препятствие — ограниченность политической культуры самого Хрущева и тогдашней генерации руководителей. Это в особенности сказалось на его отношении к соратникам — их выбору и отношениях с ними.

В 1963 году произошла моя личная встреча с М. А. Сусловым. Во время работы в отделе я многократно слышал от Ю. В. о тех замечаниях, которые высказывал Суслов по поводу готовящихся материалов. И были они, эти замечания, очень последовательны, что быстро сформировало в моем сознании довольно четкое представление об этом деятеле. Скажем, пишем мы в документе о возможности мирного перехода к социализму в других странах, а он указывает: мол, надо сказать также о вооруженном восстании; пишем о том, что нет фатальной неизбежности мировой войны, а он отмечает: мол, надо сказать, что нет и фатальности мира; подчеркиваем значение демократии, а он рекомендует упомянуть о дисциплине; отмечаем ошибки периода культа личности, а он советует подчеркнуть, что периода такого не было, поскольку партия всегда стояла на ленинских позициях; отмечаем, что не все было благополучно во время коллективизации, а от него исходит: надо-де подчеркнуть историческое значение великого перелома. В общем, стоял он на страже «всестороннего подхода», чтобы, так сказать, не выплеснуть ребенка вместе с водой, хотя ребеночек тот был весь в сталинских пятнышках.

Особенно нашу группу консультантов распотешило его замечание по такому поводу, как писать: марксизм-ленинизм и пролетарский интернационализм либо марксизм-ленинизм тире пролетарский интернационализм? Каждый раз, когда мы писали «и», Михаил Андреевич аккуратным тоненьким почерком вычеркивал «и» и ставил тире, поскольку нельзя-де противопоставить одно другому: марксизм-ленинизм это и есть пролетарский интернационализм. Надо сказать, что наш отдел проявил некоторое упорство в этом вопросе. Продолжал вставлять неположенное «и», в то время как «братский» международный отдел целиком принимал формулу Суслова и послушно вставлял, куда надобно, тирешку...

В соавторстве с А. С. Беляковым мы опубликовали в 1959 году в журнале «Коммунист» статью по теории революции. В ней доказывалось, что в цивилизованных капиталистических странах невозможен насильственный переворот, особенно такого типа, который произошел у нас в отсталой России. Социализм в каком-то ином, демократическом, варианте здесь может утвердиться исключительно мирным, парламентским путем. Ибо сам народ отвергнет любую партию или группу лиц, которые попытаются разрушить традиционные демократические структуры.

После публикации меня пригласил редактор отдела и сказал, что в журнал позвонил лично Суслов и высказал недовольство нашей статьей. По мнению Суслова, в ней сделан большой перекос в сторону мирного, парламентского перехода. Он утверждал, что не следует исключать такую возможность, которая представилась нашей партии, то есть быстрого, насильственного захвата власти.

Редактор отдела сильно нервничал. Он суетливо бегал вокруг стола и все время повторял: «Вот какая история. Неизвестно еще, чем она кончится. Как вы думаете, Федор Михайлович?» Я ему ответил, что полагаю, что ничем не кончится, по крайней мере в ближайшее время, потому что что-то не видно, чтобы какая-либо партия в капиталистических странах имела реальную возможность взять власть, будь то парламентским или непарламентским путем. «Да не в этом дело, — досадливо сказал мне редактор. — Разве это наша забота? Я говорю о Михаиле Андреевиче. Теперь он будет следить за каждой нашей и особенно вашей публикацией. Вот в чем проблема-то!» — «Да забудет он завтра об этом», — успокаивал я его. «Нет, тут вы ошибаетесь в корне. Он никогда ничего не забывает». Впоследствии я сам получил возможность убедиться в этом. Память у Суслова была цепкая на лица и выступления, особенно такие, что шли вразрез с его пониманием...

Андропова Суслов не любил и опасался, подозревая, что тот метит на его место, тогда как руководителя другого международного отдела Б. Пономарева все время приближал к себе. Правда, и его держал на необходимом расстоянии, противодействуя включению в состав высшего руководства. Так тот и остался вечным кандидатом в члены Политбюро.

Впервые я познакомился с Сусловым во время переговоров с китайской делегацией в 1962 году. Кстати говоря, присутствуя в качестве советника на этих переговорах, я имел возможность познакомиться довольно близко с руководителями Компартии Китая.

Так вот, во время этих переговоров, которые проходили в Доме приемов на Ленинских горах, воспользовавшись перерывом, Суслов (он возглавлял нашу делегацию) вместе с другими советскими руководителями пригласил нас на совещание. Он сказал, что нужно срочно, буквально в течение одного дня, подготовить документ, в котором была бы выражена позиция КПСС в споре с китайскими руководителями. Он очертил примерный круг проблем — о культе личности, о мире и мирном сосуществовании, о формах перехода к социализму. Тут же решено было назвать это «Открытым письмом».

Что привлекло мое особое внимание — это выражение лица Суслова, когда он сказал: «Надо нанести неожиданный удар, пока они не ждут и не готовы». И при этом залился смешком, сладким-сладким и тихим-тихим, как и Воланд, когда говорил Берлиозу об отрезанной голове... «Неожиданный, исподтишка». Мы просидели ночь и написали этот документ, который был одобрен и тут же опубликован. Все в нем было правильно, но одно только вызывало сомнение: надо ли это было делать в момент, когда еще не закончились переговоры? Потом я понял, что таков был стиль, присущий лично Суслову, в то время как Хрущев всегда был более склонен к открытым, импульсивным и не очень обдуманным движениям и шагам.

Отношения между Хрущевым и Сусловым оставались для нас всегда загадкой. Почему Хрущев так долго терпел в своем руководстве Суслова, в то время как убрал очень многих оппонентов? Трудно сказать — то ли он хотел сохранить преемственность со сталинским руководством, то ли испытывал странное почтение к мнимой марксистско-ленинской учености Михаила Андреевича, но любить он его не любил. Я присутствовал на одном заседании, на котором Хрущев обрушился с резкими и даже неприличными нападками на Суслова. «Вот пишут за рубежом, сидит у меня за спиной старый сталинист и догматик Суслов и только ждет момента сковырнуть меня. Как считаете, Михаил Андреевич, правильно пишут?» А Суслов сидел, опустив худое, аскетическое, болезненное, бледно-желтое лицо, не шевелясь, не произнося ни слова и не поднимая глаз.

На февральском Пленуме ЦК 1964 года Хрущев обязал Суслова выступить с речью о культе личности Сталина. Это поручение было передано мне и тому же Белякову. Речь надо было подготовить в течение одной ночи. Просидели мы в кабинете у Белякова безвылазно часов двенадцать. Вначале пытались диктовать стенографисткам, но ничего не получалось. А не получалось потому, что не знали, как писать для Суслова. Позиция его была известна — осторожненькая такая позиция, взвешенная, всесторонненькая, сбалансированная, лишенная крайностей и резких красок. А поручение Хрущева было недвусмысленное: решительно осудить устами Суслова культ личности. Вот и метались мы в этом кругу полночи. Потом отправили стенографисток домой и засели сами. Беляков взял перо, а я диктовал под его подбадривание: «Ну, давай, давай, ну, полилось, давай, давай!»

К утру речь была готова, аккуратно перепечатана в

трех экземплярах, и мы отправились к Михаилу Андреевичу. Посадил он нас за длинный стол, сам сел на председательское место, поближе к нему Беляков, подальше я. И стал он читать свою речь вслух, сильно окая по-горьковски и приговаривая: «Хорошо, здесь хорошо сказано. И здесь опять же хорошо. Хорошо отразили». А в одном месте остановился и говорит: «Тут бы надо цитаткой подкрепить из Владимира Ильича. Хорошо бы цитатку». Ну я, осоловевший от бессонной ночи, заверил: цитатку, мол, мы найдем, хорошую цитатку, цитатка для нас не проблема. Тут он бросил на меня первый взглядец, быстрый такой, остренький и сказал: «Это я сам, сейчас сам подберу». И шустро так побежал куда-то в угол кабинета, вытащил ящичек, которые обычно в библиотеках стоят, поставил его на стол и стал длинными худыми пальцами быстро-быстро перебирать карточки с цитатами. Одну вытащит, посмотрит — нет, не та, другую начнет читать про себя — опять не та. Потом вытащил и так удовлетворенно: «Вот, эта годится». Зачитал — и впрямь хорошая цитатка была. В этот момент я и сделал едва ли не главную ошибку в своей жизни, видимо, сказалась бессонная ночь да неуместная склонность к шуткам... Не выдержал я и всхохотнул, видя, как крупнейший идеолог страны перебирает цитатки, как бисер, или как в былые времена монахи четки перебирали. Надо думать, рожа у меня при этом была самая непартийная, потому что бросил на меня второй взглядец Михаил Андреевич, маленькие серые глазки его сверкнули и снова опустились к каталогу. Подумал я еще в тот момент: «Ох, достанет он тебя, Федя. Раньше или позже достанет!» И верно, именно он-то и достал меня. Случилось это в следующую эпоху. Он имел непосредственное отношение к расправе со мной в газете «Правда», учиненной за одну из моих публикаций. Но об этом я расскажу позднее...

А тогда Суслов дочитал текст, сказал спасибо, ручки нам пожал. И на Пленуме доклад в том же виде зачитал. Зачитал с выражением, заслужив полное одобрение Первого. Но нам-то, исполнителям, он не простил того, что мы участвовали в учиненном над ним идеологическом насилии. Пришлось ему сказать против Сталина то, о чем не думал и во что сам не верил.

Суслов сыграл самую мрачную роль в деформации отношений Хрущева с интеллигенцией. Хрущев долгое время полагался на него как на самый крупный авторитет в области идеологии. Чувствуя себя слабым и даже беззащитным в вопросах теории, он долгое время прибегал к рекомендациям Суслова, когда шла речь о науке, литературе, искусстве. Кроме того, Суслов опирался на команду молодых руководителей, выходцев из комсомольской среды — А. Шелепина, В. Семичастного, к которым примыкал помощник Хрущева В. Лебедев.

Сам Хрущев тянулся к либеральной интеллигенции, с которой его сближала критика сталинизма. В этом отношении показательны события, разыгравшиеся вокруг повести А. Солженицына «Один день Ивана Денисовича». Хорошо помню, как Андропов дал мне прочесть эту повесть, набранную для публикации в «Новом мире». Спросил о моем мнении, и я, конечно, энергично высказался за публикацию. Сказал, что эта повесть будет талантливым дополнением к докладу Хрущева о Сталине. Андропов сообщил, что единственным человеком, кто с самого начала выступил за публикацию повести, был Хрущев. Только благодаря его мужественной и бескомпромиссной позиции, «Один день Ивана Денисовича» появился в

«Новом мире», и эффект от этого был подобен взрыву идеологической бомбы.

Крупные бои вокруг повести развернулись после ее публикации. По настоянию прогрессивной части литераторов, прежде всего А. Т. Твардовского, главного редактора «Нового мира», повесть была выдвинута на Ленинскую премию. Вот тут-то и сказалось давление «комсомольцев» на Хрущева. Об этих событиях с непревзойденной наивностью поведал в одной из статей бывший первый секретарь ЦК ВЛКСМ С. П. Павлов, который, как выяснилось, до сих пор гордится своей борьбой против либеральной интеллигенции в те времена.

Павлов сообщает, что, как первый секретарь ЦК комсомола, он входил в Комитет по Ленинским премиям. Ему «показалась нелепой» сама мысль присудить эту премию за книгу, в которой рассказывалось «о подробностях лагерного быта» (!). Он и выступил с таким заявлением на заседании Комитета. После этого ему позвонил Семичастный, который к тому времени стал председателем КГБ, и сказал:

— Завтра тебе будет еще труднее: защитники Солженицына готовятся к атаке. Я пришлю тебе его следственное дело тех лет.

И прислал, надо думать. Кандидатуру Солженицына, хотя до этого были опубликованы положительные рецензии в «Правде» и «Известиях», сняли с обсуждения. «Хрущев, — повествует Павлов, — все это понял, принял и, по-моему, не обиделся...»

Сыграли свою роль в отношениях Хрущева с интеллигенцией и торопливость, стремление вмешаться в любой вопрос и быстро его решить. Тут он нередко оказывался под большим влиянием небескорыстных советчиков, а то и скрытых противников, готовивших его падение. Хорошо помню, что посещение им художественной выставки в Манеже было спровоцировано специально подготовленной справкой Председателя КГБ Семичастного и руководителем ЦК ВЛКСМ. В ней мало говорилось о проблемах искусства, зато цитировались подлинные или придуманные высказывания литераторов, художников о Хрущеве, где его называли «Иваном-дураком на троне», «кукурузником», «болтуном». Заведенный до предела, Хрущев и отправился в Манеж, чтобы устроить разнос художникам. Таким же приемом тайные противники Хрущева втравили его в историю с Б. Пастернаком, добились через него отстранения с поста президента АН СССР А. Несмеянова в угоду Лысенко, рассорили со многими представителями литературы, искусства, науки.

## III

Как видим, Первый был окружен соратниками, которые сводили на нет его же разумные идеи. Это особенно болезненно сказалось на культуре, поскольку комсомольские лидеры, считавшие себя «знатоками» в этой сфере, постоянно подзуживали легко возбудимого Никиту Сергеевича.

Но не менее болезненно это сказывалось на государственном управлении. Многие назревшие преобразования заменялись чисто организационными решениями, подчас невзвешенными, непроверенными, непродуманными.

В своих мемуарах Хрущев осудил Сталина за единовластие, за то, что тот принимал единоличные решения, не советуясь и не спрашивая мнения членов Политбюро или Бюро Президиума ЦК. Он противопоставил этому ленинские методы коллективного руководства. Больше того, Хрущев объявил «уродливой демократией» практику подбора делегатов на съезды партии и в высшие партийные органы. Хрущев пытался включить, как известно, в Устав партии принцип ротации кадров, но не преуспел в этом. Однако он не задумывался о том, почему небольшая группа руководителей, назначенных или в какой-то форме избранных внутри самой партии, имеет право руководить государством, всем народом.

Это типично авторитарная традиция. Так сложилось при Сталине. Генеральный секретарь ЦК фактически выступал как глава государства в 30-е годы, когда Сталин не только установил свое единоличное правление, но и безжалостно расправлялся с любым подлинным или мнимым противником. Он не занимал никакого государственного поста, тем не менее все его распоряжения выполнялись органами госбезопасности, Наркоматом внутренних дел, армией, Советом Народных Комиссаров, всеми ведомствами. Хрущев даже не ставит вопрос о том, что надо получить какой-то мандат у народа. Пускай формально. Нет, так же, как Сталин, он убежден, что такой мандат был выдан один раз и навсегда — в октябре 1917 года, когда партия взяла власть в свои руки. Значит, естественно, она через своих представителей и распоряжается страной.

Кроме того, Хрущев, подобно Сталину, исходил из представления об абсолютном характере власти. Именно ей принадлежит право принимать экономические планы, регулировать жизненный уровень, определять характер образования, деятельность культурных учреждений, осуществлять внешнюю политику. Ни разу на протяжении двух томов своих мемуаров Хрущев не ставил под сомнение этот стереотип.

На Западе в течение веков складывались представления о разделении власти и создании противовесов, которые препятствовали бы чрезмерной концентрации ее в руках одного органа, тем более — одного человека. Еще Монтескье в XVIII веке обосновал идею разделения законодательной, исполнительной и судебной власти. И весь опыт XIX века привел к формированию не только сбалансированных между собой государственных институтов, но и многопартийных систем, где каждая партия контролирует другую.

Наряду с этим развивалась либеральная тенденция. Она шла от первых биллей и деклараций о правах, принятых столетия назад в Англии, Франции и США. Такая традиция обосновала автономию личности внутри государства, которое не вправе отнять ее естественные гражданские и политические права. Россия практически не знала ни этого опыта, ни этих традиций. Во времена Сталина она вернулась ко многим механизмам власти, существовавшим еще при Иване Грозном и Петре I, единовластию, опиравшемуся прямо и непосредственно на беспощадный механизм репрессий.

Хрущев отверг этот механизм и осудил единовластие, однако сохранил авторитарную форму правления, став первым советским руководителем, который играл роль непререкаемого лидера, не прибегая к массовым репрессиям. Но он и не задумывался ни о разделении властей, ни о распределении функций между партией и государством, ни тем более о таких социальных, экономических, гражданских и политических правах личности, на которые не могла покуситься политическая власть.

Хрущев воспринял и другую сталинскую традицию, которая тоже уходила корнями в глубину российской истории, — соединения светской и духовной власти. Таким подходом определялись энергичные и безапелляционные вторжения Хрущева в сферу науки, литературы, кино, изобразительного творчества.

Даже в период господства тиранических, или авторитарных, режимов на Западе власть только в исключительных случаях вмешивалась в научную, литературную, театральную деятельность. Можно ли представить себе, чтобы, скажем, Александр Македонский «выправлял» выводы Аристотеля о правильных формах государственной власти — монархии, аристократии, демократии, высказанные им в «Политике»? Или чтобы Людовик XIV выговаривал Вольтеру по поводу того, что тот выбрал героем Кандида, такого безнравственного человека? Или — Елизавета, довольно суровая монархиня, поучала бы Шекспира, как оценивать историческое место ее предков — прежних королей Англии? Конечно, и на Западе бывали примеры вторжения властей в сферу культуры, но, в общем-то, традиция была иной, чем у нас. Быть может, только церковь вмешивалась в науку, литературу, философию и искусство, да и то не так уж часто, а лишь когда видела в них прямое посягательство на Священное Писание.

Мы узнали из мемуаров Хрущева, что до печально известного скандала с публикацией «Доктора Живаго» он никогда не читал Пастернака. Он сам рассказывал о том, что плохо разбирался в искусстве, тем более в современных его направлениях.

Основная проблема Хрущева заключалась в том, как мы ее понимаем, что этому чрезвычайно мужественному и активному политическому деятелю не хватало ни мужества, ни образования, ни знаний для того, чтобы стать еще и политическим мыслителем. Вообще говоря, этим вторым родом мужества среди общественных деятелей обладали очень немногие.

Способность пересмотреть свои взгляды, признать в чем-то их ошибочность и найти новые ответы и решения — редчайшее дело даже среди ученых, не говоря о руководителях.

Хрущев так и не преодолел слепой веры в государство, вернее, в «государственный социализм». Он, как и Сталин, был убежден, что именно государство, централизм, спущенный сверху план, приказ, указание — это и есть главные преимущества социализма перед капитализмом и главный стимул развития страны. Он был «государственником» в не меньшей степени, чем Сталин, и несравненно в большей, чем Маркс и Ленин.

Вспомним, что Маркс выступал за отмирание государства и полагал, что первый акт его — экспроприация собственности у капиталистов — и будет, в сущности, его последним актом, который положит начало постепенной ликвидации всех государственных институтов. Ленин в большей мере верил в государство, особенно когда стал во главе первого советского правительства. Хотя он до революции выступал против постоянной армии, но после Октября, в ходе гражданской войны, он и Троцкий создали одну из самых могучих армий в мире, которая в 1927 году насчитывала 586 тысяч человек. Ленин основал достаточно мощный партийный и государственный аппарат, хотя формально и не отказывался от идеи отмирания государства в будущем.

Надо ли говорить, в какой степени усугубил эту традицию Сталин. Он довел дело до обожествления государства и государственных интересов, перед которыми должны пасть ниц все люди — маленькие винтики в государственной машине. В 1948 году, через три года после окончания войны, Советская Армия насчитывала 2874 тысячи человек, а ко времени смерти Сталина — более 5 миллионов.

Хрущев активно выступил против милитаризации государства. По его инициативе армия была сокращена до 2423 тысяч человек. Но он не покусился на основы «государственного социализма».

Даже самые крутые его реформы — создание совнархозов, ликвидация многих министерств и ведомств — носили верхушечный характер. Они исходили из того, чтобы сделать управление более рациональным, приблизить его к объектам — предприятиям, колхозам, совхозам, научным учреждениям. Но они, эти реформы, не затрагивали сути производственных отношений, не претендовали на то, чтобы поставить самого производителя — рабочего, крестьянина, интеллигента — в новые условия труда: предоставить ему инициативу, самостоятельность, выбор, возможность прямой связи с потребителем. И тем самым раскрепостить экономику, ослабить, а затем и полностью снять удушающий ее пресс государственной опеки. Это особенно легко проследить на примере аграрной политики Хрущева, как раз там, где он считал себя компетентным специалистом. В области сельского хозяйства Хрущев выступал даже бо́льшим «государственником», чем Сталин.

Незадолго до кончины Сталина в партийных организациях зачитывалось письмо с критикой идеи Хрущева об агрогородах. Он тогда выступил энтузиастом совхозизации колхозов, то есть окончательного их огосударствления. Хрущеву казалось, что надо более последовательно переносить в деревни опыт фабричного труда. Он верил, что таким путем может быть достигнута и бо́льшая специализация производства, и более высокий уровень профессионализма и применения современной техники. Одновременно это откроет возможности для социального переустройства быта деревни на городских принципах.

Как ни странно, именно Сталин выступил инициатором критики этой идеи. Я думаю, что у него вызывал протест не сам принцип огосударствления колхозов. Фактически это уже произошло в период сплошной коллективизации. Земля, как известно, была полностью передана в собственность государства, то есть изъята у крестьян и закреплена за колхозами. В самом колхозе никто не имел права потребовать обратно землю и свою часть внесенного или наработанного вклада. Появилось понятие так называемых «неделимых фондов», ну и затем колхозники и вовсе были намертво закреплены за колхозами посредством паспортного режима. Им попросту не выдавали паспортов, и они не вправе были покидать деревню.

По всему этому можно видеть, что Сталин разделял концепцию огосударствления колхозов. Более того, такой подход нашел отражение в официально распространяемой тогда теории о двух видах собственности: низшая, кооперативная, обречена постепенно преобразоваться в высшую — государственную; значит, колхозы — в совхозы.

Однако Сталин считал «совхозизацию» колхозов делом преждевременным. Он понимал, что в этом случае совхозам, а стало быть, государственному бюджету придется взять на себя колоссальное бремя выплаты заработной платы труженикам села, а колхозы такого обязательства не имели. Никаких средств у государства для оплаты труда жителей деревни, которые составляли в ту пору более 60 процентов, не было. Что касается Хрущева, то, вероятно, именно таким путем он хотел спасти колхозников от бедности, нищеты и голода.

По сообщению Хрущева, Сталин тогда высказал

мысль, что надо собрать специальный пленум по сельскому хозяйству, однако такой пленум собран не был. И тогда Хрущев выступил со своей идеей агрогородов, которая казалась ему спасительной для крестьянства.

Получился довольно странный парадокс. Намерения у Хрущева были самые благие — спасти крестьянство от голода, обеспечить ему минимальное благосостояние, твердую зарплату в совхозе. Но средства были контрпродуктивными. И предыдущий, и последующий опыт достаточно показал, что выварить крестьянина в фабричном котле не удастся. Его дальнейшее закрепощение могло только привести к снижению продуктивности сельскохозяйственного производства. А Сталин, по словам Хрущева, выступил опять в роли верховного судьи, осудил как перегиб хрущевскую идею агрогородов, хотя палец о палец не ударил для спасения крестьян от голода, а сельского хозяйства — от разорения.

Сразу же после смерти Сталина по инициативе Хрущева был созван Пленум ЦК партии по сельскохозяйственному вопросу. Это был поистине исторический пленум. С одной стороны, резко уменьшались налоги на сельскохозяйственное производство, в особенности с приусадебных участков, с другой — повышались закупочные цены государства. Затем МТС были переданы — правда, за дорогую цену — колхозам. И наконец, был сделан крупный шаг в ослаблении опеки местных и центральных органов власти над колхозами и совхозами.

Тем не менее идея совхозизации продолжала тревожить душу Хрущева. По всему видно, что он внутренне был убежден в том, что индивидуальное хозяйство, тем более на приусадебном участке, и колхозное хозяйство куда менее эффективны, чем совхозы.

Ему мнилось, что государственное предприятие в деревне сможет работать так же хорошо, как и в городе. Эта идея сыграла не последнюю роль, когда принималось решение об освоении целинных земель. Наши экономисты до сих пор не дали объективных оценок — кто был прав в споре о путях подъема сельского хозяйства в тот период: Хрущев, который выступал за целину, или Молотов и другие, предлагавшие вложить те же средства в производство в черноземной и нечерноземной областях. Конечно, целина позволила на время ослабить остроту хлебной проблемы. Но никто не проанализировал возможностей альтернативной программы.

Интересно заметить, что личное знакомство Хрущева с опытом американских фермеров не только не поколебало, а даже укрепило его веру в превосходство коллективных государственных форм. Он привез из своего посещения Америки много плодотворных технологических идей.

Несомненно, одной из них было внедрение кукурузы как главного средства откормки скота, независимо от крайностей в применении этой идеи впоследствии. В Америке он увидел и индустриализацию птицеводства, производства яиц, забоя скота, соединение сельскохозяйственного производства с переработкой продукции. Ослепленный концепцией «государственного социализма», Хрущев стремился перенести западную технологию на базу централизованного хозяйства. Сколько было произнесено речей о кукурузе, о квадратно-гнездовом способе посева зерна, об удобрении, химизации, о поливных землях! Но догма государственного управления аграрным сектором не только оставалась незыблемой, но даже укреплялась.

С этим связано было его чудовищно опрометчивое решение в 60-х годах о запрете держать скот в индивидуальном хозяйстве, что привело к постоянному дефициту мясных и молочных продуктов, от которого мы не избавились до сих пор. Ему казалось логичным (вопреки всем фактам), что скот куда выгодней выращивать на крупных фермах, а не в каждой крестьянской семье. Жизнь была принесена в жертву доктрине, а сама доктрина позаимствована не у кого иного, как у Сталина.

Замечу, что то же самое можно сказать и о его взглядах на роль государства в промышленном секторе. Хрущев даже на склоне лет в своих мемуарах продолжал критиковать Бухарина и других «правых» за попытку осуществить «ситцевую индустриализацию» и сохранить многоукладную экономику, за идею кооперации. Между тем Ленин как раз в статье «О кооперации» сделал знаменательное заявление: мы пересматриваем всю точку зрения нашу на социализм. После Сталина подобная задача стояла еще более остро. Чтобы преодолеть сталинизм и в политической, и в экономической системах, нужно было поставить в центр всей внутренней политики интересы простого труженика. Нужно также было принять во внимание опыт других «социалистических» стран, а также реалистически оценить соревнование с капиталистическим миром в эпоху технологической революции.

А Хрущев тем временем вынашивал совершенно утопические планы «догнать и перегнать Америку» в условиях «государственного социализма», его больше всего волновал вопрос о «принципах коммунизма». Принципы — вещь необходимая, и человеку нужен идеал, но человеческий...

Как реалистический политик, Хрущев опасался раскачивания лодки, опасался такой свободы, которая неизбежно сопровождается эмоциональными крайностями, деструктивными всплесками, нецивилизованной полемикой. Но в политике — о чем было известно еще с самых древних времен — не бывает только положительных или абсолютно отрицательных явлений. Всегда приходится делать выбор в пользу решений, которые дают предпочтительные результаты. И могут ли быть сомнения, когда сопоставляются два метода — вскрывать проблемы или скрывать проблему? Гласность — есть меч, который сам исцеляет наносимые им раны.

Серьезные политики понимают, что скрыть проблему — значит, загнать ее внутрь, дать ей разрастись до таких размеров, когда уже невозможно будет с ней справиться. А вскрыть проблему — значит, начать решать ее. Что бы ни происходило во времена культа личности — падали самолеты, сталкивались поезда, вспыхивали национальные конфликты, — все это сопровождалось молчанием, как на кладбище. Воюя против своих же сторонников в литературе, в науке, печати, Хрущев не дал развиться гласности. Между тем это зеркало народа, и он его не боится, поскольку издревле придумал поговорку: «Нечего на зеркало пенять...» Да, нужно менять облик самого общества, чтобы не было оснований жаловаться на зеркало.

Хрущев уже на XXII съезде стал отставать от общественных потребностей. Он продолжал думать, что главной темой борьбы остается вопрос о месте Сталина в истории нашей страны. Но это было неверно. Подобный вопрос был основным объектом борьбы во времена XX съезда партии. В сущности, уже тогда Хрущев дал на него прямой ответ, хотя и с некоторыми оговорками. Главным же в период XXII съезда уже становилось другое — система управления, сложившаяся в сталинскую эпоху.

Сенека говорил: тяжелая ошибка часто приобретает значение преступления. Очевидные преступления Сталина были уже вскрыты и разоблачены. А ошибки, так глубоко вошедшие в советскую систему правления, продолжали жить и мешать стране двигаться вперед и во времена Хрущева. Уже тогда мало кто открыто защищал репрессии 1937 года. Но все еще было очень много таких, кто разделял ошибочные идеи Сталина. Увы, Хрущев был среди них. Поэтому так и не была дана научная критика сталинских концепций, которые оправдывали «государственный социализм» и тотальный контроль над обществом и личностью.

Под влиянием сталинских взглядов советский опыт 30—50-х годов сделали эталоном для суждений о других «странах социализма». Все непохожее на эту модель, например, в Восточной Европе, рассматривалось как отступление от социализма. Больше того, каждый раз, когда в жизни этих стран — Югославии, Венгрии, Польши — возникала новая форма эффективного развития общества, люди, окружавшие Хрущева, становились в этакую позу «защитников чистоты» и заявляли: «Это не социализм. Это противоречит его коренным принципам». Скатывание на позицию «капитализма» — самое малое обвинение. «Враги народа» — уже по максимальному счету. Хрущев несет свою долю ответственности за то, что у нас на протяжении двадцати лет с таким подозрением относились к югославским и венгерским реформам, к дискуссиям о социализме в Чехословакии и других странах Восточной Европы.

### Новелла пятая

# ИМПЕРИЯ

## I

талин оставил в наследство «вождям» СССР «социалистический лагерь» — от Эльбы до Янцзы, около трети всего человечества. Впоследствии в зарубежной политической лексике это получило название империи.

Югославия — это был первый прорыв Хрущева от сталинского диктата и великодержавия к новому взгляду на отношения со странами Восточной Европы. Позднее ограниченность, порожденная каменной изолированностью советского общества от внешней среды, стала уступать место новому подходу ко всему современному миру.

Свой рассказ в мемуарах Хрущев начинает с того, что при Сталине сложилось представление о Югославии, которое сохранялось и в первые годы после его смерти. Считалось, что югославская экономика находится в полном подчинении у американского монополистического капитала, что там восстановлены частные банки, частная собственность в промышленности, не говоря уже об индивидуальном сельском хозяйстве. Хрущев верил в это, поскольку, как он сам говорит, «мы оторвались и ничего не знали».

С присущим ему юмором Никита Сергеевич вспоминает по этому поводу анекдот. Шел по деревне мулла, и его спросили, откуда идет. А он в шутку ответил, мол, иду с другого конца деревни, а там плов дают бесплатно. Ну, люди услышали это, побежали туда — и снова встретились с муллой, который спросил: «Куда вы бежите?» Ему сказали: «Бежим туда, где плов бесплатно дают» . В конце концов мулла тоже повернулся, подобрал свое платье и побежал вместе с толпой. Хрущев видел в этом аналогию с небылицами, которые рассказывали о Югославии. «Сами выдумали и сами в это поверили».

Хрущев вспоминает о несостоявшихся угрозах Сталина («Пошевелю мизинцем — и нет Тито»). Шевелили не только пальцем — но вся машина давления и пропаганды всего коммунистического движения ничего не смогла поделать с Тито. По инициативе Хрущева была создана комиссия для изучения югославского вопроса. В нее вошли и партийные работники, и ученые. Перед ними была поставлена задача дать анализ политической и социально-экономической системы этой страны, чтобы определить, относится ли она к социалистическому или капиталистическому типу. В комиссию входил Д. Т. Шепилов, который по тем временам отличался передовыми взглядами. Шепилов возглавлял газету «Правда», считался образованным экономистом (он имел звание члена-корреспондента Академии наук СССР) и впоследствии при покровительстве Хрущева сделал стремительную карьеру, которая, однако, печально закончилась в июне 1957 года.

Комиссия Шепилова (назовем ее так условно) пришла к выводу, что Югославия — страна социалистического типа. Тем самым, по мнению Хрущева, как карточный домик рушилась основа для советско-югославского конфликта. Только после этого было решено установить контакт с Югославией и восстановить с ней отношения — и по государственной, и по партийной линиям. С таким подходом согласились представители других коммунистических и рабочих партий.

Как Первый секретарь ЦК Хрущев возглавил делегацию, которая направилась в Югославию в 1955 году. Уже в аэропорту в Белграде Хрущев сделал сенсационное заявление, в котором принес извинения Югославии, лично Тито за несправедливые обвинения. Правда, тут же произошел маленький инцидент. Тито после этого заявления сказал, что переводить с русского не нужно, потому что в Югославии все его и так знают. Это вызвало настороженную реакцию Хрущева, уверенного, что далеко не все югославы владеют русским языком. Хрущев был обеспокоен и даже разочарован началом визита, поскольку опасался, что, если сближение пройдет плохо, это может активизировать те силы в СССР, которые выступали против восстановления отношений с Югославией.

Во время первой беседы произошел еще один инцидент. Хрущев пытался свалить ответственность за массовые репрессии в нашей стране, за ошибки в отношениях с Югославией, со всеми иностранными коммунистами на Берию. Это вызвало только иронические улыбки Тито и других югославских коммунистов. Между тем Хрущев еще не был готов к тому, чтобы в полной мере оценить роль Сталина как инициатора этих преступлений. Югославы особенно настойчиво говорили о личной ответственности Сталина за разрыв отношений с их страной. Но, по утверждению Хрущева, мы были еще внутренне не подготовленными, еще полностью не освободились от рабской зависимости, в которой находились у Сталина.

И еще один характерный эпизод для психологии Хрущева. Он познакомился с Вукмановичем, который вначале довольно резко выступил против него. Когда Хрущев сказал ему, что для обострения отношений лучшего кандидата, чем Вукманович, не подобрать, тот рассмеялся такому откровенному заявлению. Потом как раз с Вукмановичем Хрущев особенно близко сошелся. Он ценил в нем то, что было присуще ему самому, — это «грубоватость такая», которая объясняется «трудными условиями борьбы за победу рабочего класса».

Хрущеву пришлось согласиться с настоятельными требованиями Тито полного невмешательства СССР во внутренние дела других «стран социализма» и признания за каждой партией и народом права осуществлять социалистическое строительство по своему выбору. Правда, Хрущев тут же оговаривался, что в принципиальных вопросах марксизма-ленинизма, в вопросах теории и политики никаких уступок быть не может.

И все же тогда была составлена Декларация, которая пробила первую брешь не только в сознании Хрущева, но и в принципах отношений между СССР и странами Восточной Европы. Все члены советского руководства согласились с решением о восстановлении отношений с Югославией. Однако, как рассказывает Хрущев, в письмах, разосланных иностранным компартиям, была оставлена «какая-то лазейка страховочного порядка» на тот случай, если не выйдет подлинного улучшения отношений. К этому можно добавить и продолжавшиеся в советской печати высказывания о том, что Югославия не может быть признана «вполне социалистической» страной не только из-за индивидуального сельского хозяйства, но в особенности из-за своей позиции по международным вопросам.

Все это стало известно Тито, что снова бросило тень на советско-югославские отношения. Хрущев традиционно видел в таких перепадах «происки» империализма, прежде всего США, которые всеми средствами добиваются разъединения социалистических стран. Больше всего он грешил на директора ЦРУ А. Даллеса, который «добивался того, чтобы отбросить социализм обратно к границам СССР». Тем не менее отношения с Югославией стали развиваться на нормальной основе.

Новое обострение произошло в период венгерских событий 1956 года. Я расскажу об этом ниже. Сейчас же интересно проследить, как менялись взгляды Хрущева на внутреннее развитие Югославии, как постепенно он продвигался к пониманию возможности существования разнообразных социалистических моделей.

После первой встречи с Тито состоялось еще несколько — в Румынии, в Москве, в Крыму. Рассказывая об этих встречах, Хрущев одновременно отмечал то, что его больше всего беспокоило. Он откровенно говорил о том, что политика неприсоединения не всегда импонировала советскому руководству, но в особенности его возмущало то, что Югославия отказывалась войти в Варшавский Договор, хотя прямо ей и не предлагали этого. В сознании Хрущева это связывалось с экономической заинтересованностью Югославии в отношениях с Западом, прежде всего с США, Великобританией и другими странами. Эта позиция выглядела особой прежде всего потому, что США в ту пору фактически запрещали вести торговлю с СССР и другими восточноевропейскими странами и делали исключение только для Югославии. Упрощая дело, Хрущев утверждал, что «империализм за прекрасные глазки подарков никогда не делает». Отсюда следовал прямой вывод, что Югославия помогает «империалистическим силам» «расщеплять социалистический лагерь». Конечно, если бы США торговали с СССР так же, как с Югославией, то, по мнению Хрущева, никаких оснований для недовольства с нашей стороны не было бы.

Желая сблизиться с Тито, Хрущев пригласил его в Крым на отдых и охоту. По его мнению, это был традиционный способ для обсуждения вопросов, бесед и сближения.

Но особое значение имела поездка в Югославию летом 1962 года, в которой мне довелось участвовать. Хрущева интересовало югославское самоуправление и формы руководства экономикой, прежде всего рабочие советы. В ту пору советская печать, разумеется, с официального благословения, резко критиковала эти формы. Хрущев же с большим интересом расспрашивал югославов об этом, посещая заводы и фабрики, государственные фермы. Его живой и любознательный ум никогда не смирялся с трафаретами. Хотя он и продолжал твердить во время бесед с югославами, что все равно их самоуправление не более чем буферные прикрытия, поскольку все главное устанавливает правительство — оно планирует производство и контролирует его выполнение, — тем не менее он прислушивался к их высказываниям, что это особая форма, более демократичная, чем в Советском Союзе. Не оставалась без ответа и югославская критика советских форм управления, как бюрократических. По мнению Хрущева, эта «критика» в какой-то степени заслуживала внимания, «потому что у нас, кроме производственных совещаний на предприятиях, ничего не было». Поэтому он считал, что «какое-то зерно полезное в этих формах Югославии — оно существовало, и поэтому отрицать его не следовало бы... Хотя мы публично этого не заявляли».

Но в чем Хрущев остался совершенно непоколебимым — это во взглядах на роль планирования и товарно-денежных отношений. По его мнению, без Госплана, центральных статистических и планирующих учреждений социалистическое государство невозможно. Потому что если уничтожены рыночные отношения, которые существуют в капиталистическом мире, то должен быть какой-то орган, который бы заменял эту стихию. Это и есть Госплан. Хрущев считал это абсолютно необходимой и правильной ленинской идеей, подтвержденной всем опытом СССР. Ему решительно не импонировал выход югославских предприятий на внутренний и особенно зарубежный рынок. И он критиковал такую позицию. Если верить Хрущеву, Тито впоследствии будто бы частично признавал правильность такой критики, полагая, что Югославия испытывает трудности как раз из-за чрезмерного влияния рыночных отношений.

В мемуарах Хрущев более взвешенно оценивает полемику того времени. Он говорит, что нельзя было отрицать все, чего добились югославы на своем пути, что невозможно ограничиваться взаимными обвинениями и упреками, что никто не может претендовать на истину, характеризуя чужой опыт как оппортунизм или заимствование капитализма. Кроме проблем самоуправления, Хрущева занимал также вопрос о передовых технологиях, в частности, в области химии, которые югославы закупили за рубежом. И в особенности ему был интересен опыт развития туризма — в ту пору Югославия получала около 70 миллионов долларов в этой отрасли. Это произвело сильное впечатление на Хрущева, который подробно описывает свои посещения гостиниц, ресторанов, блиставших чистотой, хорошим сервисом и вкусом.

Хрущев поинтересовался у Тито, как решаются вопросы контроля за разнородной массой туристов, приезжающих с Запада нередко в автомобилях, пожаловался на то, что советский бюрократический аппарат ставит такие рогатки, которые никому не захочется преодолевать. При этом Хрущев традиционно ссылался на проблемы шпионажа. Тито ему резонно заметил, что шпионы далеко не всегда ездят в машинах через границу, они попадают другими путями, чаще всего прилетают с комфортом на самолетах. Поэтому борьба должна вестись другими средствами, ну а в отношении туризма должен быть установлен свободный режим.

Хрущеву очень понравилась эта идея. Вернувшись в СССР, он докладывал о югославском опыте и предложил подумать о расширении советской программы туризма. Был принят довольно обширный план строительства гостиниц, который, однако, из-за падения Хрущева не получил большого развития. Между тем Хрущев мечтал о широком туризме — и в Крыму, и в Сибири, и в Средней Азии. Он даже просил Тито принять наших представителей, которые позаимствовали бы югославский опыт. Особое значение Хрущев придавал туризму на Кавказе. Сам он был влюблен в Пицунду — этот прелестный маленький полуостров на Черноморском побережье Кавказа. Хрущев нередко отдыхал там и там же, собственно, и закончилась его политическая биография: отсюда его вызвали на заседание Президиума ЦК КПСС в октябре 1964 года — на суд и расправу...

Занимала Хрущева и проблема создания более гибких структур в легкой промышленности. Он видел в

Югославии, как быстро приспосабливаются предприятия легкой промышленности к меняющимся требованиям моды. И, вернувшись домой, настоятельно рекомендовал изучать этот опыт, «шевелить мозгами», чтобы предвидеть изменения запросов потребителя.

Но в одном вопросе Тито так и не удалось поколебать Хрущева. Речь идет об индивидуальных и кооперативных формах в сельском хозяйстве. Впрочем, судя по всему, Никита Сергеевич не очень понял проблемы сельского хозяйства в Югославии.

Тито говорил ему, что там отказались от идеи колхозов и сплошной коллективизации. Уже одно это, наверное, слегка кольнуло Хрущева, потому что он никогда так и не пересмотрел сталинскую политику сплошной и насильственной коллективизации в деревне. Но что он запомнил из разговора с Тито — это создание госхозов, как будто бы по типу наших совхозов, если верить Хрущеву. На самом деле это не совсем так, но это отдельный вопрос. Хрущев подчеркивает, что этот путь он тоже считает социалистическим путем, который не противоречит «нашему пониманию о социалистическом строительстве».

Хрущев ссылается при этом на Ленина, и ссылается неточно. Он утверждает, что когда Владимир Ильич ставил вопрос о кооперировании, то рассматривал госхозы как высшую ступень в развитии сельского хозяйства, которые должны быть примером для коллективного хозяйства, они должны производить семенной материал, племенной скот и обеспечивать запросы колхозников.

Хрущев даже пересматривает с этой точки зрения опыт целины. Он рассказывает, что вначале на целине пытались по шаблону создавать колхозы, но для переселенцев это была искусственная организация и, кроме того, стоила очень дорого. А в результате колхозы оказались нерентабельными. Поэтому по инициативе Хрущева на целинных землях стали насаждать совхозы, которые будто бы производили самый дешевый хлеб. Хрущев сравнивает советский и югославский опыт с польским, где создавались главным образом сельскохозяйственные кружки, то есть товарищества как первичные кооперативы. Хрущев полагал, что это неплохо и по политическим, и по экономическим соображениям. По политическим — потому что крестьяне идут за рабочей партией Польши, а по экономическим — поскольку сельское хозяйство в этой стране на хорошем уровне. Но и здесь, оценивая опыт Польши, Хрущев снова подчеркивает значение государственных хозяйств.

И все же, завершая свои размышления о югославском опыте, Хрущев снова повторяет идею, в которую верил безусловно: социализм — это единое централизованное плановое хозяйство, что служит и основой сельского хозяйства. Больше того, по Хрущеву, обращение к рынку, к отношениям спроса и предложения — это «элементы капиталистические». Правда, наученный горьким опытом прямолинейных суждений о том, что делалось в странах Восточной Европы, Хрущев тут же оговаривается, что есть много возможностей для разнообразия строительства социализма, что не следует создавать какой-то единый шаблон, единую модель для всех стран мира и с этих позиций осуждать как несоциалистическое то, что под этот шаблон не подходит. Он призывает проявлять бóльшую терпимость и предоставить каждой стране возможность выбирать свой путь, исходя из местных условий — исторических, экономических, этнических и прочих.

Но при всем том средства производства и банки

должны принадлежать народу — это основное и это главное, а государством должен руководить пролетариат. Такова, по его мнению, основа марксистского понимания переходного периода от капитализма к социализму.

Мы видим, как трудно преодолевал в себе Хрущев представления о социализме, сложившиеся под влиянием сталинских идей. По соображениям политическим, а также в силу эмоциональных пристрастий он все время тянулся к идее разнообразия, плюрализма, но догмат веры в превосходство государственной формы так и не был поколеблен в его представлениях.

## II

Ничто так не потрясло сознания Хрущева, ничто не вызвало больших сомнений и даже деформаций в становлении его антисталинизма и поиске эффективной модели социализма, чем венгерские события 1956 года. Быть может, этими событиями объясняются и многие его ошибки в осуществлении нового курса внутри и вне нашей страны, и, несомненно, сюда восходят его чудовищные эскапады против той самой части советской интеллигенции, которая радостно приветствовала и развивала идеи XX съезда партии.

Мне довелось несколько раз побывать в Венгрии в ту пору. Уже в 60-х годах я снова посетил эту страну в составе партийной делегации во главе с Ю. В. Андроповым. В делегацию входили секретари Московской и Ленинградской партийных организаций Н. Г. Егорычев и В. С. Толстиков. Во время этой поездки мы встречались со многими партийными и государственными руководителями Венгрии. Нас принял и

Янош Кадар. Интересно было наблюдать его встречу с Андроповым.

Дело в том, что Андропов в качестве советского посла в Венгрии сыграл особую роль в период революции 1956 года. Мне об этом было известно, в частности, по рассказам людей, работавших вместе с ним в посольстве, а впоследствии оказавшихся со мной в отделе, который он возглавлял.

Андропов уже во время этих событий обнаружил себя человеком редкой проницательности и политической интуиции. Еще за несколько месяцев до военного столкновения на улицах Будапешта он информировал Хрущева и все советское руководство о возможности восстания. Андропов предлагал тогда содействовать естественной и плавной замене руководства Венгрии, которое запятнало себя вместе с Ракоши репрессиями против Райка, Кадара и других венгерских деятелей, а также крупными ошибками во внутренней политике. Андропов выражал сомнение в том, что преемник Ракоши Гере, а впоследствии Имре Надь способны справиться с ситуацией. Что касается первого, то он явно тяготел к прежним авторитарным методам, что касается второго, то, по мнению Андропова, он потакал настроениям толпы и даже сторонникам возврата Венгрии к дореволюционному режиму, ее выходу из Варшавского Договора.

В ответ на это Хрущев направил в Венгрию А. И. Микояна и М. А. Суслова, для того чтобы на месте разобраться в ситуации. Однако венгерские руководители заявили им, что «советский посол нервничает», хотя оснований для этого нет — они-де в состоянии контролировать ситуацию и справиться с ней.

Это была первая крупная ошибка, допущенная не только венгерским, но и советским руководством.

Вторая ошибка была еще более драматичной. В самый разгар событий в Венгрии было принято решение о выводе войск из Будапешта — они сосредоточились в основном на аэровокзале и в окрестностях. Тем самым город был отдан во власть улицы. Утверждают, что это было сделано в провокационных целях. Но скорее всего советское руководство откликнулось на предложение венгерских руководителей, рассчитывая, что в такой обстановке те сами могут справиться с повстанцами. Насколько мне известно, Андропов возражал и против этого решения. Вполне возможно, если бы войска не были выведены из Будапешта, удалось бы избежать ужасного кровопролития, потому что именно после вывода советских войск силы, боровшиеся за свободу и независимость Венгрии, сумели захватить оружие, включая артиллерию, увлечь на свою сторону многих офицеров и солдат, сформировать организованные отряды для восстания. Но Андропов, конечно, и не мыслил о возможности даже в перспективе освободить Венгрию от советской зависимости.

Во время венгерской поездки нас повезли на гору Геллерт, где расположены были дачи для приезжающих гостей. В одной из этих дач происходило «отречение» Ракоши от власти. Работник ЦК ВСРП повел нас в маленькую комнатку, обставленную в стиле рококо. Он показал место, где стояло в момент этого акта небольшое кресло Ракоши, а Микоян сидел на диванчике с гнутой спинкой, обитом светлым цветастым материалом. «Вот здесь, — сказал мне со смехом сопровождавший меня венгерский друг, — Микоян и произнес свою историческую фразу с характерным для него акцентом. Звучала она так: «Пыши (через «ы»), пыши заявление по собственному желанию!»

Мне довелось присутствовать при встречах Андропова с Кадаром. То были не совсем обычные беседы двух руководителей. Чувствовалась одновременно какая-то глубокая взаимная личная симпатия и острая напряженность, даже неловкость — слишком многое связывало этих двух людей. И воспоминания о днях конфликта, когда толпа осаждала посольство, где находился Андропов; и о том, что Кадар был освобожден из тюрьмы, чему содействовал Андропов; и о первых днях прихода Кадара к власти, когда, по словам венгров, Андропов повсюду, словно тень, следовал за ним, присутствуя почти на всех заседаниях венгерского руководства. И многое, многое другое.

Сам я до этого несколько раз встречался с Яношем Кадаром, разумеется, по неофициальным поводам. Мы дважды отдыхали в Мисхоре на берегу Крыма: он — на государственной даче, а я в санатории, расположенном вблизи. Кадар — тогда еще сравнительно не старый человек — любил приходить на нашу сторону, поиграть в волейбол, в шахматы. Играл он азартно, всегда стремился выигрывать и как-то по-мальчишески очень огорчался проигрышам. Мы нередко мерили свои силы за шахматной доской — то он выигрывал, то я. Помнится, позвонил мне как-то из Москвы из аппарата ЦК сотрудник, который занимался Венгрией, и сказал: «Ты что там обыгрываешь товарища Кадара? Он переживает. Кончай куражиться, портить нам отношения с Венгрией». Эта шутка вспомнилась мне и при встрече в Будапеште. Я рискнул рассказать об этом Яношу Кадару. Он долго и весело смеялся.

Но, конечно, не это составляло основной предмет размышлений нашей делегации во время визита в Венгрию. Мы посетили многие предприятия и кооперативы. И что нас особенно занимало — кроме, разумеется, перелома в настроении людей спустя восемь лет после пережитой драмы — это начавшаяся тогда экономическая реформа в Венгрии. Венгры искали и находили свои решения — и в методах партийного руководства, и в развитии товарно-денежных, рыночных отношений в промышленности и в сельском хозяйстве. Кстати говоря, вопреки тому, как многие у нас полагали, венгры никогда не проводили колхозизации. Их кооперативы с самого начала стояли ближе к западным образцам и были основаны на подлинных интересах крестьян. Не случайно поэтому они оказались куда более продуктивными, чем советские колхозы. Не случайно и то, что в период событий 1956 года венгерское крестьянство оказалось едва ли не самым лояльно относящимся к власти классом. Крестьяне не оказывали восставшим должной поддержки — ни материальной, ни моральной.

Но больше всего все наши разговоры с венграми вертелись вокруг событий 1956 года и уроков, которые надлежит из них извлечь. Рассказы об этих событиях мне довелось слушать и во время пребывания партийно-правительственной делегации во главе с Хрущевым на VII съезде Венгерской социалистической рабочей партии. Этот съезд поразил меня своей демократичностью. Выступления делегатов не походили на то, что мне приходилось видеть на наших съездах. Здесь не было самоотчетов. Делегаты участвовали в обсуждении политики и конкретных решений, критиковали те или иные аспекты принятых законов, вносили свои предложения.

Особенно интересно выступал Янош Кадар. Я имел в виду не только его основной доклад, в котором было чрезвычайно много нового. В особенности это можно сказать о его заключительном слове. Он не читал его. Он вышел на трибуну буквально с одной-двумя страничками текста в руках. И произнес речь, которая длилась не менее часа. Кадар не оставил без внимания ни одного сколько-нибудь существенного вопроса, затронутого на съезде. Он согласился с большей частью замечаний и объяснил, как руководство собирается на них реагировать. Он поставил и новые вопросы, опираясь на высказанные предложения. Он держал себя свободно, раскованно, необычайно демократично и дружественно, без тени амбиций и самолюбования — просто как товарищ среди товарищей.

Этот стиль находился в резком контрасте даже со стилем самого Хрущева, а также Тито, Гомулки и многих других восточноевропейских деятелей, которых мне доводилось слушать и наблюдать. И еще одна черта этого стиля запала в мое сознание: какая-то усталость, что ли, или горечь, или отрешенность — даже трудно схватить в словах выражение лица и тональность выступлений Кадара.

Было ли это результатом пережитого в тюрьме или не совсем обычного прихода к власти в трудный период истории венгерского народа? Было ли это свойством души, проявлением характера Яноша Кадара, его скромности, непретенциозности? Отражало ли это огромное чувство личной ответственности? Не берусь судить. Но такая черта кадаровского стиля вызывала особую симпатию.

Это можно сопоставить с впечатлением от двух противоположных стилей у хороших певцов. Один любуется своим голосом, а другой жаждет донести до слушателя свое чувство. Это последнее как раз и было свойственно стилю Кадара и отличало его в лучшую сторону, повторяю, от многих политических певцов того времени.

Мне приходилось слышать — и во время упомянутого съезда, и в другой обстановке — о том, как Хрущев оценивал Кадара, и в особенности его рассказы о событиях 1956 года.

Потрясение, которое пережил Хрущев во время венгерских событий, может быть сравнимо с арестом Берии, с карибским кризисом, который наступил позднее. Поэтому события 1956 года занимают такое большое место в его мемуарах.

В Будапеште, по словам Хрущева, развернулась настоящая кровавая бойня. Он полагал, что в ней участвовала в основном молодежь, создавшая вооруженные отряды, захватившая артиллерию и другое оружие. Но рабочий класс и крестьянство, которое Хрущев называет колхозным, стояли в стороне. Повстанцы предъявили требования вывести советские войска. Однако, по мнению Хрущева, эти требования были незаконными, поскольку противоречили нормам, установленным Варшавским Договором. И хотя венгерский парламент собирался несколько раз, такие требования в глазах Хрущева законной силы не имели. Его особенно возмущало то, что толпа стала охотиться за партийным активом и прежде всего за «чекистами». Между прочим, Хрущев все время непроизвольно пользуется советской терминологией, рассказывая о венгерских событиях, как и о других событиях в восточноевропейских странах. Это характерно: как человек откровенный и довольно искренний, он полагал ненужным валять дурака. Это была не только терминологическая аберрация. Это была подсознательная вера, что социалистические формы, в сущности, одинаковы повсюду.

Как виделась Хрущеву угроза венгерских событий? Он рассказывает о том, что через Вену вернулась венгерская эмиграция, которая делала все, чтобы разжечь гражданскую войну, свергнуть «революционное правительство», инсценировать волнения и повернуть Венгрию на капиталистические рельсы. Хрущев был убежден, что именно в этом состояла цель стран Запада. «Но это неудивительно, — замечает он, — потому что наша цель — это поддержать прогрессивное движение и переход от капитализма к социализму рабочего класса, и трудового крестьянства, и трудовой интеллигенции, а у врагов социализма цель противоположная: там, где слабые социалистические порядки, ликвидировать их, с тем чтобы отбросить рабочий класс... и укрепить капиталистические элементы и капитализм».

Как раз во время этих событий и прошла свое первое испытание политика Хрущева, получившая название «интернациональной помощи». Как многократно подчеркивал Хрущев, Советский Союз не преследовал каких-либо национальных целей, а цели были только интернациональные — братский пролетарский интернационализм. Именно поэтому особое значение придавалось консультациям и достижению согласия с другими социалистическими странами, в первую очередь с Китаем. Хрущев обратился к Мао Цзэдуну, чтобы он прислал авторитетного человека для обсуждения этого вопроса. Внешне такое предложение Китаю выглядело нелогичным, поскольку он не входил в Варшавский Договор. Но об этом Хрущев даже и не задумывался, полагая, что речь идет об оказании «интернациональной помощи», а не акции Варшавского Договора. Стало быть, мнение китайского руководства особенно важно.

По просьбе Хрущева, в Москву прилетел Лю Шаоци. Как известно, это был один из наиболее авторитетных и уважаемых в СССР китайских деятелей. По странной иронии судьбы заседание происходило на бывшей сталинской даче. Дух Сталина витал в воздухе. Просидели всю ночь, взвешивая «за» и «против» применения вооруженной силы в Венгрии. Стороны при этом попеременно занимали разные позиции: то Лю Шаоци доказывал, что нужно выжидать — быть может, рабочий класс Венгрии сам сумеет справиться с ситуацией, и тогда советские руководители соглашались; то сам Лю Шаоци предлагал уже сейчас предпринять решительные шаги. Он многократно звонил Мао Цзэдуну, который, как и Сталин, работал по ночам. Хрущев называл его «ночной птицей». Ночное заседание завершилось все же решением не применять вооруженной силы. Вернувшись к себе, Хрущев не мог спать — слишком сильно его занимал этот вопрос. Он отдавал себе отчет, что это исторический момент, когда надо сделать ясный выбор — и то и другое решение представляло собой опасность, но в особенности волновала «победа контрреволюции и внедрение НАТО в расположение социалистических стран», что поставило бы в тяжелые условия и Югославию, и Чехословакию, и Румынию.

На следующее утро собрался Президиум ЦК КПСС. Здесь Хрущев доложил результаты обсуждения с китайской делегацией. Он рассказал, что на советско-китайских переговорах было принято решение не применять военной силы, однако высказал и свои сомнения. Президиум совещался долго, и в конечном итоге было принято другое решение — использовать войска для «помощи рабочему классу Венгрии». Хрущев пригласил маршала Конева, который тогда командовал войсками стран Варшавского Договора, и спросил его: «Сколько потребуется времени, чтобы навести порядок в Венгрии и разгромить контрреволюционные силы?» Конев подумал и ответил: «Примерно трое суток». Тогда все члены руководства пришли к выводу: «Надо закончить это дело, и как можно скорее». А когда выступать — будет сообщено Коневу дополнительно.

Хрущев поспешил проинформировать китайскую делегацию о решении Президиума ЦК КПСС. Но поскольку Лю Шаоци уже собирался уезжать, весь состав Президиума явился на Внуковский аэродром. Здесь было устроено заседание, на котором Лю Шаоци сказали о советском решении. Тот ответил, что не может в данный момент переговорить с Мао Цзэдуном, но полагает, что тот согласится и незамедлительно после его прилета в Пекин будет сообщена китайская точка зрения. «Считайте, что мы согласны», — заявил Лю Шаоци членам советского руководства.

После этого начался тур согласований и консультаций с руководителями восточноевропейских стран. Произошла встреча, в которой участвовали с советской стороны Хрущев, Молотов, Маленков, а с польской — Гомулка и Циранкевич. Интересно заметить, что Хрущев как истинный мастер политической игры пригласил с собой на эту встречу наиболее консервативных советских деятелей, чтобы опереться на их твердую поддержку. Договорились о том, чтобы в тот же день организовать встречу в Бухаресте, в которой примут участие и чехословацкая, и болгарская, и румынская делегации. Вопрос о том, что необходимо военное вмешательство, не вызвал сомнений ни у кого. Больше того, румынский и болгарский представители поставили вопрос об участии их войск. Однако Хрущев не принял этого предложения. Он сослался на то, что в Венгрии находятся войска по Потсдамскому соглашению и их вполне достаточно для подавления контрреволюции, возглавляемой Имре Надем. Хрущев даже позволил себе шутку в своем духе: он сказал, что румыны рвутся в бой сейчас, потому что в свое время участвовали в разгроме революции, которую возглавлял Бела Кун в 1919 году.

Веселый все же парень был этот донбасский шахтер — не правда ли? Позволить себе такую аналогию, которая бросила мрачную тень на всю военную акцию СССР, — это мог только Хрущев.

Самые трудные переговоры ожидались с Югославией. Вылетел Хрущев туда ночью в отвратительную погоду. В горах над Югославией шумел ураган, сверкали молнии. Это был самый опасный его перелет за всю жизнь, включая даже полеты во время войны. Связь была потеряна, а посадка предстояла на маленьком острове Брионы. Необходимого оборудования для посадки вслепую не было. Маленков хуже всех переносил перелеты. Несмотря на то, что ему довелось участвовать в приговорах к расстрелу тысяч людей, он был слаб и его укачивало даже при поездке в автомобиле.

Когда делегация прибыла на остров Брионы, на пристани ее уже ждал Тито. Вопреки сомнениям, поскольку отношения в период венгерских событий были натянутыми, он встретил Хрущева прекрасно. Даже расцеловался на русский манер, хотя раньше, кажется, не очень любил эту советскую привычку — целоваться с мужчинами.

Хрущев готовился встретить жесткую атаку Тито, но был приятно поражен: тот высказался за немедленное использование войск «для разгрома контрреволюции» в Венгрии. Он только спросил: «На какое время намечено выступление советских войск?» Однако Хрущев в обычной своей манере слукавил, сказав, что это состоится в ближайшее время, но когда — еще неизвестно. Как выяснилось, он никому из руководителей восточноевропейских стран так и не сообщил эту дату, хотя уже перед отъездом дал маршалу Коневу все указания.

Хрущев высказал Тито свои опасения по поводу его нахождения на Брионах, поскольку в то время шла война в Египте. Он сказал, что самолет может случайно или не случайно обронить бомбу — и не будет ни Тито, ни народной власти в Югославии. Тито тоже был встревожен таким положением, и в особенности судьбой Насера. Всю ночь просидели за обсуждением различных международных и других проблем. Так и вторую ночь Хрущев практически провел без сна. А когда прилетели в Москву, на аэровокзале уже ожидали члены Президиума, и все прямо оттуда поехали в Кремль.

Чрезвычайно любопытно, что в своих мемуарах как раз в связи с Венгрией Хрущев многократно возвращается к вопросу о методах классовой борьбы на международной арене. Он рассматривает его то с одной, то с другой стороны, как бы заново взвешивая на весах идеологии и истории. Ему хотелось еще и еще раз убедить самого себя в том, что тогда, в 1956 году, было принято единственно правильное решение. Но соображения, которые он использовал для мотивировки этого решения, фактически не выходили за рамки традиционных сталинских стереотипов. Можно было понять, если бы он говорил о балансе сил в Европе, который способен разрушить выход Венгрии из Варшавского Договора. Однако невозможно принять его общие соображения, связанные с «интернациональным долгом», неизбежность использования военных методов обеими сторонами — как капиталистическими, так и социалистическими странами.

— Так же и противники действуют против нас, —

заметил Хрущев, — пользуются всяким нашим упущением, где только есть возможность, чтобы отбросить нас и закрепить капиталистическое влияние. И вообще, идет борьба — кто кого: победит ли рабочий класс или буржуазия. И поэтому коммунисты, марксисты, уверенные в том, что владыкой мира будет труд, понимают, что победа сама по себе не придет, что ее нужно добиваться в борьбе. И поэтому мирное сосуществование различных государственных систем возможно, но мирное сосуществование в идеологии было бы предательством со стороны марксистско-ленинской партии.

Он вспоминал в этой связи свое выражение в отношении Америки о том, что «мы закопаем врагов революции». Хрущев отвергает то толкование, которое этому было дано в американской печати, будто бы советские люди хотят закопать народ США. Он не раз объяснял свою позицию на пресс-конференциях в этой стране, что «закапывать» буржуазию будет сам рабочий класс США — это внутренний вопрос каждой страны.

Но вот что удивительно: от этих общих идеологических сентенций Хрущев прямо и непосредственно делает скачок к венгерским событиям. «Вот, собственно... мы решили вопросы о том, что нужно двинуть наши войска... И мы эти войска двинули».

Маршал Конев сдержал свое обещание. Действительно, ему потребовалось три дня. Во время пребывания в Будапеште спустя восемь лет я видел сотни зданий, на которых остались следы пуль, осколков и даже снарядов. Самой мерзкой оказалась акция в отношении Имре Надя. Во время подавления восставших он скрылся в посольстве Югославии. Новое венгерское руководство потребовало передать его в их руки для привлечения к ответственности. Югославы воспротивились этому, но в конце концов были вынуждены выдать Надя, которого доставили на квартиру и тут же арестовали. Янош Кадар позвонил Хрущеву и просил вывезти Имре Надя, поскольку его присутствие в Будапеште мешало. Поэтому его на самолете доставили в Бухарест. Впоследствии Имре Надь был расстрелян. По чьему распоряжению? Хрущев об этом не сообщает, хотя можно догадываться, что без его согласия этого никто не мог сделать.

Тайный расстрел Имре Надя был последним актом венгерской драмы. Никколо Макиавелли писал о необходимой жестокости государей. Например, если кто-то претендует занять твое место как вождя или государя, ты неизбежно должен устранить его. Убийство Надя не было продиктовано даже такой жестокой политической необходимостью. Это было избыточное варварство в типично сталинском духе. Никакой политической целесообразности в этом не было. Никто не смог бы сделать Имре Надя знаменем борьбы против Кадара и советского присутствия. Хрущев имел возможность поступить с ним так же, как с Ракоши, — направить в один из отдаленных городов России на вечное поселение. Но он не сделал этого. Почему?

Здесь мы подходим к пониманию важной черты хрущевского характера. Он был добрым человеком в обычных отношениях с людьми. Но в политике не признавал доброты, особенно когда ему казалось, что задеты «классовые интересы» нашего государства. Здесь в его сердце стучался пепел повергнутого им Сталина. Он расстрелял Надя, чтобы преподать урок всем другим лидерам в социалистических странах. В этот момент он думал и о Гомулке, и о Кадаре, а возможно, о Тито и Мао Цзэдуне. Политическая целесообразность в его глазах была выше требований морали. Человечность уступала место государственной безопасности. Если это предположение правильное, и Хрущев дал согласие на расстрел Имре Надя, никакого оправдания этому чудовищному акту быть не может. Сталин все еще крепко держал за горло своего выученика...

## III

Хрущев, быть может, не сознавая этого, тем самым стрелял в потенциальных реформаторов — и в Будапеште, и в Праге, и в Советском Союзе. Он подал худший пример своим преемникам. Брежнев опирался на этот пример, когда дал приказ о вводе войск в Чехословакию и оказал «интернациональную помощь» Афганистану...

По приглашению Кадара Хрущев приехал в Будапешт. До этого он знал его мало, но во время бесед сумел убедиться, что Кадар — тот руководитель, который сможет вывести страну из состояния кризиса и обеспечить ее нормальное и успешное развитие. Во время выступления на митинге перед широкой публикой Хрущев специально подчеркнул, что события в Венгрии порождены злоупотреблением Сталина властью. Такие злоупотребления были допущены и в Советском Союзе, и в Венгрии, и в других странах. Правда, он тут же объяснил, что это был результат болезненного характера Сталина, о котором Ленин еще говорил в своем завещании. После окончания митинга по предложению Хрущева они вместе с Кадаром спустились с трибуны и пошли в толпу. Это был смелый шаг в духе Хрущева, и он по достоинству был оценен и публикой, и журналистами, в том числе зарубежными.

Здесь, в Венгрии, и впоследствии в мемуарах Хрущев еще и еще раз обращался к объяснению предпринятой военной акции. Его основной довод состоял в том, что Запад поддерживал венгерскую эмиграцию и экспортировал контрреволюцию. Это потребовало вмешательства. Но в принципе, подчеркивал он, раз нет экспорта контрреволюции, не может быть экспорта революции. Он особенно настойчиво отгораживался от аналогий 1956-го и 1849 годов. Нет, возражал он, здесь речь шла о подавлении контрреволюции, тогда как Николай I подавил революцию и восстановил власть австрийской монархии, что было позором для России. Поэтому, по его мнению, советская миссия была прогрессивной, тогда как акция Николая I была реакционной.

Надо сказать, что во время этой встречи с Кадаром произошел знаменательный обмен мнениями по поводу нахождения советских войск в Венгрии. Хрущев поставил вопрос о необходимости пребывания этих войск, говорил, ссылаясь на мнения других членов советского руководства, что, возможно, следует вывести войска из Венгрии. Кадар посмотрел на него и сказал: «Товарищ Хрущев, решайте сами. Я только вам одно хочу сказать, что разговоров у нас сейчас в отношении пребывания ваших войск, настроений, которые негативно складывались в результате пребывания войск на территории Венгрии, абсолютно никаких нет. Венгров беспокоит одно: чтобы не вернулся Ракоши». Хрущеву понравился ответ Кадара, и он еще раз подчеркнул свою симпатию к этому деятелю и его дружеское расположение и доверие к Советскому Союзу.

Хрущева, однако, не оставляла мысль о мотивах, по которым советские войска должны находиться в восточноевропейских странах. У него не вызывало сомнений их размещение в ГДР, поскольку это вытекало из заключенных с Западом договоров в результате победы. Что касается Польши, где укрепилась своя сильная армия, то этот вопрос он рассматривал, хотя и не пришел к какому-то выводу.

В то же время Хрущев подчеркивал, что дело вовсе не в армии, потому что главная движущая сила для народов этих стран — не страх перед вооруженным вмешательством Советского Союза. Страхом, по его мнению, «нельзя рай построить или гнать в рай». И другие народы пойдут по этому пути, хотя он и не простой, но это правильный путь.

Его беспокоило также, что пребывание советских войск на территории социалистических стран обходится нашему народу в два раза дороже, чем если бы они были на своей территории. Поэтому Хрущев задумывался о возможности вывода войск из Польши и Венгрии. Как известно, при его руководстве это решение так и не было принято. А в последующие времена родилась так называемая «доктрина Брежнева», которая обосновывала не только нахождение советских войск в той или иной восточноевропейской стране, но и возможность совместного военного вмешательства стран Варшавского Договора в дела других стран, когда возникает угроза общей безопасности. Так мотивировался ввод войск в Чехословакию в 1968 году. Очевидно, что эта доктрина была крупным шагом назад в сравнении с позицией Хрущева, хотя и тот постоянно колебался, размышляя о допустимости так называемой «интернациональной помощи» посредством использования военной силы.

Политическая драма внутри советского руководства, как и венгерские события, показала Хрущеву, какие мощные подземные движения он вызвал наружу своим докладом о Сталине на XX съезде. Этим объясняются, вероятно, его попытки манипулирования вокруг проблемы десталинизации, которая характерна для последующих лет вплоть до XXII съезда партии (1961 г.), когда снова вздыбилась антисталинская волна.

Уже тогда мне довелось столкнуться с тем, как отражалось это манипулирование на человеческих судьбах. Однажды, году в 1957-м, главный редактор журнала «Коммунист» А. М. Румянцев — человек добрый, с необычными по тем временам либеральными убеждениями — обратился ко мне с неожиданной просьбой. Как депутат Верховного Совета СССР он получил письмо из тюремного лагеря от бывшего преподавателя философии одного из сибирских университетов Эрика Юдина. Тот просил помочь ему и вытащить его из лагеря. Он был осужден по пресловутой статье 58-10 за антисоветскую пропаганду и агитацию. Все его «преступление» состояло в том, что он критически отозвался об акции в Венгрии в 1956 году и настаивал на праве стран социализма строить жизнь по-своему. В качестве доказательства его «преступления» приводилось письмо, написанное им сестре, где он выразил эти взгляды. Оно было перехвачено и легло в основу приговора — шесть лет заключения.

Румянцев был весьма неординарной личностью с неординарной судьбой. Человек глубоко интеллигентный, мягкий и даже сентиментальный, он замечен был впервые — странно сказать — Сталиным. Было это на рубеже 40—50-х годов, во время знаменитой тогда дискуссии об экономических проблемах социализма. Насколько я сейчас понимаю, дискуссия была вызвана спорами в Политбюро, начатыми по инициативе казненного вскоре председателя Госплана Н. А. Вознесенского. Он даже прокламировал переход к более свободной экономике, которая во время войны целиком перестроилась на военный лад: приказ — исполнение, за неисполнение — тюрьма или расстрел.

Сталин созвал совещание экономистов со всей страны, приехал и Румянцев из Харькова. Дискуссия внешне касалась довольно абстрактного вопроса: действует ли закон стоимости при социализме? А суть дела заключалась в том, может ли власть по своему усмотрению и произволу командовать всем — ресурсами, ценами, людьми, определять пропорции в хозяйстве, уровень и образ жизни и т. д., или есть какие-то объективные лимиты, исходящие из требований эффективности экономики. Тогда-то Румянцев и придумал компромиссную форму: закон стоимости сохраняется, но действует «в преобразованном виде». И волки сыты, и овцы целы. Надо считаться с экономическими законами, но политика сохраняет свое господство над экономикой.

Сталину понравилось выступление Румянцева, его идею, он, конечно, приписал себе, обнародовав ее в книге (вероятно, написанной не без помощи других людей) «Экономические проблемы социализма в СССР». А. Румянцев был назначен заведующим отделом науки ЦК КПСС. Отсюда он и перешел потом в журнал «Коммунист».

Это был очень хороший человек. То, что во времена Сталина встречались такие люди, меня наводило на простую мысль: человеческая природа, в сущности, почти не меняется. Есть добрые люди, есть злые, а большинство несут в себе и те и другие качества. Руссо был не прав, полагая, что система формирует человека. Она может только деформировать его, вытягивая из его природы лучшие либо худшие качества. Поэтому наши люди всегда были лучше нашей системы. (Забегая вперед, замечу, что в период реформ в 90-х годах произошло нечто противоположное: люди, особенно в рамках экономической и политической элиты, стали хуже новой системы, когда появились элементы демократии, свободы и рынка.)

Но вернемся к Юдину. Письмо его потрясло меня. Хрущев не раз заявлял, что у нас нет политических заключенных. Кроме того, я вполне разделял взгляды Юдина. Помнится, я пришел домой, захватив это письмо, поставил бутылку водки и, включив песни Окуджавы, горько плакал по поводу нового тура жестокостей.

Юдина удалось тогда освободить. По странному совпадению, позднее он был назначен редактором моей книги. Мы встречались с ним дома, и я слушал, мучаясь от сострадания, как он пел заунывные лагерные песни. Умер Эрик совсем молодым, не выдержав жестокого испытания, которое обрушила на него оттепель с ее перепадами политической погоды. Это событие в известной мере предопределило мою последующую деятельность по защите прав человека.

Что меня особенно возмутило тогда — ложь Хрущева. На самом деле уже после венгерских событий начались посадки «крамольников», которые не желали оставаться в отведенных нам рамках критики. Мне очень больно думать об этом, но уже тогда появилась эта чудовищная практика — направлять в «психушки» особенно настырных критиков и борцов за правду. Вообще, это одна из самых неприятных черт российской политической культуры: соврет — недорого возьмет. Больше того, в отношениях с политическими противниками наши деятели считали обман нормальным и даже необходимым, будучи уверенными, что другая сторона делает то же самое.

Уже позднее я узнал, что при Хрущеве за так называемые политические преступления, то есть за выражение несогласия с его политикой, пострадали многие сотни людей. Брежнев внес в эту практику масштабность и еще большую фальшь, но началась она — это следует признать — при Хрущеве.

## IV

Одним из результатов процесса десталинизации в «империи» были события в Албании. Вскоре после Совещания коммунистических и рабочих партий 1960 года стало известно, что Энвер Ходжа и его ближайший соратник Мехмет Шеху отрицательно отнеслись к XX съезду КПСС и фактически не приняли идей Заявления. Поэтому поездка делегации КПСС на съезд Албанской партии труда предстояла тяжелая и подготовка к ней требовалась особенно тщательная. Заранее составлялись проекты речей, которые будут произнесены на съезде албанской партии труда, а также, если появится такая возможность, на массовом митинге в Тиране.

Как-то утром в мой кабинет заглянул Толкунов (в отличие от других замзавов, он не считался с чинами) и сказал, что Ю. В. ждет нас. Мы застали Андропова в крайне раздраженном состоянии. Он только что познакомился с представленными материалами и пришел в негодование:

— Люди копошились над этим почти полгода и подготовили такой материал, который годится только для того, чтобы его выбросить в корзину, — сказал Ю. В. без всякого перехода. Видно, он еще не совсем остыл от той взбучки, которую задал накануне нашего прихода другим работникам. — Надо срочно поправить дело, — он обращался больше к Толкунову, чем ко мне. Моих возможностей он еще не знал и, естественно, больше рассчитывал на своего заместителя.

— Вы не беспокойтесь, — заверил Толкунов. — Федор возьмется за это дело и быстро все перепишет.

— Не обязательно быстро. У нас есть еще не меньше десяти дней до того, как надо будет отправлять материалы. Главное, чтобы получилось хорошо. Чтобы точно были расставлены все акценты. Эта поездка необычная. Обстановка будет тяжелая, — сказал Ю. В., пристально глядя на меня сквозь очки.

Затем он в нескольких четких, коротких предложениях обрисовал ситуацию и примерное направление выступлений.

— Все остальное, — закончил он, — дело вашей фантазии.

Легко сказать — фантазии, подумал я, садясь у стола в своем кабинете. Тут специалисты работали. А я не знаю ни страны, ни партии, ни обстановки. Я прочел текст речей, удивляясь более всего тому, каким языком они были написаны. Кроме того, в них практически не было никаких сюжетов, связанных с только что закончившимся Совещанием, хотя мне было очевидно, что мы должны в какой-то форме разъяснять и пропагандировать свою позицию.

И тут меня осенило: я решил совершенно заново продиктовать всю речь так, как будто мне предстояло произносить ее самому. А потом уже редактировать ее, убирая острые углы. Я вызвал стенографистку и начал диктовать. До этого у меня было мало опыта в работе со стенографисткой. Диссертацию свою я писал от руки, но писал довольно быстро, выполняя ежедневно за десять часов работы заданный самому себе урок — двенадцать-пятнадцать страниц текста. Но я только писал, а не диктовал, хотя два-три раза уже пробовал диктовать передовые для журнала.

Вначале меня очень смущало присутствие постороннего человека при моих муках творчества, особенно во время пауз, когда во мне что-то заклинивалось и никак не сдвигалось с места.

Однако, как это ни странно, мой первый опыт прошел весьма удачно: я надиктовал страниц двадцать. В тот же день отредактировал текст и наутро принес его Ю. В., который был скорее удивлен, чем обрадован. Он внимательно прочел текст и даже полистал его вторично.

— У вас были заготовки? Что-то уж очень быстро вы это сделали.

— Нет, у меня не было никаких заготовок, я просто продиктовал стенографистке, — произнес я не без некоторой внутренней гордости первого ученика.

— Что же, это получше, чем было, но, я думаю, вы сами понимаете, что надо еще поработать.

Потом он позвонил Толкунову (а тот передал мне): «Ты посмотри материал. Федор наговорил что-то, и стало лучше. Но до завершения работы еще далеко».

Я ушел несколько обескураженный. Не потому, что считал свой текст шедевром. Я хорошо понимал, что официальная речь не может и не должна быть шедевром. Мне было предложено доработать текст. А что это значит? Я хотел получить ясные установки о том, что годится, что не годится, какие абзацы убрать, какие мысли добавить, что и как редактировать. Так всегда делалось в журнале. Никто из нас не терпел общих замечаний и пожеланий, и принятая форма обсуждения исключала их.

Я еще не знал, что стиль подготовки документов прямо противоположен этому. Задание здесь принято предлагать в самой общей форме, например: нужна речь по такому-то поводу; нужно заявление ТАСС нужна редакционная статья в газету; надо высечь нашего противника за то-то. Исполнение, поиск и творчество оставляются исполнителю — пусть поломает голову, а мы потом посмотрим, что получится.

Я не знал и другого: весь этот процесс представлял собой нечто многосложное, многократное и страшно мучительное для всех участников. Такой стиль отчасти объяснялся коллективным принципом подготовки документов и коллективным рассмотрением их. Во многом это определялось тем, что заказчик еще сам до конца не продумал конкретное содержание документа, довольствуясь на начальном этапе характеристикой общей цели, глобального (так стали говорить позднее) замысла.

Что касается Ю. В., то с ним дело обстояло еще сложнее (а может быть, проще в каком-то отношении). Я очень быстро убедился, что какой бы ты ни принес текст, он все равно будет переписывать его с начала и до конца собственной рукой, пропуская каждое слово через себя. Все, что ему требовалось, — это добротный первичный материал, содержащий набор всех необходимых компонентов как смысловых, так и словесных. После этого он вызывал несколько человек к себе в кабинет, сажал нас за удлиненный стол, снимал пиджак, садился сам на председательское место и брал стило в руки. Он читал документ вслух, пробуя на зуб каждое слово, приглашая каждого из нас участвовать в редактировании, а точнее, в переписывании текста. Делалось это коллективно и довольно хаотично, как на аукционе. Каждый мог предложить свое слово, новую фразу или мысль. Ю. В. принимал или отвергал предложенное. Шла ли речь о стратегических документах, определявших политику страны, или о самом ничтожном организационном вопросе, Ю. В. подходил к ним с одинаковой въедливостью, стараясь все взвесить, ничего не упустить.

Но была еще одна причина, и это я понял позднее. Ю. В. любил интеллектуальную политическую работу. Ему просто нравилось участвовать самолично в писании речей и руководить процессом созревания политической мысли и слова. Кроме того, это были очень веселые «застолья», хотя подавали там только традиционный чай с сушками или бутербродами (это после девяти вечера). Разморенные «аристократы духа» (как называл нас Ю. В.) к концу вечерних бдений часто отвлекались на посторонние сюжеты: перебрасывались шутками, стихотворными эпиграммами, рисовали карикатуры. Ю. В. разрешал все это, но только до определенного предела. Когда это мешало ему, он обычно восклицал: «Работай сюда!» — и показывал на текст, переписываемый его большими, округлыми и отчетливыми буквами.

Подготовка албанской поездки стала для меня первым уроком. Я понял, что имею дело с человеком острого и цепкого ума, который значительно превосходит окружающих не только бесконечно ответственным отношением к делу, но и каким-то прирожденным, интуитивным ощущением веса и значимости политического слова и действия. Приучив себя с юности критически относиться к любому авторитету, здесь я был покорен.

Но вот наши вечерние посиделки над документами остались позади, и мы летим на маленьком специальном самолете в Тирану. Самолет был внутри оборудован как салон: всего несколько кресел, стол, большой диван вокруг стола и пуфики, покрытые бархатом, в стиле ампир.

Нас было человек пять-шесть — члены делегации и сопровождающие лица: специалист по Албании, скромный молодой парень Павел Лаптев; заведующий сектором обслуживания С. Суетухин; спичрайтер (составитель речей), писака, как презрительно называли нас за глаза подлинные работники аппарата, — это я. Каждый убивал время как мог в течение семичасового полета. Я перечитывал речи, Суетухин просматривал список подарков, которые предстояло раздать, Ю. В. большую часть дороги листал какие-то бумаги и тихо разговаривал с руководителем делегации П. Н. Поспеловым.

Петр Николаевич, человек небольшого роста, выглядел еще меньше, когда стоял рядом с очень высоким Ю. В. Но в нем чувствовалась важность руководителя делегации и лица, стоящего выше на целую ступеньку. Для человека такого роста у него был необычайно сильный голос, баритональный бас, немного глуховатый и даже не совсем внятный при произнесении речей, но очень выразительный при исполнении волжских песен, в чем мне пришлось убедиться во время этой поездки. Он не совсем четко представлял себе обстановку на съезде в Албании и больше всего был озабочен тем, чтобы оснастить речь несколькими свежими цитатами.

Я с любопытством присматривался к этому человеку, к его малоподвижному лицу, оловянным глазам, странной манере с большой важностью произносить банальнейшие слова. Как случилось, что именно Поспелов, один из основных авторов книги «Иосиф Виссарионович Сталин. Краткая биография», стал одной из главных фигур при подготовке известного постановления ЦК КПСС «О преодолении культа личности и его последствий» (30 июня 1956 года)? И не он ли вписал в это постановление оценку Сталина как выдающегося теоретика, который возглавил разгром оппозиции и победу социализма? В разговорах с нами он часто повторял: «покрепче об успехах», «не упускать преемственность», «не муссировать недостатки» и сакраментальное «марксизм-ленинизм учит». А чему учит опыт? Опыт — что ж опыт, он подтверждает... Куда ему деться?

Обстановка на съезде Албанской партии труда была, по выражению Ю. В., паршивой. Ее руководители твердо взяли курс на раскол с нами. Доклад Энвера Ходжи был хуже, чем можно было ожидать. В нем почти неприкрыто подвергалось критике все, что сделала КПСС за последние годы. Правда, произнося обидные для нас слова и сентенции, Энвер Ходжа — статный и красивый мужчина с военной выправкой — не выдержал резкого тона и даже прослезился. Но это не помешало ему довести свою речь до конца. И конечно, почти каждый ее абзац прерывался аплодисментами, то и дело переходящими в бурную овацию и скандирование.

Тут произошел первый инцидент. Во время одного из особенно грубых намеков, направленных против XX съезда, наша делегация воздержалась от аплодисментов. Мы сидели в одной из боковых лож зала, где проходило заседание, на виду у всех делегатов. Они обратили внимание на то, что мы не аплодируем, когда весь зал скандирует барабанными голосами: «Энвер Ходжа! Энвер Ходжа!» Что здесь началось! Все повскакали с мест. Стали еще громче выкрикивать здравицу в честь своего вождя, еще неистовее аплодировать, глядя в нашу сторону. Некоторые начали стучать подвижными сиденьями стульев.

Надо было видеть Ю. В. в этот момент. Его большая фигура, неподвижно и прямо сидящая в кресле, его глубокие голубые глаза, хорошо видные через очки, мне кажется, производили сильное впечатление на делегатов съезда. Бросив взгляд в зал, я заметил отдельные группы, прежде всего военных, которые практически не участвовали в вакханалии. Их хлопки были формальными, и они со смущением оглядывались вокруг, посматривали на Ю. В. и на всех нас. Постепенно буря начала стихать. Все уселись на свои места. Докладчик выпил воды — было слышно даже, как она булькала, переливаясь из стакана в его горло, — и продолжил чтение.

Но я был до глубины души потрясен неистовством, которое светилось в глазах сотен людей, собравшихся в зале. Подумать только: еще вчера, несколько недель назад, они демонстрировали и, я уверен, испытывали любовь или по крайней мере признательность к нашей стране, к нашему народу! Как могло все так быстро перевернуться? Неужто достаточно взмаха дирижерской палочки руководителя, чтобы то, что вчера было светлым, белым, сегодня стало грязным и черным? Откуда такая власть над человеческими душами? Неужто это просто страх за свое место, боязнь оказаться аутсайдером, выпасть из политической тележки? Не может быть. Здесь сидят люди, которые без страха шли под фашистские пули, вынесли тюрьмы и застенки. Люди, у которых дружеские чувства к нам неразрывно переплелись с представлением о независимости их родины, о ее будущем. Какой же магической силой обладает власть! Какие токи пронизывают людей, когда они собираются вместе и образуют толпу! Не трожьте нашего бога!

Да и с богами не все ясно. Ну, не понравились им те ли иные наши решения. Ну, затрагивает это в какой-то мере сложившийся режим в их партии и стране. Но ведь они не могут не понимать, что изоляция от нашей страны и от других стран, соседствующих с ними, гибельна для Албании, что их борьба против подавляющего большинства коммунистических и рабочих партий бесполезна и даже смешна. Это не более чем поза. Разве можно жертвовать интересами своей страны ради позы, какой бы красивой она ни казалась ее руководителям?

Во время перерыва я вышел из здания, где проходил съезд, и направился в скверик, чтобы глотнуть свежего воздуха. Оглянулся, вижу, что какой-то албанец следует за мной.

Я сел на скамейку. Он устроился на противоположной. Я раскрыл газету, и он вытащил свою. Тогда я пересел на соседнюю скамейку. Он, как автомат, повторил то же самое. Я снова поднялся и сел рядом с ним.

— Ну что, — говорю ему, — брат? Что пишут в твоей газете?

— Не понимай по-русски, — замахал он головой и руками.

— Давно, — говорю я ему, — не понимай по-русски?

— Тавно, совсем тавно, — заулыбался мой собеседник.

— А я, — говорю ему, — не понимай по-албански. И наверное, теперь мне бесполезно изучать этот язык. Он вряд ли скоро пригодится.

Албанец продолжал кивать головой, то ли соглашаясь со мной, то ли действительно не понимая, на что я намекал.

Я вернулся в холл, где во время перерыва прогуливались албанские руководители и иностранные гости. Неожиданно услышал знакомый и уже такой близкий мне громкий и властный голос Ю. В. Глядя твердо в глаза Энверу Ходже, он чеканил:

— Товарищ Энвер Ходжа! — Слово «товарищ» он выговаривал особенно напористо и жестко, раскатывал «р». — От имени коммунистических партий социалистических стран я выражаю решительный протест против ваших самоуправных действий. Вы изгнали со съезда без всяких мотивов и оснований представителя Греческой коммунистической партии. Мы полностью отметаем, как вздорные и беспочвенные, обвинения, которые вы высказали в его адрес и в адрес всей его партии. Мы требуем немедленно исправить дело и вернуть греческого представителя на съезд.

Гул в холле мгновенно затих, а Энвер Ходжа, бледный и возбужденный, стал выкрикивать:

— Мы отвергаем диктат! Мы никого не боимся! Это агент Караманлиса и других греческих монархо-фашистов. Мы не позволим никому командовать на нашем съезде!

Тогда Ю. В., выпрямившись во весь рост, сказал ему:

— Мы оставляем за собой право сделать все необходимые выводы из этого, неслыханного в практике отношений между братскими партиями, инцидента.

Съезд продолжался, а мы уже чувствовали себя, как в осажденной крепости. Кто-то спросил: «А не попробуют ли они и нас завтра выдворить со съезда?» Кто-то пошутил: «Да нет! Скорее они подложат бомбу под посольство или спрячут ее в нашем самолете». Ю. В. решительно пресек эти разговорчики и потребовал от всех быть предельно внимательными и собранными. Ни одного лишнего слова или жеста, подающего повод для провокаций.

В последний день съезда и после его закрытия нам была предоставлена возможность немножко осмотреть Тирану и окрестности, разумеется, в сопровождении албанского сотрудника органов безопасности. Мы ходили по побережью Адриатики и вспоминали о том, как Хрущев высказал предложение, чтобы для представителей всех социалистических стран албанцы организовали место отдыха на прекрасном побережье. Это предложение глубоко уязвило гордого Энвера Ходжу, который мечтал превратить Албанию в высокоразвитую индустриальную державу, а не привлекать капитал в страну с помощью такого унизительного в его глазах средства, как туризм.

От той поездки у меня сохранилась фотография, на которой запечатлены Поспелов, Андропов и я. Ю. В. в длинном черном пальто и в черном костюме. Помнится, когда он появился в таком виде, я неловко пошутил: «О! Юрий Владимирович! В этом костюме вы — типичный пастор!» Потом страшно жалел о своей бестактности. Но выдержка Ю. В. была поразительная. Он не сказал ни слова, но посмотрел так, что я понял: моя шутка его сильно задела.

Не знаю, чем это объяснить, но за все годы работы он ни разу не сделал мне замечания. Его вежливый, приветливый тон представлял разительный контраст со стилем других руководителей. Впрочем, это, кажется, было привилегией только консультантов. Ю. В. не имел возможности пройти весь обычный курс образования и фактически всегда учился, находясь на практической работе. Быть может, этим объяснялось его несколько преувеличенное мнение об эрудиции тех, кого он называл «аристократами духа». Он дорожил теми элементами знания и культуры, которые мы могли привнести в работу. Что касается референтов и других работников отраслевых секторов, то им нередко сильно доставалось от него. Он совершенно не терпел нераспорядительности, необязательности, безрукости и реагировал на все это очень жестко.

Летели мы назад из Тираны тем же самолетиком. Но для разрядки решили сделать остановку в Венгрии. Здесь я особенно почувствовал, что значила Венгрия для Ю. В. и что он значил для венгерских руководителей. Прошло всего несколько лет с той трагической поры 1956 года. Я видел, с какой теплотой и искренностью встречали Ю. В. венгерские руководители, слышал, как он говорил им что-то по-венгерски и как они откликались на родную речь в его устах.

Вечером советские представители собрались за столом, все расслабились после длительного напряжения в Албании. И тут Поспелов блеснул своим неожиданно мощным басом, выводя сложные рулады волжских песен. А Ю. В. — бывший матрос на Волге — вторил ему сильным, чистым и густым баритоном...

Полет из Будапешта длился долго. Делать было нечего. Петр Николаевич предложил партию в домино. Партнеров не хватало, и меня усадили четвертым, хотя я терпеть не мог этой игры и почти никогда не играл.

Но к тому времени я уже познал немаловажную истину, что домино тогда считалось таким же обязательным ритуалом, как ношение синего костюма зимой, а серого летом.

Я не стал «фордыбачить» и покорно сел за стол играть в домино по приглашению Поспелова. Но выдвинул условие: выигравший обязан выпить рюмку коньяка. Мы сохранили ящик этого напитка, который предназначался для приемов в Албании, а они не состоялись, и весь коньяк уцелел. Однако выдвинутое мной условие оказалось бумерангом. Мне как новичку неслыханно везло — я выигрывал партию за партией. И хотя Ю. В. не одобрял выпивку, тут он вместе со всеми потешался, глядя на меня. В конце концов я так наклюкался, что буквально вывалился на руки удивленных родственников после приземления в Москве.

Поездка в Албанию сблизила меня с Ю. В., что вызвало острую ревность некоторых работников отдела. Особенно негодовал Суетухин. «Тоже мне писаки, — говорил он о нас презрительно. — Что они понимают в реальных делах».

Я имел неосторожность превратить его в течение всей поездки в объект шуток, казавшихся мне безобидными. Он удивительно соответствовал своей фамилии. Вечно бегал вприпрыжку, старался попасть на глаза руководству, спрашивал указаний по любому мелкому вопросу, жаждал только одного — погреться в лучах начальственного взгляда. Ну а я, конечно, не упускал случая вытащить на свет эти качества, что, кажется, не нравилось ни Суетухину, ни самому Ю. В.

Не только Суетухин, но некоторые другие доброхоты выходили на Ю. В. с «капежом» на меня, но безрезультатно. Я до сих пор так и не понимаю, чему был обязан такой удивительной привилегии. Многие говорили, что он попросту был лично расположен ко мне.

Донос. Какую великую силу он имеет в аппаратной жизни! Размышляя над причиной этого явления, я часто думал: может быть, такова особенность русского политического человека? Я наблюдал у многих наших руководителей, в том числе весьма умных и проницательных, две одинаковые слабости. Первая — любовь к грубой лести. Наверное, все руководители во все времена любили лесть. Но наши в 60-х годах почему-то предпочитали именно прямую, неприкрытую, явно преувеличенную лесть. Лесть, так сказать, культовской пробы. Быть может, привлекало не столько содержание, то есть то, что о них говорили, сколько приятное чувство видеть унижение человека, вынужденного так прямолинейно извиваться перед ними.

Другая слабость — неистребимая склонность к выслушиванию доносов. Им хотелось знать о человеке что-то очень личное, интимное, спрятанное, и они придавали этому большее значение, чем его открытым и явным высказываниям и выступлениям, действиям. Ты можешь написать десяток книг в защиту политической линии, а потом кто-то передаст твоему руководителю одну фразу, сказанную где-то за столом друзьям или подругам. И одна эта фраза, если она задевает самолюбие руководителя, переворачивает все его представления о тебе, все, что ты для него лично сделал до этого, теряет всякую цену... Да и фраза-то, быть может, была сказана не так, извращена, деформирована в процессе своего продвижения по лесенке доносительства, но она крепко западает в сознание. Возможно, это явление чисто физиологическое: дурное слово, особенно сказанное впопад, задевает так сильно, что уже не хочется верить ни в какие опровержения. Не случайно, наверное, когда-то убивали черных вестников, хотя они-то ни в чем не были виноваты. В мое время тихие нашептывания сломали не одну политическую биографию...

К несчастью, Андропов был подвержен этой слабости: он хотел знать все о людях, с которыми работал, и выслушивал любую информацию о них, от кого бы она ни исходила. Правда, реагировал на это по своему усмотрению, нередко в противоположном духе, чем это ожидал доноситель.

# V

Я не был раньше близко знаком с Хрущевым, но часто наблюдал и слушал его, находясь где-то рядом. Шесть раз сопровождал его за границу в страны Восточной Европы, но это были преимущественно официальные поездки, насыщенные парадностью, праздничностью, помпезностью, что мешало по-настоящему увидеть и оценить деловые проблемы, которые решались во время таких поездок, а проблемы эти нередко были очень острыми и крупными.

Непосредственное знакомство с Первым состоялось во время поездки в Болгарию в 1962 г. Сейчас мне нелегко представить себе волнение, которое я испытал, — молодой человек академического склада, неожиданно для себя попавший на политический Олимп. Но я хорошо помню, что не спал практически всю ночь накануне вылета спецсамолета, на котором находилась делегация и сопровождавшие ее лица. Я старался уснуть во время полета, но безуспешно — изрядно болтало над горами, особенно перед посадкой в Софии.

Это был один из первых туполевских реактивных скоростных самолетов, которые еще предстояло долго и упорно совершенствовать. Машина, рассчитанная примерно на сто пятьдесят — двести человек, была набита до отказа: кроме охраны, в ней находились журналисты, а также большая группа партийных и государственных работников, обслуживавших делегацию. Помощников и консультантов усадили во втором салоне, так что мы могли если не слышать, то по крайней мере видеть то, что происходило в первом, где находилась делегация. Из нашего салона то и дело запрашивались бумаги или вызывались люди, которые быстро отправлялись в первый салон, неся на всякий случай под мышкой папки с документами. Мне эта суета казалась немножко искусственной и даже смешной, поскольку речи и документы были подготовлены заранее, много раз просматривались и были официально утверждены. Иной раз видимость активности исходила из второго салона — от помощников или других сопровождавших лиц, которые брали на себя риск вторжения в первый салон. Все это мешало мне вздремнуть, и я боялся, что если не сделаю этого, то окажусь не на высоте, когда возникнет необходимость оперативно дополнить или отредактировать куски для печати, произнесенные экспромтом. В этом была моя нехитрая функция, которой, однако, сам Первый придавал большое значение. Он очень любил отступать от текста во время своих выступлений, говорил при этом, совершенно не следя за формой, стремясь любыми средствами донести до слушателей свою главную мысль и поэтому неоднократно возвращаясь к ней, что создавало, конечно, нелегкие ребусы для редакторов.

Я знал кое-что о его стиле работы над речами еще до болгарской поездки и понимал, что надо в любой момент иметь ясную голову и хорошо отточенное перо. Кроме того, нам нередко вручали его так называемые задиктовки — то, что он наговаривал стенографистке для очередной речи. Обработка такой задиктовки представляла собой особенно трудное дело: надо было сохранить смысл, а для этого его требовалось прежде всего обнаружить, вычленить из большого вороха второстепенных слов, затем отшлифовать, а нередко просто переписать заново весь материал, но так, чтобы автор легко находил свои мысли и выражения — то, чем он дорожил и ради чего производил эту задиктовку. Обычно я сам заново передиктовывал все, предварительно пройдясь по тексту и подчеркнув самые важные места.

Легко поэтому понять мое волнение в момент первой поездки. Здесь моя работа не должна была проходить через фильтр Ю. В., привычный и гарантирующий точное попадание в десятку. Я должен был сам брать на себя ответственность за окончательную обработку текста. Подготовленный мной текст потом просматривался помощниками Первого, которые в смысле грамотности и литературной обработки больше полагались на других.

Самолет приземлился, и я впервые попал в атмосферу, присущую зарубежной поездке высшего руководства. Огромные толпы с цветами в руках, люди, восторженно размахивающие флажками, громкие крики «ура» и здравицы. Кортеж черных машин (их было не менее двадцати пяти — тридцати), пробиравшийся через эту толпу, яркое летнее солнце — все это было чрезвычайно празднично, красочно. Я ехал, кажется, в четвертой машине с одним из помощников Первого и тут обнаружил какую-то странную реакцию публики на свою скромную особу: как только они видели меня, крики и аплодисменты вспыхивали с особой силой. Я с недоумением обернулся к сопровождавшему нас товарищу, и тот со смехом объяснил, что они принимают меня за своего, за болгарина. Я упоминаю об этом потому, что вечером произошло аналогичное недоразумение, но на этот раз не с болгарами.

Во время ужина, организованного болгарами в честь делегации, консультантов и помощников посадили за тот же стол, что и наших руководителей, но по другую сторону. Случайно я оказался прямо напротив Первого. И вот он, как обычно, поднялся произносить тост за советско-болгарскую дружбу и — тоже, как обычно, — отвлекшись от тоста, начал вспоминать прошлое. Здесь я снова услышал историю, которую он уже рассказывал на приеме после завершения Совещания компартий в 1960 году: о том, как умер Сталин, как брали Берию, о нравах, царивших среди высших руководителей при Сталине, о 1937 годе и о многих других политических событиях. Говорил он не меньше двух часов, а я сидел застывший и завороженный, слушая эту исповедь. Я не в силах был оторвать глаз от рассказчика, а он, видя мое такое необычное внимание, все чаще обращался в разговоре лично ко мне, жестикулировал, объяснял, доказывал и еще более углублялся в волновавшие его воспоминания. Все остальные сидели тихо, молча, терпеливо ожидая окончания его речи. И, наверное, каждый про себя думал о своем. Меня потрясли эти откровения, эти грозные страсти на политическом Олимпе, эти мучительные переживания — удел деятелей из окружения высшего руководства. «Ближе к царю — ближе к смерти, — думалось мне в этот момент. — Как эта близость выворачивает наизнанку всего человека... Вот она, плата за власть».

Не помню, чем закончился тот вечер, но хорошо помню, что я долго не мог уснуть, перелистывая в своем возбужденном мозгу страницу за страницей мрачной исповеди участника и жертвы минувших времен... Наутро меня неожиданно пригласил помощник Первого. Оказывается, тот пожелал познакомиться с «интересным молодым болгарином», который так внимательно его слушал. Каково же было удивление Хрущева, когда он узнал, кто я и где работаю. Он задал мне два-три формальных вопроса, долго жал мне руку и смеялся над своей ошибкой. Потом во время встреч в Болгарии, в частности в Евстенноградском дворце царя Бориса в Варне, он кивал мне и, весело улыбаясь, покачивал головой: вот, мол, какого дурака свалял.

Вообще, он был прост и предупредителен в общении с «интеллектуальной обслугой». Особенно выделял и ценил «речеписцев», поскольку сам чувствовал недостаток образования и культуры, чтобы довести до конца и обработать для печати свои выступления. Многие пользовались этой его слабостью в личных целях. Особенно это развилось при его преемниках, когда составители речей унижались до того, чтобы выпрашивать плату за свои услуги, и плату немалую — академические звания, лауреатские значки, премии или высокие должности. Ю. В. учил нас скромности, честному и чистому служению государственным интересам. И те, кто оставался верным этому принципу нравственности, заложенному им в нас, никогда не гонялись ни за премиями, ни за званиями, для чего требовалась скорее ловкость, чем выдающиеся результаты деятельности в науке или публицистике.

Впрочем, Первый нередко произносил свои речи и без всякой подготовки. Иногда они бывали сумбурные, особенно если он был чем-то сильно возбужден и заведен. Но вот в Болгарии мне довелось слышать речь, которую он произносил явно экспромтом в клубе шахтерского поселка. Вернувшись после спуска в шахту, не сняв каски и специального шахтерского одеяния, он, выйдя на сцену, произнес речь, которая длилась минут сорок. Ничего ему не мешало и никто не торопил. И это была на редкость складная речь с простыми, но четкими мыслями и суждениями, в ясной и грамотной форме. Она вызвала прекрасный отклик аудитории и не составила никакого труда для редакторов при подготовке ее к печати.

Я замечал эту особенность и у некоторых других наших политических руководителей. Прикованные к бумажке, они читали текст, написанный чужой рукой, занудными, нередко заунывными голосами. Но, попадая в необычную обстановку, которая требовала импровизации, они вдруг стряхивали с себя оцепенение и произносили хорошую, четкую и грамотную речь. Я тогда еще понял, как мучительна была сложившаяся традиция читать речи, как обедняла она личность и низводила даже яркого человека до уровня простого статиста. Ведь произносить чужой текст, не прошедший через твое сознание и твою душу, — вещь, в сущности, невыносимая. Все время чувствуешь себя как бы отчужденным от этого текста, искусственно пришитым к нему, понимаешь, что почему-то так надо, что опасно бросать вызов традиции, но испытываешь постоянную неловкость, неприязненное чувство то ли к этой традиции, то ли к чужому тексту, то ли к самому себе. Я встречал очень немногих деятелей, которые умели хорошо произносить написанную кем-то речь, не тарабаня, как солдат, и не подвывая, как пономарь. Чаще всего это было тогда, когда докладчик своей рукой переписывал весь текст.

Надо сказать, что Первому все это не грозило. Это был человек, глубоко уверенный в себе, раскованный и даже озорной. Когда он начинал говорить, никто, даже он сам, не знал, чем кончит.

Отчасти это было свойством его натуры, но отчасти он пользовался этим для политической игры. Он демонстрировал возмущение и произносил слова, которые в виде печатного текста наверняка вызвали бы взрыв негодования у собеседника, партнера или оппонента. Но ему это сходило с рук, поскольку списывалось на счет эмоций. Мне иногда казалось, что он заговаривается, настолько бурно и необузданно текла его речь в иные минуты, но потом он постепенно успокаивался и, нащупав дно, возвращался к предмету своего разговора, остро следя своими маленькими, озорными, веселыми глазками за выражением лиц слушателей. «Ну и актер! — думал я, глядя на эти перевоплощения. — Вот кого не хватает Олегу Ефремову в «Современнике» для полного комплекта».

Во время митинга на площади Димитрова в Софии докладчик не раз отвлекался от текста. Я сидел на стуле за трибуной, с которой он выступал, и помечал места, пытаясь записать новый текст. В этот момент его жена Нина Петровна, женщина с добрым, славным крестьянским лицом, сказала мне: «Оратор не учитывает, что люди стоят под солнцем на жаре, и напрасно расширяет свою речь. Ее и так можно было сократить».

Я впервые слышал от нее критическое замечание о муже и подумал про себя, что он, вероятно, нередко советуется с ней, а быть может, и проверяет свои речи на ней как на слушательнице. Впоследствии я имел случай убедиться, что это так и было. Жена Первого долгое время работала заведующей парткабинетом и неплохо ориентировалась в лекционной работе.

Забавный эпизод произошел во время приема в советском посольстве по случаю пребывания делегации. Когда Первый вошел в большой зал приема, он, не пройдя и нескольких шагов, остановился как вкопанный. В зале были расставлены столы, которые буквально ломились от изобилия напитков и яств. В центре каждого стола расположился гигантский осетр размером метра в два, весь обложенный креветками, овощами и еще невесть чем. И тут Первый разыграл сцену, к которой, я думаю, давно готовился. «Это вы думаете, что мы уже достигли коммунизма? Кто распорядился? Кто вас финансирует?» — накинулся он на посла, который стоял ни жив ни мертв. Посол стал было что-то бормотать насчет дополнительных средств, спущенных Совмином для этого приема, о доставленных в натуральном виде самолетом продуктах, но Первый и слушать не стал. Он повернулся к Тодору Живкову, который согласно кивал головой. Но делать было нечего, и после небольшой заминки все приступили к разрезанию и поеданию этих невиданных рыбин.

Замечу попутно, что я так и не понял, почему он с таким упорством произносил «коммунизм» с мягким «з». Свое горловое «г», вероятно, он действительно не мог исправить, хотя не исключаю, что и здесь была игра. Что же касается «коммунизьма», то я на сто процентов убежден, что он так произносил умышленно, создавая некий эталон, которому должны были следовать все посвященные, как авгуры. И один за другим окружавшие его люди, в том числе получившие образование в университете или МГИМО, склонялись к подобному произношению. Этот сленг как бы открывал дорогу наверх, в узкий круг людей, тесно связанных между собой не только деятельностью, но и общим уровнем культуры.

Во время пребывания в Варне нас поместили в Евстеноградском дворце царя Бориса. Я никогда не пользовался такой роскошью: бассейн посреди огромной комнаты. Признаться, я испытывал странное чувство: зачем все это новым руководителям, выходцам из простого народа? Наверное, это просто объяснялось желанием сохранить обстановку, которая представляла собой историческую ценность. Но в других случаях и в других странах объяснений не было. Была какая-то необъяснимая тяга у людей, выросших в бедных семьях — чаще крестьянских, чем рабочих, — к роскоши, причем не современной, а архаичной.

Чем объяснялся такой вкус у нормальных и не очень образованных мужиков? Где они подсмотрели эти банкетки и козетки, трудно сказать. Но ампир прочно вошел в политический быт и надолго загородил дороги современному стилю. Кажется, одним из первых прорывов стал Дворец съездов внутри Кремля. А потом постепенно этот стиль — менее пышный, более экономный, использующий стекло, бетон, пластик и искусственные ковры, — стал вытеснять неизвестно откуда просочившийся в «пролетарский» быт дворцовый стиль.

Меня это шокировало, но я был нетипичен. Я был молод и, кроме того, пришел из бедной академической среды, где даже приличный письменный стол считался большой редкостью. В Институте государства и права Академии наук СССР я работал за маленьким столиком в читальном зале. Ну а жили мы с моей семьей долгое время в общих квартирах и комнатухах, которые снимали у хозяев. Может быть, поэтому я испытывал смущение от самых простых услуг, которые мне оказывали в силу моей должности. Когда меня возили в машине в «Сосны» и в другие места, где готовились документы, я все время чувствовал себя каким-то «эксплуататором» чужого труда и, пытаясь как-то компенсировать услуги водителя, рассказывал ему в пути занимательные истории.

А во дворцах, в которых мы останавливались за границей, в пышных покоях, которые я вообще получал не по чину, а в качестве, так сказать, дворового человека, я испытывал такое чувство, будто присваиваю себе что-то чужое, доставшееся мне по ошибке и за что меня могут в любой момент схватить за руку.

# VI

Особенно остро я это чувствовал в Югославии. Ю. В. входил в состав делегации, возглавляемой Первым, а я находился «при», но на достаточно близкой дистанции. Настолько близкой, что останавливался обычно в тех же помещениях, где они, и кормился вместе с ними. Впрочем, помещениями их назвать можно только в шутку. Это были королевские дворцы, которые, соответственно традиции, занимал Иосип Броз Тито.

Я бывал в Югославии еще до этого в составе журналистской группы. Мы объездили практически всю страну, все ее республики, более развитые Сербию, Хорватию, Словению и менее развитые Черногорию, Боснию, Герцеговину, Македонию. Это была первая страна на Адриатике, которую я посетил, и восхищению моему не было предела.

Я побывал во время той журналистской поездки на полутора десятках предприятий и госхозов, в научных, медицинских учреждениях и творческих союзах. Мне глубоко импонировали экономические реформы в Югославии, прежде всего децентрализация, отказ от жесткого планирования, концентрация предприятий на рынке внутри страны, свободный выход на внешний рынок. Мне нравились и рабочие советы, хотя я и видел, что носят они во многом формальный характер. Продовольственные товары в магазинах мало отличались от западных, а промышленные уже тогда приближались к мировому уровню. Мне нравилось и то, что югославы не стали копировать наш опыт коллективизации — жестокий и неэффективный. В духовной жизни страны парил «модерн» — стремление ко всему новому, современному. Словом, то был, вероятно, лучший период в развитии страны, и я полагал своим долгом написать правду о Югославии. Приехав в Москву, я подготовил большую статью для журнала «Коммунист», ее набрали и готовились печатать. Но тут произошло неожиданное.

Один из моих друзей по журналу (мы с ним вместе играли в волейбол и настольный теннис) случайно оказался в лифте с Ю. В. и за короткий срок совместного подъема успел сообщить ему, что я написал какую-то «крамольную» вещь о Югославии. Ю. В. затребовал статью и не поленился прочесть ее в больнице, куда он ненадолго попал на обследование. И тут я единственный раз в жизни получил изрядную встряску от Ю. В. Он прислал мне большую записку на нескольких страницах, написанную характерным для него крупным почерком, четким и ясным. В записке Ю. В. просил не публиковать статью в таком виде, учитывая характер отношений с Югославией в тот период и оценку, которая была дана деятельности Союза коммунистов Югославии Совещанием компартий в 1960 году. Привожу некоторые выдержки из этого письма, которые показывали расхождение моих взглядов с позицией Андропова.

Уважаемый Федор Михайлович!

Статью Вашу прочел. По-моему, в нынешних условиях статья о Югославии должна давать ответ, по крайней мере, на два вопроса: во-первых, что сейчас происходит в Югославии, т. е. как там идет строительство социализма, и, во-вторых, объяснять нашу политику в отношении этой страны и партии, с обязательным учетом того, что мы говорили и писали о ней (стране и партии) на XXI, XXII съездах КПСС, в Заявлении 1960 года, на съезде БКП (речь Н. С. Хрущева) и др.

Если на первый вопрос в статье дается ряд ответов, то со вторым дело обстоит хуже. Вам неизбежно надо объяснить (показать, а может быть, дать понять) читателю (прямо или косвенно), что наши оценки ревизионистской деятельности руководства СКЮ не пересматриваются, они остаются в силе, их полностью подтвердила жизнь. Не менее важно показать, что наши шаги по улучшению отношений с Югославией — это последовательное проведение линии нашего ЦК, начиная с 1955 года, что они вполне увязываются и укладываются в плане известного положения Заявления и других документов.

...Думаю, что статья в том виде, как она есть сейчас, не явилась бы полезной. Она могла бы породить неверное понимание в нашей партии, в братских партиях, посеять иллюзии в СКЮ, дать повод для наскоков на линию нашего ЦК — линию укрепления отношения с СКЮ на марксистско-ленинской основе.

Понятно, что статья о Югославии должна исходить сегодня из задачи укрепления отношений с ней, должна соответствовать курсу развития дружбы с югославским народом. Понятно, что сегодня критиковать линию руководства СКЮ, как это мы делали 2—3 года назад, было бы глупым, неправильным делом. Но это уже вопросы тактики, а она все-таки должна быть в умном подчинении у главной цели: отстоять Югославию и СКЮ не вообще, а на марксистско-ленинской основе. Только так я всегда и понимал все сказанное по этому вопросу Н. С. Хрущевым, и только так он этот вопрос и ставит...

Мы не кокетничаем с югославскими руководителями, а прямо, честно, по-ленински указывая им на их ошибки, зовем их на правильный путь. Теперь И. Б. Тито сам признает то, о чем говорил им Никита Сергеевич еще в 1955 году. Я, разумеется, не думаю, что для дружбы нашей было бы полезным «тыкать им в нос» их самокритикой. Но для меня является бесспорным, что сейчас, игнорируя то, что мы писали все последние годы, делать вид, что руководство СКЮ беспорочно, — тоже вряд ли полезно. Вот и все...

Ю. Андропов

Что вызвало такую резкую отповедь Андропова? Описание живого опыта самоуправления на предприятиях со всеми его особенностями, достижениями и трудностями? Децентрализация, рабочие советы, культурный плюрализм? Конечно, я посчитался с указанием Ю. В., затребовал статью обратно из журнала и засунул ее в ящик — навечно.

Я не был согласен с ним, но полагал, что, в отличие от нас, молодых советников, пришедших из научной или журналистской среды, Ю. В. понимал политику как искусство возможного. Он знал не только то, что нужно сделать, но и как этого добиться в конкретных условиях. Иными словами, может быть, как никто другой среди тогдашних руководителей, он чувствовал и сознавал жесткие политические лимиты на пути назревших преобразований.

Прошло некоторое время, отношения с Югославией улучшились, и я снова предпринял попытку повлиять на изменение оценок позиции СКЮ нашим руководством. Я подготовил специальную записку «О политике в отношении Югославии», которую передал Андропову.

Андропов подчеркнул несколько мест в моей записке, высказав сомнение в целесообразности каких-то новых активных действий по улучшению отношений с Югославией. Он все еще рассматривал эту страну через призму идеологических стереотипов

и опасался того влияния, которое может оказать ее пример на другие страны Восточной Европы. Записку он руководству нашей партии не направил, правда, и меня за нее особенно не критиковал. Вообще, он всегда демонстрировал терпимость и понимание, когда речь шла о поиске новых подходов и новых идей в политике. Как это уживалось с его крайне осторожной и даже настороженной реальной политикой в отношении стран социализма — трудно понять. Но это факт.

О политической осторожности Ю. В. может дать представление еще один эпизод, о котором мне рассказывали люди, работавшие с ним в Венгрии в 1956 году. Я уже упоминал о том, что за несколько месяцев до этих событий Андропов настоятельно предупреждал Н. С. Хрущева о том, что назревает взрыв, и предлагал эффективные меры, которые могли бы его предотвратить. Кстати, именно поэтому после венгерских событий он был назначен руководителем отдела в ЦК КПСС. Однако с 1956 годом связан и определенный «венгерский комплекс» Андропова. Он всегда с большой настороженностью, даже подозрительностью относился к таким явлениям в «социалистических странах», которые не укладывались в советский образец.

...Во время визита в Югославию в 1963 году делегация во главе с Хрущевым посетила одно из предприятий в Белграде. Гостей познакомили с особенностями югославской системы самоуправления. Нам подробно рассказали о работе администрации, о конкурсной системе замещения должностей, о деятельности рабочих советов, о сложностях и трениях, которые возникают в их взаимоотношениях с руководством предприятий, а еще чаще — об их неспособности в силу малой компетентности существенно повлиять на процесс производства.

Потом взял слово Первый. Его сенсационное заявление обошло все югославские газеты и попало в буржуазную печать, но, кажется, никогда не было опубликовано у нас. Он сказал: «Мне показался интересным опыт югославского самоуправления. Кажется, страна выбирает свой путь, в соответствии со своими традициями, со своей культурой. В рабочих советах нет ничего плохого, но в нашей стране мы идем другим путем, расширяя права профсоюзов и трудовых коллективов». Это заявление было встречено бурей аплодисментов, особенно присутствовавших здесь югославских руководителей.

Я взглянул на Ю. В., желая видеть его реакцию. Он продолжал что-то добросовестно записывать, опустив глаза в тетрадь. Я так и не знаю, согласовал ли Первый с ним это заявление или сделал его экспромтом. Учитывая свой опыт со статьей о Югославии, я считал неудобным говорить на эту тему с Ю. В.

Красивейшее место Брионы, остров, превращенный целиком в резиденцию президента Тито. Стояли ясные солнечные летние дни. Вся делегация и мы, грешные, сопровождавшие их лица, купались в море каждый день, а потом, сидя на берегу вместе с югославскими руководителями, попивали кока-колу, швепсы, поставляемые уже тогда в Югославию из западных стран, или просто гоняли чай из самовара, специально припасенного заботливыми хозяевами.

Оказался я за одним столиком с Эдвардом Карделем — членом руководства СКЮ, вдохновителем экономической реформы в Югославии, которого у нас тогда обвиняли в приверженности к австромарксизму. Я затеял с ним разговор о недавно вышедшей его книге «Социализм и война». Я спросил, действительно ли он полагает, что возможны войны между странами социализма? И, получив утвердительный ответ, продолжал: «Между какими странами социализма вы считаете войну наиболее вероятной?» Он ответил мне, что, быть может, не война, но серьезное военное столкновение между Советским Союзом и Китаем. Он ссылался при этом на Энгельса, который предупреждал, что нужно учитывать влияние великодержавия и национализма. «В какой же перспективе возможна такая война?» Кардель сказал, что трудно точно указать срок, но в течение десяти лет мы станем ее свидетелями.

Все тогда были очень обеспокоены китайской проблемой, многие ждали обострения конфликта и даже поговаривали о возможности вооруженного столкновения, что выглядело тогда вполне реальным. Мне пришлось заниматься этой проблемой, писать статьи и даже книги о Китае. Тем не менее я никогда не придерживался столь пессимистического взгляда, как Кардель, и пытался высказать ему свои доводы.

Несколько лет спустя, когда Кардель посетил Москву, на приеме в югославском посольстве я напомнил ему о нашем разговоре на Брионах. Вспомнив с трудом об этом, он утверждал, что во всем прав. (Это был момент обострения советско-китайских отношений во время «культурной революции» в КНР.) Но я продолжал доказывать ему, что войны не будет.

Прошло более тридцати лет после того спора на Брионах, и, к счастью, по волновавшему всех вопросу о возможности войны правы оказались мы. Я говорю «мы», потому что я тогда передал Ю. В. наш разговор с Карделем. Он долго молчал, думал, а потом сказал: «Кардель не прав. Не думаю, что может дойти дело до войны. Мы эту войну никогда не начнем. А Китай слишком слаб, чтобы решиться на авантюру, да и никаких серьезных мотивов для войны у него нет».

Андропов, которому впоследствии приписывали

экстремизм в китайском вопросе, не верил в возможность серьезного столкновения с Китаем, хотя считал, что Мао Цзэдун проводит политику подталкивания СССР к конфликту с Соединенными Штатами.

Но вернемся к поездке в Югославию. Итак, резиденция маршала Тито на Брионах — это сравнительно небольшое трехэтажное белое здание с плоской крышей, напоминающее греческие постройки. На небольшой террасе, выложенной мрамором, стояла статуя обнаженной женщины в эротической позе. Во время переговоров нашей делегации с югославами Тито как-то вышел на террасу, где мы находились. Подойдя к фигуре, Тито ласково хлопнул ее по мягкому месту, и статуя медленно призывно завертелась. «Хороша штучка?» — спросил он у нас. Потом он рассказал, что присмотрел Брионы в качестве будущей резиденции еще тогда, когда партизанил недалеко от этих мест. Мое лицо, по-видимому, выразило какое-то сильное чувство. Меня удивило — о чем думал верховный главнокомандующий Народно-освободительной армией в период войны. Тито, по-видимому, не так истолковал мой взгляд и сказал: «Да, да, молодой человек. Я ни минуты не сомневался в нашей победе и в том, что именно мне доведется стать во главе страны».

Лежа ночью в пышной постели на антресолях небольшого домика (кажется, охотничьего, где располагались «сопровождающие лица»), я долго ворочался, пережевывая только что услышанную фразу. Что же, действительно существует предопределенность?

Впоследствии я написал книгу о Мао Цзэдуне с тайной мыслью ответить на этот вопрос. Но судьба Тито, наверное, представляла куда более интересный и разительный пример, дающий богатую пищу для размышлений о роли личности в истории.

Есть ли предопределенность отбора исторических

фигур? Этот элементарный, но неясный вопрос неизбежно встает, когда думаешь о тех людях, которые делали или, по крайней мере, полагали, что делают политическую историю нашего века. Особенно поражает то ощущение предначертанности, которое эти люди испытывали сами и потому так успешно внушали окружавшим. Что это — магия личности? Или магия власти? Или массовый гипноз?

Я не находил ответа, хотя встречался со многими, в том числе выдающимися, лидерами современного мира. Древние давали на это однозначный ответ: нужна фортуна и нужна доблесть человека, который использует данный фортуной шанс и возвышается над толпой, запечатляя себя в истории. Ну а мы? Какой ответ даем мы?

Нет, что бы мы ни говорили, для исторического процесса нужны личности, нужна могучая политическая воля, нужна способность магического воздействия на массы людей. Тогда и только тогда обеспечен успех, думалось мне.

На Брионах во время переговоров произошел забавный казус. Мы находились в зале первого этажа. Неожиданно по лестнице спустился обеспокоенный Ю. В. «Прокол, товарищи, сильный прокол! Кто у нас отвечает за печать, кроме тебя, Федор?» — спросил он у меня. Я назвал работника МИД и сообщил, что от наших друзей за это отвечает бывший посол в СССР. «Пригласи всех быстро сюда», — сказал Ю. В.

Когда мы собрались, он поинтересовался, отправлена ли информация о переговорах, а если отправлена, то как там указан состав участников с советской стороны. Югославский посол сказал, что информация уже отправлена и что состав указан в соответствии с теми, кто на деле принимал участие.

— Указали ли вы в числе участников сына Хрущева? — спросил Ю. В. Получив утвердительный ответ, он попросил исправить информацию. Но оказалось, что уже поздно — она передана по телеграфу и неизбежно попадет в югославские и другие зарубежные газеты. — Надо любой ценой задержать информацию на Советский Союз, чтобы изъять оттуда упоминание о сыне и о помощнике Хрущева, — приказал Ю. В. — Я получил на этот счет самые твердые указания от Первого. Он дважды выходил с переговоров и повторял мне это.

Представитель МИД сказал, что уже передал информацию корреспонденту ТАСС и там были упомянуты не только члены делегации, но и эти два человека, поскольку они сидели за столом переговоров.

— Это ошибка. Это грубейшая ошибка, непозволительная для работника МИД. Они же не входят в состав делегации! — воскликнул Ю. В. — Немедленно разыщите представителя ТАСС и исправьте ошибку!

И тут начались поиски корреспондента ТАСС. Остров Брионы очень небольшой, его можно объехать на велосипеде за полчаса. И хотя на поиски были отправлены работники разведок двух стран, прошло больше часа, пока тассовец предстал перед глазами начальства. Он был весь в соломе — его с трудом извлекли из стога, где он спал. Я до сих пор помню этого корреспондента: огромного роста, с красным с перепоя лицом, в расхристанной одежде, он стоял, раскачиваясь, перед высоким начальством, не в состоянии взять в толк, что происходит.

— Вы отправили телеграмму о переговорах? — жестко спросил Ю. В.

— Отпра-авил. Как положено. Сразу же отправил, как только получил от него, — тассовец указал на представителя МИД, отчего тот отшатнулся.

— А какой текст вы передали?

— Какой мне дали, тот и передал.

— Какой же состав участников советской стороны вы перечислили? — спросил Ю. В.

— Как — какой, какой есть. Весь состав делегации.

— А две последние фамилии?

— Две последние? Я их вымарал. Они же не входят в состав делегации.

Как тут отлегло у всех от сердца! Холодный и величественный протоколист из МИДа, я видел, готов был расцеловать пьяную рожу корреспондента.

Ю. В. тоже облегченно вздохнул, улыбнулся и сказал:

— Ну ладно, идите досыпайте, и чтоб больше это не повторялось!

— А что случилось? — спросил у меня корреспондент, когда мы отошли в сторону.

— Да ничего особенного, — отвечал я ему, — только ты упустил редкую для себя возможность потерять партийный билет.

Корреспондент несколько струхнул, несмотря на свое подогретое состояние, но потом, когда я все рассказал ему, он успокоился и мы посмеялись вместе, восхищаясь его интуицией.

Для Ю. В. не было мелочей. Любая работа, которую он делал, должна была быть безукоризненной, доведенной до конца и по возможности блестящей. Ю. В. не терпел полуфабрикатов, ненавидел небрежность и органически не выносил любое проявление безответственности. В этих случаях он мог быть безжалостным. Не смог — это понятно. Но не постарался — такое он не прощал никогда. И надо сказать, что все вокруг него действительно очень старались, не столько за страх, сколько за совесть. Как говорится, каков поп, таков и приход. За малым исключением Ю. В. подбирал вокруг себя такой «приход», который был способен отвечать высокому уровню его требований.

Еще один любопытный штрих о нравах наших вождей. Югославские руководители пригласили нас в ночной бар. В баре была музыка, и самые молодые из нас танцевали с юной красавицей, женой пожилого посла Югославии в Советском Союзе. Кто-то из югославов стал подтрунивать над послом. Тот ответил шуткой: «У нас в Черногории говорят, что лучше есть молодого цыпленка вдвоем, чем глодать старую курицу в одиночку». В следующем отделении предполагался стриптиз. Ю. В. тут же встал и, сославшись на дела, заявил, что уезжает. Югославы пытались уговорить его, но он был совершенно неумолим, однако разрешил остаться тем из нас, кто пожелает. Ну, я остался и впервые в жизни посмотрел стриптиз, выполненный, кстати говоря, не югославкой, а австриячкой — полноватой, белотелой, большеглазой, в общем, очень красивой женщиной.

Для первого раза это было, конечно, очень пикантное угощение. И когда я встретился на следующее утро с Ю. В., попытался рассказать ему об этом. Однако он твердо перевел разговор на другую тему. Вообще он был пуританином, даже по строгим нормам, принятым тогда в партийной среде. Он практически не пил, никто не слышал, чтобы он когда-нибудь сделал комплимент женщине (по крайней мере на работе). Фильмы с сексуальными сценами он не терпел, хотя, конечно, не навязывал никому своих вкусов. Все знали, что при нем надо держаться строже и ни в какие разговоры вольного характера пускаться не следует. Я сам наблюдал, как ему было нелегко иной раз в присутствии Первого, любившего опрокинуть рюмашку-другую коньяка. К тому же Первый обожал рассказывать двусмысленные анекдоты, любил их слушать от других и охотно прибегал к сочному непечатному слову. Я часто видел, как Ю. В.

передергивало от подобного стиля, но — опытный дипломат — он сдерживался и скрывал свои чувства.

Что касается Первого, то ему только дай повод, чтобы похохотать.

Его бородавка около носа — эта мета избранника судьбы, по китайским поверьям, как будто все время подрагивала от желания посмеяться и вызвать смех у других. Помнится, на обратном пути с острова Брионы мы как-то обедали в кают-компании принадлежащего Тито парусника с названием «Галеб». Парусник, да еще с мотором, на почти плоской глади теплого Адриатического моря — все это настраивало Первого на праздничный лад. Он непрерывно шутил за обедом и хохотал раньше других, будучи не в силах сдержаться. Справа от него сидел Тито в белоснежной адмиральской форме и тоже вежливо посмеивался. Тут на десерт подали апельсины. Увлеченный своим очередным рассказом, Первый даже не заметил изящного ножика, который положили рядом, и стал разламывать апельсин руками, продолжая при этом азартно рассказывать какую-то смачную историю. Но вот капельки раздавленного апельсина разбрызгались в разные стороны. Несколько капель, к несчастью, упали на адмиральский китель президента. Как быть? И китель жалко, и Первого обидеть нельзя. Тогда Тито незаметно вытащил платочек и стал легкими движениями вытирать свой белоснежный китель...

Вообще в Хрущеве было много детского. Я наблюдал, как, например, во время послеобеденных прогулок в парке он держал на груди маленький приемничек, подаренный ему где-то, кажется, в Америке. Говорят, что руководители нашего радио и телевидения передавали в это время специально для него деревенские мелодии, которые любил Первый.

Это радостное изумление перед современной техникой мне приходилось не раз наблюдать на лице Первого. Военные рассказывали, какой восторг у него вызывали новые боевые «игрушки». Не таков был Ю. В. Еще с юности, матросом, он привык иметь дело с техникой и уделял ей то внимание, которого она заслуживала. Кроме того, он поглощал гигантскую информацию о техническом и военном прогрессе и постоянно следил за новинками, особенно зарубежными. Что же касается технических «игрушек», он проявлял к ним полное равнодушие. Все в отделе знали, что он и его семья отличались поразительной скромностью — никто из его детей не разъезжал в «Фордах» или «Мерседесах», не гонялся за заграничными магнитофонами, телевизорами и джинсами. На вкус многих в нашем окружении такой пуританизм был даже чрезмерным, но у всех он вызывал глубокое уважение. Мы-то знали и другие факты, которые касались детей Сталина, да и последующих руководителей. Я думал: «Поистине дети — это отмщение политическим лидерам». Тогда я еще не мог знать, до какой степени пророческой оказалась эта догадка...

Если албанская поездка показывала, как опасно любое проявление нетерпимости и амбициозности в отношениях руководителей разных стран, то югославская, напротив, обнаружила, сколь многого можно добиться, проявляя необходимую широту подхода, понимание разнообразия исторических условий, несходства характеров и индивидуальных человеческих судеб. «Культура — это терпимость», — сказал кто-то. Это абсолютно точно, если, конечно, не жертвовать нравственными принципами, составляющими основу твоей личности и общества, к которому ты принадлежишь.

## Новелла шестая
# АПОКАЛИПСИС

## I

е прошло и нескольких месяцев после смерти Сталина, когда до нас стали доходить сигналы с политического Олимпа, которые свидетельствовали о стремлении к новому подходу во внешней политике. В 1953 году закончилась война в Корее. Через два года был подписан мирный договор с Австрией. Доходили слухи о различных предложениях по существенным изменениям отношений с Западом, которые вносились членами высшего руководства.

Самое странное сообщение мы получили после ареста и казни Берии. В закрытом письме ЦК утверждалось, что именно Берия «из провокационных соображений» внес ряд радикальных предложений, направленных на международную разрядку. В их числе будто бы объединение и нейтрализация Германии. Иными словами, ликвидация ГДР в уплату за мирное сосуществование и, возможно, экономическую помощь западных стран. Это было одно из многочисленных предложений, которые в каком-то лихорадочном возбуждении вносил Берия в Президиуме

ЦК КПСС, видимо, пытаясь разрушить представление о себе как о самом злобном и ревностном продолжателе сталинского курса. Это политиканство и тогда, до ареста Берии, никого не могло ввести в заблуждение. Но то, что ему приходилось играть на этот раз, хотя и краплеными картами, в пользу разрядки международной напряженности, было показательно. Среди интеллигенции, да и партийного аппарата, росло недовольство «холодной войной», понимание совершенно новой угрозы, которую несет атомная бомба.

Кто готовил материалы Хрущеву к основному докладу на XX съезде? Называли Шепилова, который также участвовал в подготовке доклада о советской внешней политике. Справедливости ради надо заметить, что уже в первых выступлениях Г. М. Маленкова прозвучали примирительные ноты, адресованные капиталистическим странам. Говорилось о нашем стремлении к улучшению отношений с ними, к экономическому сотрудничеству.

На XX съезде партии была предпринята первая крупная попытка пробить брешь в железной стене «холодной войны». До этого и мы, и американцы, и восточные и западные европейцы, в сущности, исходили из предпосылки о неизбежности военного столкновения. И уж во всяком случае — непреодолимости военной конфронтации и военного состязания. Каждая из сторон имела совершенно ложное представление о целях своих оппонентов. Сталин, а вместе с ним и Хрущев были убеждены, что империализм стремится любой ценой разрушить нашу систему: как минимум — вернуть страны Восточной Европы на путь капитализма, как максимум — добиться его реставрации и в Советском Союзе. В свою очередь, Запад был убежден в том, что Советский Союз, страны Варшавского Договора готовят агрессию против Западной Европы и в подходящий момент протянут руку «братской интернациональной помощи» западноевропейским коммунистам.

И вот впервые на XX съезде партии Хрущев предпринял попытку разрушить этот стереотип. Он заявил о том, что мировая война — не фатальная неизбежность. Он предложил принцип мирного сосуществования как основу взаимоотношений между Западом и Востоком. Он перебросил мостик отсюда к не отвергнутой еще концепции солидарности и братства стран социализма со всеми народами, борющимися за его торжество в современном мире. Этим мостиком стала идея мирного, парламентского перехода к новому обществу в странах Запада.

Нельзя сказать, что это были совершенно новые идеи. Интересно, что уже на XIX съезде КПСС Сталин выступил с короткой речью, адресованной коммунистическому и рабочему движению. Он предложил компартиям поднять знамя буржуазной демократии и буржуазных свобод, якобы выброшенных за борт империализмом. Как известно, уже тогда в программных документах компартий Италии, Великобритании, Франции и некоторых других содержались идеи о возможности мирного, парламентского перехода к социализму.

Тем не менее то, что было заявлено Хрущевым на XX съезде, прозвучало как сенсация. Быть может, это произвело меньшее впечатление на политических руководителей западных стран, которые не очень полагаются на словесные заявления, а верят в реальные, практические шаги. Но у нас в стране, особенно среди партийных работников и гуманитарных ученых, хрущевские идеи были восприняты как бомба замедленного действия.

В то же время в материалах XX съезда обращали на себя внимание и сохранившиеся от сталинской эпохи стереотипы. Прежде всего — тезис о неизбежности идеологической борьбы, которая будто бы должна содействовать не только сохранению социалистической системы в тех странах, где она восторжествовала, но и победе социализма во всемирном масштабе. С этим было связано и довольно двусмысленное истолкование форм, методов поддержки освободительного движения. Впоследствии это широко использовалось как основание для вмешательства в дела той или иной страны в порядке «интернациональной помощи». Когда, на каких условиях может осуществляться такая помощь, съезд не разъяснял. Все оставлялось на усмотрение руководителей и их оценку сложившейся ситуации. Впрочем, одно важное, принципиальное ограничение было декларировано уже на XX съезде и в особенности в Заявлении коммунистических и рабочих партий 1960 года — о недопустимости «экспорта революции», как и «экспорта контрреволюции».

Я помню, как в журнале «Коммунист», где я работал в ту пору, разгорелась ожесточенная борьба вокруг истолкования принципов мирного сосуществования и мирного перехода к социализму. Подавляющее большинство ученых и партфункционеров, по сути дела, встретили эти идеи в штыки. И каждая моя публикация, которая ломала старые представления, давалась с боем.

Руководство идеологией по-прежнему находилось в руках М. А. Суслова и П. Н. Поспелова. Это были глубоко реакционные люди, взрастившие свое мировоззрение на произведениях Сталина. Назначение Л. Ф. Ильичева секретарем ЦК по идеологии мало изменило дело отчасти потому, что решающее влияние на теоретическую работу оказывал Суслов, а отчасти потому, что и сам Ильичев на несколько порядков отставал от хрущевских теоретико-политических новаций.

Но идеология и политика силового противостояния двух систем оставалась. «Холодная война», быть может, уже не существовала абсолютно в тех формах, как во времена Сталина. Но оттепель, характерная для внутренней политики страны, в международных делах еще не наступила.

Правда, решительно стал меняться дипломатический стиль. Сталин, как известно, не любил и боялся выезжать за границу. За все время своего руководства страной он побывал только в Тегеране, и пережитые там страхи, вероятно, навсегда отбили у него охоту подвергаться риску. Он не ездил даже в страны Восточной Европы. Вероятно, главной причиной была шпиономания, страх перед террористическим актом против себя. Но кроме того, это было органической частью психологии «железного занавеса». Раз страна изолирована от всего внешнего мира, значит, и ее вождь не должен подавать дурной пример другим руководителям, а тем более простым гражданам.

Потсдамская встреча составляла исключение. Сталин принял в ней участие, потому что не было другого выхода и потому, что она должна была стать кульминацией его триумфа во Второй мировой войне.

Хрущев же не просто любил, а обожал ездить за границу. Не зря его соратники шепотом распространялись о том, что он не сидит в Москве, а все «мотается» за рубежом и по самой стране. Редкий месяц, особенно после 1960 года, проходил без выезда Хрущева за границу. Он многократно побывал в Польше, ГДР, Чехословакии, Венгрии, Румынии, Югославии. Несколько раз посетил Китай, дважды — Соединенные Штаты Америки, побывал в Индии, Австрии, Франции, Англии. Словом, объездил значительную часть мира. Всего он выезжал за границу около сорока раз.

Это был первый шаг к открытости нашего общества. Запад получил возможность непосредственно увидеть советского лидера, и многие там вздохнули с облегчением. «Коммунистический дьявол» оказался не таким страшным. Хрущев охотно давал интервью, общался с журналистами, говорил откровенно, много шутил, рассказывал анекдоты, просто реагировал на острые вопросы. Мрачная, монументальная, как памятник на кладбище, фигура Сталина, которая в глазах западных людей олицетворяла коммунистический режим, сменилась живой, раскованной, озорной, лукавой, простоватой фигурой Хрущева.

Вообще, хрущевский стиль отношений с западными лидерами, как ни странно, импонировал им. На Западе не ценят людей, застегнутых на все пуговицы, и потому не очень жаловали многих наших дипломатов. Другое дело Хрущев — без прикрас, натура, как она есть. Мне рассказывал бывший австрийский посол в СССР о первой встрече Хрущева с Юлиусом Раабом — федеральным канцлером Австрии — у трапа самолета в 1955 году, когда готовился договор между нашими странами. Рааб еще не успел спуститься по ступенькам, как Хрущев закричал: «Рааб, вы маленький капиталист». Он имел в виду принадлежность канцлера к буржуазной Австрийской народной партии. «А вы — самый большой коммунист в мире», — нашелся Рааб. Оба посмеялись и прониклись симпатией друг к другу.

Прежде чем перейти к описанию событий внешней политики, хочу заметить, что именно в этой области больше всего сказывалась приверженность Хрущева к стереотипам, усвоенным им еще в сталинские времена. Отчасти это объясняется тем, что Хрущев на протяжении всего сталинского периода, в сущности, стоял совершенно в стороне от решения или обсуждения международных вопросов. Его просто информировали, и то задним числом, не по всем проблемам и, конечно, не по всем аспектам каждой проблемы.

Хрущев сам вспоминал в мемуарах, что каждый должен был знать то, что ему «положено». Сам он никогда не проявлял любопытства к внешнеполитическим секретам, которые считались заповедной областью Сталина, Молотова, может быть, Берии, но отнюдь не всех членов партийного и государственного руководства. Хрущев очень мало что знал о причинах войны с Финляндией, о пакте с Гитлером, тайном протоколе по Прибалтике, о корейской войне.

Точно так же он практически не был приобщен к информации о создании советского ядерного и ракетного оружия, достигнутом уровне в состязании с американцами, о характере этого оружия и возможной ядерной войне. Он слепо принимал на веру любую версию, которая ему преподносилась. И на протяжении «славного десятилетия» Хрущев практически не пересмотрел ни одного крупного сталинского внешнеполитического шага. Вывод наших войск из Австрии и прекращение корейской войны, быть может, составляли исключение. Но эти решения созревали уже во времена Сталина.

С тем большей страстью взялся Хрущев за внешнеполитическую деятельность, оказавшись на вершине власти. На первых порах его роль не была значительной, поскольку внешней политикой занимался Молотов, который считался главным авторитетом в этой области. За два года — с 1953-го по 1955-й —

было осуществлено несколько важных советских инициатив примирительного характера по отношению к Западу. Трудно сказать, какую роль играл в этом Хрущев, но, несомненно, он принимал участие в решении проблем. В последующей полемике Хрущев обвинял Молотова в задержке договора с Австрией, а также в том, что тот противодействовал восстановлению советско-югославских отношений. Отсюда можно сделать вывод, что Хрущев с самого начала добивался пересмотра отношений между Востоком и Западом.

С 1955 года началась эра активных встреч Хрущева с западными руководителями. В том году он встречался в Женеве с президентом Д. Эйзенхауэром. Главной проблемой, которая тогда обсуждалась, был германский вопрос. Хотя соглашения достигнуть не удалось, тем не менее обе стороны молчаливо исходили из реальности существования двух Германий. В ту пору ни Соединенные Штаты, ни страны Западной и Восточной Европы не были заинтересованы в воссоединении ФРГ и ГДР, поскольку это означало бы восстановление мощной Германии с непредсказуемой в будущем политикой.

В 1956 году Хрущев вместе с Булганиным посетил Англию. Но первая его по-настоящему крупная ознакомительная поездка по странам Запада состоялась в 1959 году. По приглашению Д. Эйзенхауэра он вместе с большой делегацией побывал в США.

Особое место во время этой и других поездок в США занимали встречи Хрущева с представителями прессы. Журналисты обожали эти встречи. Уже по утрам возле резиденции Хрущева собиралась стайка газетчиков, которые ждали его выхода на балкон, откуда он проводил свои импровизированные пресс-конференции. Его откровенность, грубоватая манера шутить, эмоциональность очень нравились американцам, которые старались превратить эти встречи в своеобразные политические шоу.

Во время моего последнего пребывания в США один американский журналист и ученый вручил мне запись пресс-конференции Хрущева в Америке в 1959 году. Вот сокращенное (и неотредактированное) изложение.

## ОТВЕТЫ Н. С. ХРУЩЕВА
## НА ВОПРОСЫ ЖУРНАЛИСТОВ
## В НАЦИОНАЛЬНОМ ПРЕСС-КЛУБЕ
## В ВАШИНГТОНЕ 16 СЕНТЯБРЯ 1959 ГОДА

**Вопрос.** Что Вы можете сказать по вопросу о положении евреев в Советском Союзе?

**Ответ.** Положение еврейского населения у нас характеризуется хотя бы следующим. В числе тех, кто создавал условия для запуска ракеты на Луну, достойное место занимают и евреи. Вообще у нас национального вопроса не существует. У нас не спрашивают, какого вероисповедания человек придерживается. Это дело совести каждого человека. Мы прежде смотрим на человека как на такового. Поэтому евреи и русские, украинцы, туркмены, узбеки, казахи, белорусы, грузины, армяне, калмыки... знаете, если я начну так пересчитывать, понимаете, перечислять все национальности в Советском Союзе, то, знаете, у нас не хватит времени, отведенного для пресс-конференции. И все эти люди живут у нас в мире и в согласии. Поэтому вопрос национальный, это, знаете, Советский Союз, мы гордимся этим вопросом. Что такое многонациональное государство, каким является Советский Союз, так крепко держится и так взаимно доверяют люди друг другу и к общей цели идут в общей шеренге.

**Вопрос.** Часто ссылаются на то, что на одном дипломатическом приеме Вы якобы сказали, что Вы нас закопаете в землю. Если Вы этого не говорили, то Вы, может быть, это опровергнете. А если говорили, то, может быть, объясните, что Вы имеете в виду.

**Ответ.** Знаете, здесь вот есть маленькая частица американцев, знаете, всей моей жизни бы не хватило, если бы я взялся всех вас закапывать. Я действительно такое выражение допустил. Я вам объясню, как это было. И что это значит. Собственно, мое высказывание извратили. И сознательно извратили, потому что вопрос стоит не о том, что кто-то будет закапывать кого-то физически, а вопрос исторического развития общества. Каждому грамотному человеку известно, что строй, существующий сейчас в мире, во-первых, в настоящее время не один господствует строй, во-первых, здесь и наши советские журналисты есть, с которыми у нас просто вошло в обычай обращение «товарищ», кроме того, я не хочу себя лишить и такого понимания, что и среди вас некоторое количество найдется, которое бы не протестовало, когда я их бы назвал товарищами. Я обращаюсь «господа»! (С м е х.) Я думаю, что журналисты не только пишут, но и читают. (С м е х.) И если журналисты читают, то они должны вычитать, что 1 октября 1959 года исполняется десятилетие завоевания власти американским рабочим классом и трудов... (с м е х), вот видите, сразу скажете, вот, мол, куда Хрущев, о чем думает, прямо на горячем, как говорится, поймали (с м е х), китайским рабочим классом и трудящимися крестьянами Китая завоевана власть и установлена народная власть, так сказать, в Китае. Они довольно торжественно празднуют, как и мы празднуем. Мы

Октябрьскую революцию считаем, что когда-то будет время, что от Октябрьской революции будут исчислять, так сказать, летоисчисление.

В течение этой пресс-конференции Хрущев разъяснил облетевшую всю Америку фразу о том, что у нас с Америкой имеется только одна проблема — «кто кого закопает»: речь, мол, идет об историческом процессе, а, конечно, не о военном нападении. Эти объяснения мало кого удовлетворили в США. Эту фразу американцы вспоминают так же, как и уклончивые ответы по поводу зарождавшегося советско-китайского конфликта.

В 1960 году в Париже состоялась одна из самых важных встреч на высшем уровне — между Хрущевым и Эйзенхауэром. Эта встреча до сих пор служит предметом невероятных предположений и сомнительных догадок. Во время нее планировалось вновь обсудить германскую проблему, поскольку Хрущев считал главным дипломатическое признание ГДР западными державами. Это было важно и для самой Германской Демократической Республики: служило залогом стабилизации в Европе на основе признания статус-кво. На встрече должен был также обсуждаться вопрос о советско-американских отношениях и ограничении гонки вооружений.

Насколько мне известно, подготовка к этой встрече вызывала большие споры среди советского руководства. Сам Хрущев был полон сомнений. Советскому Союзу было еще очень далеко до паритета с Соединенными Штатами по ядерному и ракетному вооружению, хотя наша программа развертывалась полным ходом. Приостановка ее могла означать закрепление на длительную перспективу американского превосходства. Если два года спустя, во время Карибского кризиса, признавалось, что американцы имели в семнадцать раз больше, чем СССР, ядерных боеголовок, то, вероятно, в момент парижской встречи соотношение было еще менее выгодным для Советского Союза. Трудно было ожидать всерьез, что американцы пойдут на неадекватное ограничение военного уровня, а тем более сокращение своих ракетно-ядерных вооружений, что приблизило бы их к советскому уровню.

Другое сомнение было связано с отношением американской администрации к ГДР. По всему было видно, что она не готова ни к дипломатическому признанию этой страны, ни к закреплению границ между нею и Польшей. Для Хрущева ограничение вооружений было тесно связано со стабилизацией в Европе. Это все сплелось в один узел, из которого трудно было вытаскивать одни элементы, игнорируя другие.

Но самые большие трудности Хрущева были связаны с позицией Мао Цзэдуна. Мао был решительным противником советско-американского сближения. Он был убежден, что такое сближение может нанести ущерб китайским интересам, стабилизировать положение СССР и США как двух держав, которые «командуют всем миром». Кроме того, в Китае началось развертывание собственной ядерной программы.

На первых порах Советский Союз помогал Мао Цзэдуну в создании атомной бомбы, в частности, построил завод по производству тяжелой воды. Но, насколько мне известно, с 1956 года СССР прекратил такую помощь, что вызвало у Мао разочарование и сильное раздражение и, вероятно, послужило одной из причин его противостояния Хрущеву и хрущевской политике. Между тем сам Хрущев, конечно, не мог не считаться с позицией великого союзника и во всех своих шагах в отношениях с Соединенными Штатами и странами Западной Европы постоянно оглядывался на китайского сфинкса.

Несмотря на все это, накануне встречи Хрущева с Эйзенхауэром был подготовлен целый пакет важных предложений, проектов и соглашений. Мне довелось участвовать в обсуждении некоторых из этих документов. Я до сих пор убежден, что, если бы они целиком или даже частично были приняты, удалось бы избежать в последующем и берлинского, и Карибского кризисов, и нового ужасающего витка гонки вооружений.

Колебания Хрущева сыграли роковую роль. Не хватало только капли, чтобы весы качнулись в другую сторону. Такой каплей стал полет американского разведывательного самолета «У-2» над Советским Союзом незадолго до встречи в Париже. Самолет был сбит советской ракетой, и американский летчик капитан Пауэрс оказался в плену.

Какое же впечатление на самом деле этот факт произвел на Хрущева? Трудно сказать. Быть может, он действительно пришел в негодование из-за коварства американской стороны, которая, несмотря на потепление и предстоящую встречу, продолжала разведывательные полеты над Советским Союзом.

Но я склонен скорее думать, что Хрущев разыграл взрыв страсти, поскольку он и раньше, и потом считал секретные действия и США, и даже СССР, коварство и шантаж неизбежным элементом в их взаимоотношениях. Мне известно, что уже перед самым вылетом в Париж Хрущев собрал на аэровокзале заседание Президиума ЦК КПСС и предложил отменить все подготовленные ранее предложения и документы, мотивируя тем, что обстановка для соглашения неблагоприятна со всех точек зрения. Огромный труд дипломатов, партийных работников, военных и других служб, затраченный на проработку советских позиций, пошел насмарку. Одним росчерком пера советско-американские отношения были отброшены назад. Не думаю, что в таком решении основную роль сыграли эмоции Хрущева. Скорее всего он пришел к выводу, что выгоды от соглашений в тот момент будут меньше убытков. Мрачная тень Китая как дамоклов меч висела над всем процессом улучшения отношений с Западом. Да и неослабевающий нажим В. Ульбрихта, который в силу понятных причин выдвигал признание ГДР как главное условие поворота в советско-американских отношениях, тоже не мог игнорироваться Хрущевым.

Поэтому, приехав в Париж, он прежде всего потребовал формальных извинений от Эйзенхауэра, и когда тот отказался это сделать, встреча была сорвана.

Когда я думаю об этом эпизоде, меня больше всего мучает мысль о политике как о кладбище утраченных возможностей. Сорок лет назад, я убежден, можно было начать медленное, но последовательное продвижение по пути ограничения гонки ракетно-ядерных вооружений. В конце концов, как показали все последующие события, это был центральный вопрос. Но обе стороны, каждая по своим мотивам, оказались не готовыми осознать это. Американцы потому, что знали о своем огромном превосходстве в таких вооружениях и надеялись сохранять его всегда; советские руководители — потому, что испытывали постоянный комплекс неполноценности из-за американского превосходства. Будучи великой державой, которая сыграла решающую роль в разгроме фашизма, располагая огромной армией и неисчерпаемыми ресурсами, Советский Союз не мог смириться с мыслью об американском превосходстве. Так был упущен исторический шанс приостановить гонку вооружений.

Сыграли свою роль и психологические факторы. Эйзенхауэр, как человек спокойный, рассудительный, не мог понять хрущевской экспрессии. В том, что было продиктовано комплексом неполноценности, он усматривал только вызов и агрессивность, желание унизить Америку, особенно в глазах ее союзников по НАТО. Американцы недооценивали значение германской проблемы для Советского Союза. Роковую роль тогда и впоследствии сыграло то, что США с таким опозданием признали ГДР и статус-кво в Европе. Все равно им пришлось это сделать. Почему же этого не произошло уже в начале 60-х годов? Обладая превосходством в ядерном вооружении, они могли изобразить такой шаг как великодушный акт доброй воли и тем самым создать почву для психологического и политического перелома в отношениях с СССР.

Не следует забывать и о геополитической ситуации, прежде всего о позиции Китая. Мне рассказывал советский посол в КНР о характерном эпизоде, который произошел в Пекине в 1959 г., когда Хрущев посчитал необходимым объясниться с Мао Цзэдуном и встретился с ним по пути из США. Хрущев знал о недовольстве китайского вождя сближением между СССР и США. Объяснение произошло в императорском дворце у плавательного бассейна.

Сцена, исполненная глубокого драматизма, внешне выглядела довольно комично. Два пожилых джентльмена сидели в купальных трусах подле бассейна, рядом были переводчики, а посол, члены делегации и советники находились на другом берегу. И в такой обстановке произошел исторический разговор: надо ли начать атомную войну против США.

Мао спрашивал: «Сколько дивизий имеет СССР и сколько США?»

Хрущев жестом подозвал помощника, который подплыл с другого конца бассейна и шепотом спросил у него: «Сколько у нас дивизий?» Тот назвал цифру, и Хрущев передал это Мао.

Затем Мао спросил: «А сколько дивизий у США?» Сцена снова повторилась, и другой советник, подплыв к вождям, сообщил нужную информацию.

Тогда Мао сказал: «У СССР и Китая намного больше дивизий, чем у США и их союзников, — почему же нам не ударить?»

Тогда Хрущев, уже волнуясь, сказал, что сейчас счет идет не на дивизии, а на атомные бомбы, а Мао спросил: «Сколько бомб имеет СССР, а сколько США».

Сцена снова повторилась, подплыл очередной советник, и Хрущев задал ему вопрос и прошептал: «Не называй точную цифру», — опасаясь утечки самой секретной информации. Когда Н. С. сообщил Мао о примерном соотношении ядерных потенциалов, тот сказал, что в результате обмена ядерными ударами может погибнуть половина населения Земли, но у СССР вместе с Китаем людей больше, и в результате будет достигнута победа коммунизма во всем мире.

После этого Хрущев уже в состоянии большого волнения стал говорить: «Это совершенно невозможно, — а что произойдет с советским народом, с малыми народами наших союзников — поляками, чехословаками, — они исчезнут с лица земли».

На это Мао Цзэдун будто бы заметил, что малые народы должны принести себя в жертву делу мировой революции.

Хрущев уехал из Пекина в состоянии шока. И когда в следующем году на Совещании коммунистических и рабочих партий в Москве китайская делегация выступила со своей особой позицией, Хрущев был особенно раздражен, поскольку воспринимал их теоретические эскапады под углом зрения своей беседы у бассейна с Мао Цзэдуном. Он действительно верил, что Мао подталкивает СССР к ядерному конфликту с США, чтобы самим, в соответствии с китайской поговоркой, уподобиться обезьяне, которая сидит на горе и наблюдает схватку тигров.

Я помню свои чувства в тот момент, когда наш посол рассказывал мне об этой исторической встрече, которая послужила источником разгоревшегося впоследствии советско-китайского конфликта. Я думал о том, как причудливы пути Провидения. Два старика с отметинами в виде бородавок на лице, плохо образованные в современном смысле этого понятия, решают — быть или не быть человечеству на земном шаре. Это ли не величайший парадокс века?! Это ли не насмешка богов, которые находят таких странных человеков для достижения целей, ведомых только им самим?!

Впрочем, в силу своей склонности к научному мышлению, я не допускал мысли, что Мао Цзэдун действительно замышлял толкнуть Хрущева к ядерному конфликту с США. Скорее это был способ предотвратить сближение между двумя великими державами, которое противоречило интересам Китая с его проблемой Тайваня, охраняемого Америкой, и в целом плохими отношениями с этой страной.

Позднее, когда советско-китайский конфликт достиг кульминации, вплоть до военного столкновения на границе, я услышал фразу, якобы сказанную Хрущевым: «Они нас доведут до того, что мы сбросим на них атомную бомбу». Я не поверил, что это что-то большее, чем риторика, — но какая опасная риторика!

В такой обстановке Хрущев пытался добиться перелома в отношениях с США и Западом в целом, которые, однако, не хотели считаться с трудностями Хрущева в рамках «социалистического лагеря», а стремились обратить их себе на пользу.

Раздражение Хрущева американской неуступчивостью особенно сильно проявилось во время его поездки в Нью-Йорк осенью 1960 года для участия в XV сессии Генеральной Ассамблеи ООН. Его раздражение усилилось тем, что представители африканских государств не поддержали советскую позицию по поводу Конго. Не отозвалась ООН и на предложение создать «тройку», которая выполняла бы роль Генерального секретаря, а также на критику Хрущевым Дага Хаммаршельда. Наконец, совсем странным показалось его предложение перенести штаб-квартиру ООН в одну из европейских стран. И вот здесь-то и произошел инцидент, который до сих пор вызывает улыбки и даже насмешки у многих людей на Западе.

Во время выступления премьер-министра Великобритании Макмиллана Хрущев снял ботинок и стал стучать им по столику, за которым сидел. О реакции простых американцев мне рассказывал мой друг американский профессор Д. Блайт. Он сослался на своего отца — фермера в одном из штатов Америки. Джим спросил у него: «Кто такой Хрущев?» А тот ответил: «Как же, хорошо помню, это тот самый человек, который стучал ботинком в Организации Объединенных Наций да еще учил наших фермеров, как им сажать кукурузу».

Сам Хрущев в своих воспоминаниях совсем иначе

излагает этот эпизод и мотивы своего поведения. Он рассказывает, что его страшно возмущали представители испанской делегации, сидевшие непосредственно впереди него. Он даже запомнил одного из них — немолодого человека с приличной лысиной, седого, худого, со сморщенным лицом, вытянутым носом. Этот человек был страшно неприятен Хрущеву — не сам по себе, а потому, что представлял франкистскую Испанию.

Хрущев вспомнил, как накануне отъезда в Штаты он встретился в Москве с Председателем Компартии Испании Долорес Ибаррури. Она обратилась к нему с просьбой: «Хорошо было бы, если бы вы выбрали момент — в реплике или в речи — и заклеймили франкистский режим в Испании».

Поглядывая на испанского делегата, Хрущев раздумывал, как бы сделать это, да так, чтобы не выглядело слишком грубо. И он действительно в своем выступлении очень резко критиковал Франко, назвал его режим реакционным, кровожадным, то есть в том духе, как это было принято в советской печати. И вот, по словам Хрущева, во время выступления с репликой представителя Испании вся советская делегация стала шуметь, кричать, а сам он снял ботинок и стал как можно громче стучать по пюпитру.

Есть определенные расхождения в изображении этого эпизода. Западные представители утверждают, что этот непарламентский жест был сделан во время выступления Макмиллана, а по версии Хрущева, это было во время выступления испанцев. Но суть дела не в этом. Суть дела в том, что для Хрущева не было ничего необычного в таком жесте. Прежде всего потому, что представители рабочего класса отнюдь не обязаны применять те же дипломатические методы, что и представители буржуазии. Именно в таком духе он реагировал на сделанное Неру в свойственной ему деликатной форме замечание о том, что не следует применять подобные методы. Одно дело Неру, его политика, рассуждал Хрущев. Он нейтралист и поэтому занимает позицию между социалистическими и капиталистическими странами. А совсем другое дело — классовая, пролетарская дипломатия.

Между прочим, я слышал и другое объяснение от сына Хрущева — Сергея Никитича. Во время нашей общей встречи с американским профессором Блайтом, которая произошла в конце 1988 года в ресторане Центрального Дома литераторов, он рассказывал, что Хрущев попросту не видел ничего необычного в подобной акции. Он считал, что в Америке, с ее шумными, грубыми нравами, где могут освистать любого певца или политического деятеля, такие формы протеста вполне нормальны...

Мне не довелось быть во время этой поездки Хрущева в Америке, но в своем кругу советников мы обсуждали его выступление в ООН и этот странный жест и, как ни старались, не могли найти ему ни объяснения, ни оправдания. Укреплялось впечатление о Хрущеве как о человеке прогрессивном, но не вполне уравновешенном, которому еще предстоит набраться опыта в общении с лидерами современного мира. Вообще говоря, работа наших республиканских и областных секретарей, их фактическая отрезанность от международных контактов были самой плохой школой дипломатической деятельности.

Между тем еще во времена Сталина стала складываться практика, которая потом развилась и закрепилась при Хрущеве и Брежневе, — направлять на дипломатическую работу именно руководителей партийных организаций областей или республик, как правило, в чем-то проштрафившихся. Конечно, некоторые из них осваивали дипломатию, особенно если они предварительно проходили стажировку в Министерстве иностранных дел. Но большинство продолжало действовать привычными для них методами.

В «социалистических» и так называемых странах социалистической ориентации это наносило немалый вред, поскольку к их мнению по вопросам внутренней политики прислушивались местные руководители. А мнения эти формировались под влиянием представлений о советской модели социализма и сталинских стереотипов. В отношениях со странами Запада такие дипломаты нередко страдали упрощенным подходом, примитивизмом, не говоря уже о нарушениях привычных дипломатических форм. Так что Хрущев был довольно типичен как представитель этой «партийной дипломатии», находившейся в контрасте с обычной советской дипломатической службой.

Вообще говоря, американцы, как представители богатой и могущественной державы, в те времена всегда недооценивали то, что испытывают представители других народов. Я уже не говорю о малочисленных нациях, но даже руководители такой великой державы, как СССР, были чрезвычайно чувствительны к любому проявлению превосходства американцев. Хрущев не составлял исключения. Напротив, как раз с него в особенности и начинаются не просто великодержавные — скорее супердержавные амбиции как прямое подражание стилю американских руководителей.

С этой точки зрения чрезвычайно показательны его чувства перед поездкой в США. Уже в те времена, когда готовилась поездка, я часто слышал от помощников Хрущева, как беспокоится их шеф по поводу процедуры встречи. Дело в том, что Хрущев был тогда Председателем Совета Министров, а не Президиума Верховного Совета СССР. Он выступал как руководитель правительства, но не глава государства. Следовательно, процедура встречи могла быть на порядок ниже, чем если бы в Америку поехал Председатель Президиума Верховного Совета СССР.

И вот Хрущев по дипломатическим каналам вступил в переговоры с американской администрацией, настаивая на том, чтобы его рассматривали как руководителя и партии, и государства. Без обиняков он давал понять, что процедура его приема должна быть такой же, как процедура предполагавшегося приема Эйзенхауэра в Москве. Вопрос, казалось бы, маловажный и второстепенный, но для Хрущева он приобретал значение какого-то символа — не просто связанного с его персоной, а символа признания Соединенными Штатами политического паритета с СССР.

В своих воспоминаниях Хрущев замечает, что если скрупулезно разбираться, то все его претензии были несколько преувеличены, но он все-таки хотел исключить всякую дискриминацию, тем более, по его предположениям, у американцев было искушение поставить советского руководителя «на место». Однако американцы в конце концов согласились с предложенной процедурой. Можно только удивляться, какой почти детский восторг это вызвало у Хрущева.

Вот как он сам рассказывал об этом на митинге во Владивостоке 6 октября 1959 года, после своего визита в США:

— Когда я стоял на аэродроме под Вашингтоном, прощаясь с Америкой, перед самым отлетом в честь нашей Родины, как и при встрече, был дан Салют наций. Мне было очень приятно слушать гимн нашей Родины и двадцать один залп из орудий. После первого залпа я подумал: «Это — Карлу Марксу; второй залп — Фридриху Энгельсу; третий залп — Владимиру Ильичу Ленину. Четвертый — его величеству рабочему классу, трудовому народу»! ...Итак, залп за залпом в честь нашей Родины, ее народов. Неплохо, товарищи, неплохо!

Чувство неполноценности сквозило и во многих других высказываниях Хрущева. Он вспоминает, что, когда кончилась война и Советская власть твердо встала на ноги, буржуазный мир был вынужден пойти с ней на контакты. Но контакты эти были «нетвердые, шаткие». И где была возможность уколоть и унизить Советский Союз, это буржуазный мир делал. Поэтому Хрущев испытывал беспокойство, что Кэмп-Дэвид станет именно таким местом — второстепенным, незначительным, малоизвестным, — куда президент приглашает его на несколько дней как раз с целью унизить. Впоследствии, когда Хрущев, побывав в Кэмп-Дэвиде, убедился в престижности встречи, он заметил: «Мне сейчас немного смешно и стыдно».

Такой же комплекс мучил его и по поводу переговоров с американским президентом. Странно сказать, но свои представления об Америке он черпал в основном из книги Максима Горького «Город Желтого Дьявола», написанной совсем в другую эпоху и, как известно, с уязвленными личными чувствами.

Хрущева беспокоила и необходимость беседовать с глазу на глаз с Эйзенхауэром, когда рядом не будет ни Громыко, ни других советников. Он ждал спора, предполагал обсуждение сложных вопросов и больше всего думал о том, как бы аргументированно и достойно защищать советскую позицию, «не унизиться и не позволить лишнего». По его словам, такой комплекс усвоен им еще во времена Сталина. Сталин не упускал случая убеждать своих соратников в том, что они «негодные люди», что они не смогут устоять против силы империализма и достойно представлять свою Родину, что «империалисты сомнут нас». Такими были чувства крестьянского сына, когда он собирался встретиться со знаменитым генералом и президентом великой страны. Вероятно, Эйзенхауэр не подозревал ни о чем подобном, поскольку он готовил Хрущеву самую торжественную встречу. В действительности она превзошла все ожидания советского лидера.

Победа Джона Кеннеди над Ричардом Никсоном на очередных выборах президента США вызвала полное одобрение у Хрущева. Прежде всего советские руководители и общественное мнение страны всегда больше симпатизировали демократам, чем республиканцам. Эта традиция шла еще от неизжитых симпатий к Франклину Рузвельту, который не только первым осуществил дипломатическое признание Советского Союза в 1933 году, но и выступил как самый надежный союзник в великой «тройке» во время Второй мировой войны. Было известно также, что за демократов обычно голосуют негры и другие низкооплачиваемые слои населения, а это рассматривалось как положительный фактор с точки зрения традиционного «классового подхода» к оценке зарубежных событий. И наконец, Джон Кеннеди лично вызывал больше симпатий у Хрущева, чем Никсон, особенно после известной дискуссии с последним, которая получила хлесткое название «кухонных дебатов».

Хрущев с самого начала ставил Джона Кеннеди выше Эйзенхауэра. Он признавал большие военные заслуги генерала во время мировой войны, но скептически оценивал его политическую деятельность. А Джон Кеннеди — молодой, энергичный, незаурядный новый президент — внушал Хрущеву надежду на возможность радикального улучшения советско-американских отношений. Нельзя исключить также, что Хрущев рассчитывал, что со своим огромным политическим и жизненным опытом он сможет оказывать большее влияние и давление на Кеннеди, чем если бы имел дело с многоопытным «политическим волком». Поэтому Хрущев охотно принял предложение Кеннеди о встрече в Вене, которая состоялась в июне 1961 года.

В Вену Хрущев ехал уже с совсем другими чувствами, чем в Кэмп-Дэвид. Он обрел не только уверенность, но и некоторую самоуверенность. Если перед встречей с Эйзенхауэром он был озабочен тем, чтобы не ударить в грязь лицом, то сейчас его больше занимало, как бы «поставить на место» молодого президента и добиться от него желаемых уступок.

Мне довелось еще в ту пору ознакомиться со стенограммой переговоров между советским и американским лидерами. Меня сильно удивило тогда, какое большое место заняло выяснение идеологических вопросов — о капитализме, социализме, о принципах отношений и др.

Что касается практических вопросов, то Хрущев и Кеннеди не смогли договориться ни по одному пункту. Отчасти это объяснялось тем, что Кеннеди рассматривал такую встречу как ознакомительную, а быть может, предупредительную. Отчасти, наверное, тем, что Хрущев выдвигал нереалистические цели, полагая их достижимыми. Его по-прежнему больше всего заботила германская проблема. Он добивался дипломатического признания ГДР Соединенными Штатами и другими странами Запада, узаконения раскола Германии на два государства. Он ставил вопрос об удалении западных держав из Западного

Берлина и даже снова говорил о необходимости поставить во главе ООН трех генеральных секретарей.

Кеннеди не согласился ни с одним из этих требований. Что касается советско-американских отношений, то, насколько мне известно, делового обсуждения каких-либо конкретных проблем не произошло.

Два лидера вынесли из этой встречи смешанные чувства. Кеннеди убедился в том, что в лице Хрущева он имеет умного и здравомыслящего партнера. Однако ему остались совершенно неясными подлинные мотивы и цели советской внешней политики. Хрущев признавался после возвращения, что Кеннеди произвел на него куда более благоприятное впечатление, чем Эйзенхауэр, как человек, способный по-новому взглянуть на отношения с Советским Союзом. Молодой президент, безусловно, внушил ему чувство уважения, однако показался «чересчур интеллигентным», то есть не очень способным принимать твердые решения в критических ситуациях. Чтобы лучше понять такую оценку Хрущева (а о ней мне рассказывали советники, сопровождавшие его в Вену), надо напомнить, что сам Хрущев пришел к власти как раз в борьбе против партийных «интеллигентов». Такие люди, как Каменев, Зиновьев, Бухарин, безусловно, проигрывали в глазах Хрущева в сравнении со Сталиным именно потому, что были «спорщиками», «идеологами», а не деловыми практическими политиками. Мне думается, что он перенес эти свои впечатления внутрипартийной борьбы на оценку американского президента.

Это была серьезная ошибка, в чем Хрущеву пришлось убедиться во время берлинского и в особенности в момент Карибского кризиса.

## II

В 1963 году я сопровождал партийную делегацию во главе с Хрущевым, в которую входил Андропов, на VI съезд Социалистической единой партии Германии. Первые впечатления о Берлине были у меня странными. Уже проезжая по городу, я увидел немцев в военной форме, удивительно напоминавшей прежнюю, которую мы знали по кинофильмам, изображавшим войну. Сам город выглядел довольно мрачным, малолюдным, как будто осажденным. Особенно поражала резиденция в Панкове, в которой находилось наше партийное и государственное руководство. Проезд сюда был блокирован, загорожен шлагбаумами, возле которых стояла специальная охрана.

То было время, когда еще не спало полностью напряжение берлинского кризиса. Нас повезли к Бранденбургским воротам и показали стену, по обе стороны которой находились советские и американские патрульные войска. Мне впервые довелось это увидеть. Место выглядело зловеще. Нигде, ни в одной социалистической стране не было такого ощущения осажденной крепости, как здесь.

В мою задачу не входит более подробное рассмотрение берлинского кризиса, тем более что я уже упоминал о позиции Хрущева в связи с установлением стены в Берлине и о признании ГДР. Замечу только, что, по моему мнению, берлинский кризис был увертюрой к Карибскому и в чем-то подтолкнул Хрущева на размещение советских ракет на Кубе. Хрущев не мог понять, почему Соединенные Штаты и их союзники по НАТО так упорно сопротивляются дипломатическому признанию ГДР и в целом закреплению послевоенных границ. Он видел в этом не только проявление традиционной для американцев политики силы, но и недооценку советской мощи. Между тем Советский Союз провел серию испытаний ядерного оружия, в том числе самой мощной водородной бомбы, о чем с большой гордостью Хрущев сообщал на XXII съезде партии. Исторический парадокс состоит в том, что в создании водородной бомбы решающую роль сыграл будущий великий либерал А. Д. Сахаров. Если бы СССР не получил этого оружия, Хрущев вряд ли решился бы на размещение ракет на Кубе, что поставило весь мир на грань апокалипсиса.

Хрущева выводило из себя то, что американцы никак не реагировали на радикальные изменения в соотношении ракетно-ядерных сил, вели себя так, будто Советский Союз по-прежнему плетется далеко в хвосте.

Надо сказать, что Соединенные Штаты действительно недооценили новую ситуацию. Их опьяняли цифры — численное превосходство в ядерных боеголовках, ракетах и других средствах доставки. Они не поняли, что Советский Союз накопил гигантскую мощь для ответного уничтожающего удара и все американское превосходство в значительной степени утрачивало значение. Так ли важно, сколько раз одна сторона может уничтожить другую, — достаточно, если она обрела возможность сделать это один раз. Советский Союз такую возможность обрел в начале 60-х годов. Это был новый фактор соотношения стратегических сил, который диктовал новую политику. Но американцы не спешили с признанием происшедшего изменения.

По мысли Хрущева, нужна была какая-то могучая демонстрация советской мощи. Надо было поставить американцев в такое положение, в котором находился Советский Союз. Первой пробой сил был Берлин. Но эта проба не дала желаемого эффекта. И тогда появился замысел разместить советские ракеты с ядерными боеголовками на Кубе, в подбрюшине Соединенных Штатов.

Берлинский кризис, как и возведенная стена, разделившая город, как известно, вызвал массу возмущенных комментариев и объяснений. Тем более интересно обратиться к первоисточнику — к тому, о чем думал, что говорил и делал Хрущев во время этого кризиса.

Главное, что его заботило, — это стабилизация положения в Европе и признание Германской Демократической Республики. С этим Хрущев связывал температуру политического климата не только в Европе, но и во всем мире. Именно в Германии были сосредоточены самые большие вооруженные силы НАТО и Варшавского Договора. Поэтому Берлин был своеобразным барометром международного климата.

Известно, сколько усилий приложил Хрущев, чтобы добиться заключения мирного договора с обеими Германиями. В этом он видел важнейшую гарантию против военного столкновения. Он рассчитывал узаконить фактическое положение, которое сложилось в Европе на основе Потсдамских соглашений, подвести черту под военным противостоянием и легализовать существование двух германских государств — социалистического и капиталистического. Он с самого начала был согласен на превращение Западного Берлина в вольный город с особым статусом, но только на условиях заключения мирного договора.

Кроме того, руководитель ГДР Вальтер Ульбрихт оказывал большой нажим на Хрущева. Его беспокоили и политические перспективы ГДР, и экономические вопросы. Он жаловался на то, что жители Западного Берлина делают огромные закупки продовольствия в Восточном Берлине, поскольку здесь это дешевле. Ну и, конечно, проблема эмиграции. С одной стороны, утечка мозгов, утечка интеллигенции, квалифицированных рабочих, с другой — ощущение нестабильности социального и политического строя в ГДР. Именно Ульбрихту пришла в голову идея построить стену в Берлине и прочно закрепить границы между двумя частями города.

Что касается Хрущева, то, кроме этих соображений, его беспокоила авиационная разведка, полеты самолетов «У-2» над Чехословакией и другими восточноевропейскими странами. Это было источником инцидентов. Советские истребители нередко принуждали к вынужденной посадке самолеты, перелетевшие без разрешения границу ГДР или Чехословакии. Результатом всего этого стало решение прекратить доступ в Западный Берлин любых видов транспорта, кроме авиационного. Так начался берлинский кризис.

Отвечая в своих мемуарах на скользкий вопрос о стене, Хрущев особенно останавливался на свободе выбора места жительства. Его беспокоил довод западных официальных лиц и печати о том, что именно социалистические страны вынуждены запрещать гражданам выезжать в другие государства. Они говорили, что это вопрос уже не морального выбора людей, живущих в этом государстве, а способ принуждать их жить в нем. Одним словом, «заставляют жить в раю, когда человек из этого рая выйти не может», так как граница охраняется войсками.

На это Хрущев отвечал так, что это действительно недостаток, но временный. Он связан с материальными возможностями. Было бы легче решать эту проблему, если бы таких возможностей в странах социализма было больше. И вот что любопытно: главное преимущество социализма он видит в том, что называет «моральными возможностями социализма».

Однако масса людей — Хрущев говорил даже «большинство» — оценивают проблему свободы или несвободы в зависимости от того, сколько можно купить на рубль или на доллар картошки, мяса, ботинок и других материальных благ, без которых человек не может жить. И, к сожалению, отмечал Хрущев, не только в ГДР, но и в других социалистических странах на этой основе мы соревноваться пока не можем.

Тут же он бросает упрек ханжам и догматикам:

— Некоторые наши умники-коммунисты скажут, что это принижение наших возможностей и прочее. Давайте, так сказать, трезво смотреть на вещи, потому что если бы мы располагали большими материальными возможностями и обеспечивали бы в большей степени удовлетворение этих материальных потребностей, то, безусловно, как говорится, от добра добра не ищут. И границу бы тогда не пересекали в таком количестве.

Хрущев говорит о своей мечте превратить ГДР в окно для западного мира, которое служило бы форпостом, привлекающим трудовой народ капиталистических стран — и с точки зрения моральной, политической, и с точки зрения материальных достижений. Но, к сожалению, замечает он, мы еще не накопили таких возможностей, к сожалению, приходится только давать обещания, однако это будет, я в этом уверен, что это будет, но, видимо, не скоро.

Характерные признания! Честность, как правило, брала верх у Хрущева над лукавством. Конечно, и лукавил он нередко. И все же по сути своей всегда стремился к искренности.

Будучи реалистом, Хрущев никогда не думал, что

берлинский кризис чреват угрозой военного конфликта. Он был уверен, что Западу придется проглотить эту пилюлю. На него не произвели большого впечатления демонстративные акции Джона Кеннеди. И то, что американский президент направил дополнительные войска в Западный Берлин, и то, что командующим назначили Клея — одного из боевых генералов Второй мировой войны, и то, что американские танки были подведены к самой стене. И даже то, что какое-то время стояли друг против друга американские и советские танки. Хрущев назначил маршала Конева командующим, а тот демонстративно находился на XXII съезде, который в это время проходил в Москве. Как заявлял Хрущев, мы были уверены, что никакого военного столкновения не будет. Потому что не может командующий, ожидая военного столкновения, находиться в Москве, на съезде партии[1]. Американцы направили к границе бульдозеры, за бульдозерами — танки, за танками — джипы с пехотой. А советские танкисты спокойно выжидали и, когда подошли бульдозеры, развернулись, двинулись навстречу американцам. Случилось так, что американские джипы обогнали бульдозеры и пересекли границу. Советские командиры проявили выдержку, пропустили их, но когда те увидели, что вокруг стоят советские войска и наши танки подтягиваются из переулков, они вернулись в Западный Берлин.

И тут снова проявился здравый смысл Хрущева. Когда маршал Конев доложил об этом танковом противостоянии, Хрущев предложил отвести наши танки и выразил уверенность, что американцы сделают то же самое. Он даже сказал, что пройдет не больше двадцати минут после отвода советских танков — и

---

[1] См.: Х р у щ е в Н. Воспоминания. Кн. 2, с. 283.

американцы отведут свои. И вот во время XXII съезда КПСС Конев подошел к Хрущеву и доложил, что действительно буквально через двадцать минут после того, как советские танки отошли, американские танки тоже развернулись и направились в глубь Западного Берлина. Тем самым, по мнению Хрущева, было получено признание де-факто установления границ и нового порядка, когда функции их охраны стали выполнять представители ГДР. И в конце своей жизни Хрущев полагал, что таким путем была достигнута большая победа — победа без выстрела. Он считал, что ГДР получила возможность контролировать свою территорию и свои границы, и это содействовало стабилизации ее внутреннего положения и создало нормальные условия для управления государством.

Интересно заметить, как по-разному воспринимался берлинский кризис на Востоке и на Западе. Тогда в особенности остро сказалось полное непонимание советских целей американцами и западноевропейцами. Их руководители строили самые разные предположения: о пробе сил оружием, об изменении военного баланса на Европейском континенте, даже о провокации, способной разжечь пожар ядерной войны. На самом деле объяснение лежало на поверхности, и Хрущев многократно повторял его: стремление укрепить положение ГДР как суверенного государства и стабилизировать ситуацию в Европе.

Сейчас, когда под напором демократических волн, идущих из нашей страны, Берлинская стена пала и произошло воссоединение Германии, когда страны Восточной Европы обрели суверенитет, когда начался процесс вхождения бывших стран социализма в НАТО, когда распался СССР и Югославия, сейчас заново в ретроспекции оценивается прежний опыт.

Но не следует забывать, что Хрущев действовал в совершенно иную, раннюю послесталинскую эпоху — эпоху «холодной войны». Этот факт невозможно игнорировать, анализируя его шаги вперед к признанию равноправия всех так называемых стран социализма и назад — к сталинским методам сохранения «социалистического лагеря».

Нам легко теперь назвать такой подход имперским, и это будет правдой, но не всей правдой. Вся правда — это наследие послевоенного времени. Это противостояние Запада и Востока, это причудливое сочетание в мозгах наших лидеров осколков идей о мировой революции, о предначертанности нашей миссии и русской идеи безопасности границ. Это и подтвердившееся впоследствии стремление западных лидеров свести на нет любой ценой «советскую угрозу», коренным образом изменить в свою пользу соотношение военных сил, включить Восточную Европу в свою сферу влияния. К размышлениям обо всем этом наша серьезная историческая мысль будет возвращаться снова и снова.

## III

...Это было 27 октября 1962 года, в день, который впоследствии Роберт Кеннеди назвал «черной субботой». Мы встретились с Беляковым утром возле дома по Кутузовскому проспекту, где жили в то время. За нами обоими были присланы машины с указанием срочно доставить нас на работу.

— Федор, ты отправил семью за город? — неожиданно спросил меня Беляков.

— Нет. А почему я, собственно, должен был это сделать?

— А потому, что нельзя исключить неожиданного

ядерного удара по Москве. Тетива натянута до предела, и стрела может сорваться в любой момент.

Признаться, в ту минуту я не верил в это, хотя и понимал, что положение чрезвычайно серьезное. За пять дней до этого президент США Джон Кеннеди в своем выступлении по американскому телевидению потребовал вывести советские ракетные установки с Кубы и объявил о морской блокаде острова, которая деликатно называлась «карантином». Во все последующие дни в Кремле и в Белом доме мало кто ложился спать вовремя. Обе столицы были охвачены ядерной лихорадкой, которая грозила перерасти в обмен ядерными ударами.

Кстати говоря, много лет спустя (в 1987 г.), во время конференции, посвященной Карибскому кризису, в Гарвардском университете в городе Кембридже, близ Бостона, я узнал от членов американской администрации Р. Макнамары, М. Банди и Т. Соренсена, что президент отдал распоряжение членам семей сотрудников Белого дома покинуть Вашингтон или по крайней мере находиться возле телефона. В Америке, как и в Москве, многие тоже ожидали внезапной ядерной атаки.

Работая в отделе, который имел одной из своих задач поддерживать отношения между КПСС и руководителями Кубы, я вскоре был вовлечен в подготовку документов, связанных с Карибским кризисом. После его завершения мне было поручено работать над текстом выступления Хрущева на сессии Верховного Совета СССР, где давалось обстоятельное разъяснение советской позиции в Карибском кризисе, причин его возникновения, хода советско-американских переговоров и достигнутого соглашения.

Доступ к информации, участие в обсуждениях, главным образом с Андроповым и его советниками, а также с помощниками Хрущева, позволили мне уже тогда составить свое суждение по поводу этого, самого драматичного события во всей послевоенной истории, а быть может, и во всей истории человечества. Но прежде чем рассказывать о самом Карибском кризисе, нужно вернуться к некоторым событиям эпохи «холодной войны». Иначе невозможно понять его источники и в особенности психологический фон, на котором развертывался конфликт, понять, как мог Хрущев решиться разместить ракеты с ядерными боеголовками на Кубе и как мог он решиться вывезти их оттуда обратно.

Карибская эпопея была, в общем, довольно логичным результатом развития советско-американских отношений в период оттепели. Подобно вспышке молнии, она высветила всю бессмысленность предшествующего термоядерного состязания, всю опасность старой политики и непреложно указала на необходимость коренного поворота в отношениях двух ядерных гигантов.

Я уже отмечал политическую и психологическую взаимосвязь между берлинским и Карибским кризисом. Теперь несколько слов по поводу событий на самом острове.

Всего за три года до этого на Кубе была установлена новая власть во главе с Фиделем Кастро Рус. И хотя американская администрация мало симпатизировала его предшественнику — диктатору Батисте, тем не менее она с самого начала встретила в штыки победу кубинских революционеров. Быть может, американцев насторожило требование новой власти покинуть их военную базу Гуантанамо и даже попытки блокировать ее. Быть может, американское руководство слишком прислушивалось к кубинским эмигрантам, которые создали на Флориде сильное антикастровское лобби. Быть может, напугали выступления Фиделя Кастро, который с самого начала добивался ликвидации американского засилья на острове... Трудно сказать, что послужило причиной. Но так или иначе Вашингтон почти на второй день после победы Кастро вступил на путь резкой конфронтации с его правительством.

В 1960 году американцы прекратили закупки кубинского сахара и тем самым поставили страну на край экономической катастрофы, а 2 января 1961 года Соединенные Штаты полностью прекратили дипломатические отношения с Кубой.

В ту пору Фидель Кастро не был ни коммунистом, ни марксистом. И сами американцы своей ошибочной политикой по отношению к Кастро толкнули его на путь сближения с Советским Союзом. Ему нужна была поддержка — экономическая, политическая, помощь оружием, и он нашел все это в Москве.

В феврале 1960 года А. И. Микоян побывал на Кубе. И в мае того же года были установлены дипломатические отношения между Кубой и СССР.

Тем временем Соединенные Штаты продолжали эскалацию своей политики. В апреле 1961 года американцы поддержали десантную операцию кубинских эмигрантов против Кубы. На ее южном берегу в районе Плая-Ларга и Плая-Хирон в бухте Кочинос произошла ожесточенная битва между войсками Фиделя Кастро и десантниками. Бои шли семьдесят два часа. В конечном счете десант был не только разгромлен, в плен попала значительная часть эмигрантов. Кубинцы захватили большое количество вооружения, на котором стояла американская марка. Ни у кого не было сомнений, что эта акция целиком поддержана американской администрацией.

Роберт Кеннеди в своих воспоминаниях о Карибском кризисе — «13 дней» — отмечает, что Джон Кеннеди долго колебался, поддерживать ли намеченную до него антикастровскую операцию. А Хрущев в мемуарах свидетельствует, что Кеннеди признал ошибочность своего решения. Тем не менее поражение в заливе Свиней до предела накалило антикубинские страсти в Америке.

В конгрессе и в печати раздавались призывы к прямому вторжению на Кубу. Кубинские руководители провели ряд крупных военных мероприятий на случай нового нападения. Одновременно началось быстрое развитие кубино-советских отношений. Этому способствовали важные перемены на самой Кубе. Кастро был избран Первым секретарем Национального руководства Объединенных революционных организаций. Советский Союз принял решение оказать экономическую помощь Кубе, в первую очередь закупками кубинского сахара.

В августе 1962 года было подписано соглашение о поставках оружия для Кубы. Куба готовилась к самозащите на случай нового вторжения контрреволюции или прямой военной акции тех или иных государств Центральной Америки, наконец, интервенции Соединенных Штатов.

Забегая вперед, расскажу о чрезвычайно любопытном диалоге, который произошел на конференции, посвященной кубинскому кризису в январе 1989 года в Москве, между членом Политбюро ЦК Компартии Кубы Рискетом и бывшим министром США Робертом Макнамарой. Рискет сказал, что кубинское руководство было абсолютно уверено в неизбежности новой интервенции против Кубы, которая в той или иной форме будет поддержана Соединенными Штатами. Этим объяснялись неустанные заботы Фиделя Кастро не только о создании прочной армии и ее вооружении, но и обучении народного ополчения. Макнамара со своей стороны торжественно заверил, что у администрации Джона Кеннеди никогда не было планов нападения на Кубу. Правда, Кеннеди очень беспокоила возможность развертывания Фиделем Кастро партизанских движений в Центральной и Южной Америке.

Это был один из наглядных примеров полного непонимания целей другой стороны. Рискет заявил также, что хотя кубинцы были уверены в победе в случае вторжения на их остров агрессоров, тем не менее они рассчитывали на помощь Советского Союза. Но кубинское руководство никогда не ставило вопроса о размещении на острове ракет с ядерными боеголовками. Оно хорошо понимало огромный риск для кубинского народа, связанный с таким размещением.

Идея и инициатива размещения ракет исходила от самого Хрущева. Мне довелось редактировать одно из продиктованных им Фиделю Кастро писем уже после завершения кубинского кризиса. Это письмо носило очень личный характер. В нем Хрущев откровенно и искренне рассказывал о том, каким образом в его сознание запала мысль о ракетах на Кубе. Произошло это в Болгарии, судя по всему, в Варне.

Хрущев и тогдашний министр обороны СССР Р. Я. Малиновский прогуливались по берегу Черного моря. И вот Малиновский сказал Хрущеву, показывая в сторону моря: на другой стороне, в Турции, находится американская ракетно-ядерная база. Пущенные с этой базы ракеты могут в течение шести-семи минут уничтожить крупнейшие центры Украины и России, расположенные на юге страны, включая Киев, Харьков, Чернигов, Краснодар, не говоря уже о Севастополе — важной военно-морской базе Советского Союза.

Хрущев спросил тогда у Малиновского: почему Советский Союз не имеет права сделать то, что делает Америка? Почему нельзя, например, разместить наши ракеты на Кубе? Америка окружила СССР своими базами со всех сторон и держит его в клещах. Между тем советские ракеты и атомные бомбы расположены только на территории СССР. Получается двойное неравенство. Неравенство количества и сроков доставки.

Так он задумал и обсудил эту операцию вначале с Малиновским, затем — с более широкой группой руководителей и, наконец, получил согласие Президиума ЦК КПСС.

Самым неясным было — возможно ли секретным образом разместить ракетные установки на Кубе, привести их в состояние боевой готовности? Остров небольшой, просматриваемый со всех сторон американской разведывательной авиацией и к тому же насыщенный американской агентурой. Неясно было, согласится ли кубинское руководство с советским предложением. Для решения обоих этих вопросов на Кубу была направлена делегация, в которую входили маршал Бирюзов, будущий посол на Кубе Алексеев и ряд других советских военных и политических деятелей. Они рассчитывали, что будет трудное объяснение с Фиделем Кастро. Однако реакция кубинских руководителей превзошла ожидания Хрущева.

Кастро поставил вопрос на обсуждение всего кубинского руководства, и было принято единодушное решение — согласиться с размещением ракет с ядерным оружием. При этом главным мотивом для кубинцев была не оборона Кубы, а укрепление оборонной мощи всего «социалистического лагеря».

Что касается возможности секретным образом разместить оружие, то советская комиссия, в которую входили авторитетные военные специалисты, пришла к положительному заключению. Эта ошибка очень дорого обошлась Хрущеву. Полагаясь на заключение комиссии, он вместе с другими советскими руководителями принял решение о размещении ракет на Кубе. Конечно, трудно возлагать всю ответственность за подобное некомпетентное заключение только на комиссию. Для каждого здравомыслящего политика или советника в Москве было очевидно, что скрыть приближение многих десятков советских кораблей, а тем более транспортировку и установку громоздких ракет на маленьком острове практически невозможно. Тем не менее Хрущев со свойственными ему увлеченностью и склонностью к риску начал эту операцию.

На упомянутой конференции в Москве Рискет сообщил о том, что на каком-то — вероятно, более позднем — этапе, после обнаружения американцами ракет, Фидель Кастро предлагал Хрущеву предать гласности договоренность о создании на Кубе советской военной базы. Аргументы в пользу такого решения выглядели довольно разумными. Ведь сами американцы имели такие базы вокруг Советского Союза, они не отказывались и от своей базы на самой Кубе.

Однако это предложение не было принято Хрущевым. Вероятно, он не верил, что удастся открыто заключить подобное соглашение с Кубой. Конечно, это вопрос суверенитета двух держав — СССР и США. Однако ни США, ни страны Латинской Америки, ни Организация Объединенных Наций, ни страны Западной Европы никогда бы не согласились с подобным решением.

Так или иначе, но Хрущев с начала и до конца

верил только в возможность разместить ракеты в условиях самой глубокой тайны.

Какие цели ставил при этом Хрущев? Сам он давал — настойчиво и упорно — одно, и только одно, объяснение: укрепление обороноспособности Кубы, гарантии ее защиты от вторжения — косвенного или прямого — Соединенных Штатов Америки. Намек на такое объяснение прозвучал еще до размещения ракет на Кубе. Так, в одном из выступлений, 9 июля 1960 года, Хрущев заявил, что Соединенным Штатам Америки не следует забывать, что сейчас они находятся не так далеко от Советского Союза, как прежде. Он сказал, что Советский Союз в случае необходимости может помочь кубинцам дать отпор вооруженным силам контрреволюции нашими ракетами. А через три дня на пресс-конференции Хрущев заявил, что «доктрина Монро» уже давно мертва.

Правда, в течение следующего, 1961, года Хрущев неоднократно заявлял о том, что Советский Союз не имеет и не будет иметь военной базы на Кубе. Одновременно он дважды направлял президенту Кеннеди протесты против вмешательства в дела Кубы.

В своих воспоминаниях Хрущев еще раз подтверждает, что впервые идея размещения ракет на Кубе пришла ему во время визита в Болгарию в мае 1962 года. Он считал, что американцы никогда не смирятся с режимом Кастро. Они боялись (так же, как мы надеялись), что «социалистическая» Куба станет примером для других латиноамериканских стран. Поэтому они были готовы на крайние меры. Этим, по словам Хрущева, было продиктовано его решение разместить ракеты, чтобы предотвратить нападение Соединенных Штатов на Кубу.

Он понимал, что прежде всего необходимо переговорить с Кастро, объяснить нашу стратегию и получить согласие кубинского правительства. Хрущев думал так: если мы успеем установить ракеты, американцы дважды подумают, прежде чем применить свои военные силы. Он понимал, что Америка может уничтожить некоторые из ракетных установок, однако даже если сохранится десяток ракет, этого будет достаточно для ответного удара. Таким путем, по его мнению, можно поставить Америку в тяжелые условия, поскольку под угрозой разрушения будут деловые и промышленные центры США. Хрущев даже упоминает в своих мемуарах, какие центры он имел в виду держать под прицелом. Это Нью-Йорк, Чикаго, другие промышленные города; что касается Вашингтона, то о нем говорить нечего, поскольку это маленькая деревня. «Америка, пожалуй, никогда не имела такой реальной угрозы быть разрушенной, как в этот момент», — с некоторым торжеством замечает Хрущев.

## IV

Хрущев в течение Карибского кризиса и непосредственно после него, а также в своих мемуарах настаивает, что единственной целью размещения ракет на Кубе была ее защита от американского вторжения. Об этом же неоднократно заявлял во время январской конференции по Карибскому кризису в Москве и сын Хрущева Сергей Никитич.

Я позволю себе усомниться в таком объяснении. Доступ к информации в период Карибского кризиса и тщательное изучение материалов впоследствии привели меня к другому выводу. Размещение ракет на Кубе преследовало по меньшей мере две цели.

Об одной из них справедливо и настойчиво говорил Хрущев — это защита Кубы. Правда, такое утверждение может быть подвергнуто сомнению, поскольку сами кубинцы о подобной форме защиты не просили. Напротив, у них была уверенность, что они дают согласие на размещение ракет не в своих интересах, а для укрепления обороны СССР и других социалистических стран. Для кубинцев, как и для всех других, было понятно, что создание ракетно-ядерной базы на острове, расположенном всего в девяноста милях от США, многократно увеличивает риск американского вторжения.

Думается, что, идя на такой риск, Хрущев одновременно преследовал и иную цель. А именно — изменить стратегический баланс сил между СССР и США. Дать Соединенным Штатам почувствовать то, что испытывали советские люди на протяжении многих лет «холодной войны», будучи окруженными со всех сторон американскими базами; продемонстрировать советскую мощь и создать условия если не военного, то политического паритета. Конечно, Хрущев и в мыслях не имел нанести ядерный удар по Соединенным Штатам. Не говоря о том, что это абсолютно не отвечало целям его политики, его характеру, он прекрасно понимал, что ответным ударом Соединенные Штаты сумеют разрушить Советский Союз и уничтожить больше половины его населения.

По моему мнению, у Хрущева было совсем другое на уме: добиться новых условий переговоров с Соединенными Штатами, создать возможность для достижения равноправного компромисса. Он хотел таким путем получить то, к чему стремился на протяжении 1960—1962 годов: признание ГДР, закрепление нового статуса Западного Берлина, послевоенных границ, а также серьезные изменения в советско-американских отношениях на основе разрядки и ограничения гонки вооружений.

Хрущев рассуждал точно так же, как американцы рассуждали по поводу Советского Союза. Известно, что на протяжении всего послевоенного периода и даже сейчас многие американцы верят в то, что с Советским Союзом можно вести переговоры только с позиции силы, что русские другого языка не понимают. То же самое думал Хрущев об американцах. Он считал, что они слишком сильны и слишком уверены в себе. С ними невозможно разговаривать на равных, не продемонстрировав до этого своей мощи. Обе цели — защита Кубы и изменение стратегического баланса — вероятно, сливались в его сознании воедино: надо на деле показать Америке, что ситуация в отношениях с СССР и его союзниками изменилась коренным образом.

Почему так очевидно для меня такое истолкование мотивов Хрущева? Напомню еще раз: психологическим толчком появления самой идеи размещения ракет на Кубе послужила прогулка по берегу Черного моря и упоминание об американских ракетах в Турции. Затем именно этот мотив стал последним аккордом при достижении компромисса между Хрущевым и Кеннеди. И еще: Хрущев стремился любой ценой добиться установки ракет даже после того, как они были обнаружены. Это стремление выглядит иррационально, если исключить, что он добивался демонстрации советской мощи путем установки ракет, нацеленных на Соединенные Штаты.

Наконец, секретность. Секретность была чрезвычайно опасна для кубинцев. Они лучше Хрущева понимали психологию американских руководителей и общественного мнения страны. Они ясно отдавали себе отчет, какой взрыв негодования вызовет именно тайное размещение ракет. Для американского сознания любой, даже самый зловещий договор представляется приемлемым, если он делается в открытых и предусмотренных международными нормами формах. Даже когда речь идет о несправедливом соглашении.

С конца июля и до середины сентября Советский Союз направил на Кубу примерно 100 кораблей. Большая их часть на этот раз перевозила вооружение. По американским подсчетам, сюда было доставлено 42 ракетно-баллистические установки среднего радиуса действия — МРМБ; 12 ракетно-баллистических установок промежуточного типа, 42 бомбардировщика-истребителя типа «ИЛ-28», 144 зенитные установки типа «земля — воздух»; ракеты других типов, вооруженные ракетами патрульные суда. Кроме того, — это уже выяснилось недавно, — на Кубу было перемещено примерно 40 тысяч советских солдат и офицеров.

Конечно, эти передвижения не могли остаться не замеченными для американцев. Надежды сохранить все в секрете, в тайне, вплоть до установки ракет, оказались грубым просчетом советников Хрущева и его самого. 16 октября американцы получили достоверные данные о размещении советских ракетных установок на Кубе. Эти данные доставил разведывательный самолет «У-2». Но еще раньше американская разведка получила информацию от своих агентов на Кубе о передвижениях по острову советских ракет, сопровождаемых советскими солдатами и офицерами, переодетыми в кубинскую военную форму или в штатские костюмы. В тот же день все эти данные были сообщены президенту Кеннеди.

Итак, нет сомнений, что инициатива установки ракет на Кубе исходила лично от Хрущева, быть может, в какой-то степени она была подсказана Малиновским, но это не меняет сути дела. Фидель Кастро не просил Хрущева о такой помощи кубинской революции. Правда, впоследствии, когда ракеты и ядерные боеголовки были завезены на Кубу, когда началась их быстрая установка и дело чуть было не завершилось успехом, кубинцы так же, как и Хрущев, увлеклись этой идеей.

Кубинцы чувствовали постоянно, ежедневно, ежечасно, что они живут под дамокловым мечом Соединенных Штатов. Они не знали, когда и как, но были уверены, что их великий сосед нанесет удар, который станет для них роковым. И тут впервые забрезжила возможность показать кулак этому соседу, доказать на деле, что он тоже уязвим, чтобы он испытал то, что испытывали кубинцы, жившие под угрозой уничтожения режима Фиделя Кастро.

И кубинцы в тот момент поддались искушению. Кроме того, у них появились надежды добиться крупных уступок от Соединенных Штатов Америки под угрозой советских ракет.

Каковы были опасения Хрущева? В возможность СССР первым нанести ядерный удар сейчас не верит ни один из американских политиков и исследователей. Я думаю, что вряд ли кто из американцев всерьез верил в это и в тот напряженный момент, хотя, конечно, некоторые отчаянные головы, особенно среди генералов, использовали этот аргумент, доказывая, что Хрущев хочет развязать ядерную войну.

Но это абсолютный вздор. Больше того, мы знаем, что Хрущев не только не думал развязывать войну, но и не допускал в своем сознании мысль, что размещение ракет на Кубе увеличивает риск такой войны. Поскольку он был убежден — и убежден слепо и ошибочно, — что удастся тайно не только завезти ракеты с ядерными боеголовками, но и установить их, он рассматривал это как нормальный ответный акт, вполне соизмеримый с тем, что сделали американцы, разместив свои ракеты и самолеты с атомными бомбами в Турции, Италии и других районах вблизи Советского Союза. Для него это была политическая игра в духе сложившихся методов «холодной войны», перетягивание каната, но на этот раз в сторону Советского Союза.

Если бы удалось разместить ракетно-ядерные установки и нацелить их на американские города, полагал Хрущев, тогда можно было бы начать переговоры с Соединенными Штатами в более или менее равных условиях. Тогда можно было бы добиваться и гарантии ненападения на Кубу, перед которой у Советского Союза появились союзнические обязательства. Тогда можно было бы добиваться и признания ГДР, а также послевоенного статус-кво в Европе. Тогда можно было бы начать эффективные переговоры по ограничению, а потом и ликвидации гонки ракетно-ядерного оружия. Одним словом, тогда можно было бы приступить к подлинной разрядке между Востоком и Западом на принципах мирного сосуществования.

Не последнюю роль в сознании Хрущева играли и его идеологические стереотипы: капитализм — социализм, черное и белое, кто — кого? При таком подходе любые методы пригодны. Раз империалисты, эти угнетатели и эксплуататоры рабочего класса, позволяют себе действовать жестокими методами, значит, и коммунисты, эти защитники народа, провозвестники великого будущего для всего человечества, вправе пользоваться теми же методами. Эту идеологию он воспринял от Сталина и так и не преодолел в своем сознании до конца жизни.

Хрущев оставался верным заблуждениям юности. Мысль о деидеологизации международных отношений не могла прийти в голову не только Хрущеву, но и никому из его соратников. Лишь четверть века спустя она стала одним из органических элементов нового мышления.

Нужно сказать несколько слов и о наших чувствах — чувствах советников, помощников, консультантов, которые в большей или меньшей степени были вовлечены в те трагические события. Нас, конечно, не допускали к принятию решения, и никто никогда не спрашивал нашего мнения: ни по поводу того, следует или не следует размещать ракеты на Кубе, ни по поводу того, каким должен быть выход из кризиса. В этот процесс была вовлечена небольшая группа руководителей — прежде всего члены Президиума ЦК КПСС, секретари ЦК КПСС, министры — иностранных дел, обороны, руководители органов государственной безопасности. Я уверен, что даже их голос звучал чрезвычайно приглушенно. Хрущев в ту пору уже выступал, по сути дела, как авторитарный лидер. И хотя его судьба зависела в какой-то степени от мнения и воли других членов руководства, однако не думаю, что кто-либо мог сколько-нибудь серьезно возражать Хрущеву, когда он говорил «да» или «нет».

Мне довелось в 1987 году, во время конференции по Карибскому кризису в Гарвардском университете, посмотреть американскую телевизионную постановку, посвященную этому кризису. Собственно, наша конференция началась с просмотра записанной на видеокассету моей пьесы «Бремя решения» («Черная суббота»), поставленной одним из московских театров, в которой я попытался воссоздать с большой и искренней симпатией образ Джона Кеннеди, Роберта Кеннеди, а также членов исполнительного комитета Совета национальной безопасности — Р. Макнамары, Т. Соренсена, М. Банди и других в тот кризисный период. (О Хрущеве тогда не разрешалось даже упоминать, поэтому его образа в пьесе не было.)

Надо сказать, что на меня произвел большое впечатление американский актер, игравший роль Хрущева. Я считаю, что это самая крупная удача в показанном нам телевизионном фильме. Не только внешнее сходство, манеры, но и огромное чувство ответственности, ощущения угрозы ядерного кризиса — все это удалось прекрасно передать американскому актеру. Я был рад услышать, что и наш великолепный актер Андрей Миронов, игравший роль Д. Кеннеди, тоже произвел своей игрой в пьесе весьма благоприятное впечатление на членов администрации, как и в целом моя попытка проникнуть в суть событий, происходивших в Белом доме.

Но вот что показалось мне чрезвычайно неправдоподобным и даже смешным — это изображение взаимоотношений между Хрущевым и другими советскими руководителями. Там есть сцена, где Суслов прокурорским тоном допрашивает Хрущева о его намерениях, резко выступает против компромиссного решения. Это ни в малейшей мере не отражает стиля отношений в Президиуме ЦК КПСС в тот период. Еще в меньшей степени это похоже на реальный образ самого Суслова — человека чрезвычайно хитрого, двусмысленного, двуличного, который никогда и ничего не говорил прямо, а всегда действовал исподтишка, с оглядкой, боясь поскользнуться. Именно благодаря таким качествам он и сумел усидеть более тридцати лет на посту секретаря ЦК КПСС, пережить Сталина и Хрущева, не дотянув чуть меньше года из-за физической смерти до кончины Брежнева.

Конечно, Хрущев советовался со своими ближайшими соратниками. Но так, как, скажем, советуется генерал с офицерами среднего ранга. Самое большое влияние на него в ту пору оказывали не столько соратники, сколько поступавшая информация. И он стремился получить ее из самых разнообразных источников — и по линии посольства СССР в США, и особенно по линии секретной агентуры; быть может, это было основным рычагом воздействия на принимаемые им решения, на характер переписки с Кеннеди, на выработку условий возможного компромисса.

Возвращаясь к чувствам скромных консультантов и советников нашего ранга, хочу прежде всего передать разговор, который был у меня с одним из помощников Хрущева О. Трояновским в ту пору. Этот разговор состоялся сразу же после известной речи Джона Кеннеди 22 октября 1962 года об установлении морской блокады Кубы (карантина).

— Что же, теперь по крайней мере стало совершенно очевидным, — сказал мне мой собеседник, — что это авантюра. Я никогда не верил в то, что мы могли тайно разместить наши ракеты на Кубе. Это была иллюзия, которую внушил Никите Сергеевичу маршал Бирюзов. Но еще в меньшей степени можно было предположить, что американцы проглотят эту пилюлю и смирятся с существованием ракетной базы в девяноста милях от своей границы. Теперь надо думать, как быстрее унести ноги, сохраняя при этом пристойное выражение лица.

Примерно такими были и мои собственные чувства. Надо сказать, что, в отличие от моих друзей, я даже в тот напряженный момент не верил в реальность ядерной войны. Я абсолютно твердо знал, что такую войну ни при каких обстоятельствах не развяжет Хрущев. Но я был уверен и в том, что Джон Кеннеди тоже никогда не примет рокового решения о первом ядерном ударе. Это представлялось мне совершенно иррациональным с точки зрения интересов обеих стран. Ни у одной из них не было ни малейшей причины для того, чтобы идти на риск уничтожения половины своего населения, на риск обмена ядерными ударами, последствия которых даже вообразить было невозможно.

Как человек, вышедший из научной среды, я, вероятно, поддавался обычному сайентийскому заблуждению — преимущественно научному и несколько абстрактному подходу к явлениям жизни. Слишком верил в рациональное начало истории человечества. А ядерная война была иррациональна, стало быть, невозможна. Только позднее — и на опыте эскалации Карибского кризиса, и на опыте войны во Вьетнаме и Афганистане, и на опыте безумного накопительства никому не нужных многих тысяч ядерных боеголовок — я стал больше чувствовать, что историей и особенно политикой правит не только разум, но и эмоции, и случай. А тогда, повторяю, в момент самого кризиса, я не чувствовал всей трагической глубины происходившего. И только, повторяю, впоследствии, мысленно возвращаясь к тому времени, я испытал подлинное потрясение, что и побудило меня двадцать лет спустя написать пьесу об этом событии.

Итак, на нашем уровне советников многие, как и я, считали, что «Никитушка» зарвался, и хотя его побуждения были хорошими, план тайного размещения ракет на Кубе оказался авантюрой.

Но я хорошо помню, что мои чувства стали постепенно меняться после завершения кризиса. Они менялись под влиянием двух обстоятельств. Первое: результаты этого очень плохого дела оказались неожиданно во многих отношениях хорошими. Уда-

лось добиться от Соединенных Штатов гарантий ненападения на Кубу, а также согласия на демонтаж и
ликвидацию американской базы в Турции. Но что
еще важней — удалось добиться огромного психологического перелома в сознании американского руководства. Как и Хрущев, Кеннеди пережил глубокое
потрясение, почувствовав реальное дыхание ядерной
войны. Оба они поняли, что ракетно-ядерное состязание не может рассматриваться как силовая политическая игра. За этой игрой стоит смерть, и на этот раз
смерть не для одного человека или для одного народа, а для всего человечества. Испытанный обоими
лидерами страх был чрезвычайно благодетелен. Великое предостережение древних — помни о смерти! — обрело новое апокалипсическое звучание: помни
о судном дне всего человечества!

Глубокий вздох облегчения, который вышел в момент соглашения из груди Кеннеди, Хрущева, советников, вовлеченных в этот процесс, был залогом
перелома в отношениях между двумя великими державами. Так весенняя гроза с ее громами и молния-
ми служит провозвестником следующего за ней со-
лнечного утра.

Второе обстоятельство, которое повлияло тогда на
мою переоценку Карибского кризиса, — это критика
наших действий китайским руководством. Именно
ему принадлежала тщательно обдуманная, изрядно
ядовитая формула, которая гласила, что политика
Советского Союза в период Карибского кризиса была
в тактическом отношении авантюрой, а в стратеги-
ческом — капитуляцией.

Мне было поручено готовить выступление Хрущева на сессии Верховного Совета СССР после окончания кризиса. Тогда в мое распоряжение поступили
многие информационные материалы, о которых я не

имел представления раньше. Хрущев, как обычно, предварительно надиктовал для выступления несколько кусков, которые были переданы нам. Центральное место в его диктовках занимал ответ китайцам. Было видно, что их критика глубоко задела его душу. Он был возмущен, оскорблен и раздражен. Подобная реакция на случившееся казалась ему особенно вредной попыткой нажить политический капитал на событиях, которые едва не привели к ядерной катастрофе. Ему казалось наиболее опасным еще раз проявившееся стремление Мао Цзэдуна столкнуть СССР и США в смертельной схватке, чтобы самим остаться в стороне и, по китайской пословице, сидеть подобно обезьяне на горе, наблюдая схватку тигров. Мне приходилось, как и другим, кто участвовал в подготовке этой речи, не заострять, а смягчать хрущевскую критику китайской позиции.

Конечно, и тогда мне как человеку, в большей степени воспитанному на принципах и нормах европейской культуры, были совершенно чужды мелкие и довольно непристойные хитрости, сопровождавшие наши действия по размещению ракет. Обманные заверения самого Хрущева и других советских руководителей о том, что у нас нет никаких планов размещения ракет на Кубе, особенно бессмысленные после того, как весь мир уже знал, что ракеты там находятся. Фанатичное стремление Хрущева продолжать установку ракет, затягивая дело перепиской с Джоном Кеннеди, вероятно, для того, чтобы, успев установить эти ракеты, получить лучшие условия для переговоров.

И все же я хорошо помню, что в момент подготовки выступления нашего лидера в Верховном Совете СССР я уже иначе воспринимал происшедшее, понимая невозможность найти ему однозначное определение, как, например: авантюра, ошибка, просчет, блеф и т. д. Я стал отдавать себе отчет в том, что Карибский кризис стал пятым актом всей драмы «холодной войны». За ним, как в шекспировской пьесе, где стояла тень отца Гамлета, расположились мрачные тени тех, кто начал «холодную войну», — и Сталина, и Черчилля, и Трумэна. А счастливый конец карибской драмы свидетельствовал о том, что эти тени стали уходить в прошлое.

Новые деятели — и Хрущев, и Кеннеди — показали себя поистине мировыми лидерами, проявили подлинное величие, найдя достойный для обеих сторон выход из ядерного тупика.

Я наблюдал выступление Хрущева на сессии Верховного Совета СССР, когда он впервые докладывал советскому народу о Карибском кризисе. Его лицо светилось счастьем. Это не было лицо человека, который испытывает угрызения совести или чувство вины. Нет, это было лицо победителя-миротворца. Видимо, он так же, как и Кеннеди, ясно сознавал ту историческую роль, которую они оба сыграли в этот единственный за всю историю человечества момент, когда древние пророчества апокалипсиса стали реальностью. Это было лицо спасителя мира. И все присутствовавшие в зале с огромным и искренним чувством приветствовали Хрущева именно как великого миротворца. В этот момент мало кто задумывался над тем, почему Хрущев разместил ракеты. Но все были глубоко благодарны, что он согласился их вывезти. Вероятно, Хрущев, и только Хрущев, был способен с одинаковой решимостью сделать и первое, и второе.

Особенно наглядное представление о чувствах Хрущева, о его психологической эволюции во время Карибского кризиса дает его переписка с Кеннеди. Мы видим, как постепенно менялся тон хрущевских писем. Если вначале он был вызывающим, даже агрессивным, то к концу все более брало верх чувство гигантской ответственности за судьбы своего народа и всего человечества, стремление любой ценой предотвратить ядерную катастрофу. Интересно заметить, что письма Хрущева отличаются куда более личным характером, чем послания Кеннеди. Это объясняется тем, что Хрущев сам диктовал письма. Правда, потом они подвергались редактированию, но таким образом, чтобы сохранить не только основные мысли, но и настроение, стиль, обороты речи, которыми он очень дорожил.

Хотя Хрущеву нередко приходилось лукавить, ибо он считал это неизбежным элементом в политической игре, тем не менее по характеру, как я уже говорил, это был человек глубоко искренний и откровенный. Быть может, эта черта в особенности бросается в глаза, когда перечитываешь его письма к Джону Кеннеди. Мне хотелось бы сослаться, по крайней мере, на некоторые из них.

Вот что он писал 26 октября, вскоре после известного выступления Джона Кеннеди по поводу блокады:

«Наша цель была и есть помочь Кубе, и никто не может оспаривать гуманность наших побуждений, направленных на то, чтобы Куба могла мирно жить и развиваться так, как хочет ее народ... Вас беспокоит Куба, Вы говорите, что она находится на расстоянии от берегов Соединенных Штатов 90 миль по морю, а ведь Турция рядом с нами, наши часовые прохаживаются, один на другого поглядывают. Вы что же, считаете, можете требовать безопасность для своей страны и удаления того оружия, которое Вы называете наступательным, а за нами этого права не признаете? Вы ведь расположили ракеты разрушительного оружия, которое Вы называете наступательным, буквально под боком у нас. Как же согласуется тогда признание наших равных в военном отношении возможностей с подобными неравными отношениями между нашими великими государствами? Это никак невозможно согласовать».

Это то письмо, которое так поразило Джона Кеннеди и его советников. Дело в том, что в один и тот же день были получены два письма. В первом выражалось согласие Хрущева вывести ракеты с Кубы, если США примут обязательство не нападать на нее. А во втором письме содержалось еще дополнительное требование — вывести аналогичные американские средства из Турции.

До сих пор идут большие споры по поводу того, как в один и тот же день могли быть направлены два таких разных письма. Думается, объяснение этому довольно простое. Хрущев получил дополнительную информацию от советских представителей, работавших в США, о том, что можно добиться больших уступок от Соединенных Штатов Америки, и незамедлительно попытался воспользоваться этой возможностью. И преуспел!

Особенно ярко передает чувства Хрущева его письмо от 28 октября 1962 года:

«Чтобы скорее завершить опасный для дела мира конфликт, чтобы дать уверенность всем народам, жаждущим мира, чтобы успокоить народ Америки, который, я уверен, так же хочет мира, как этого хотят народы Советского Союза, наше правительство в дополнение к уже ранее данным указаниям о прекращении дальнейших работ на строительных площадках для размещения оружия отдало новое распоряжение о демонтаже оружия, которое Вы называете наступательным, упаковке его и возвращении в Советский Союз».

«Мы сейчас должны быть осторожны, — продолжает Хрущев, — и не делать таких шагов, которые не принесут пользы обороне государств, вовлеченных в конфликт, а лишь могут вызвать раздражение и даже явиться провокацией для рокового шага. Поэтому мы должны проявить трезвость, разумность и воздерживаться от таких шагов... Мы убеждены в том, что победит разум, война не будет развязана, и будет обеспечен мир и безопасность народам».

Это заявление Хрущева, весь его стиль и тон не могут быть расценены иначе, как проявление подлинного мужества, сравнимого с его выступлением на XX съезде партии по трезвости и разуму, который восторжествовал над недальновидными расчетами в борьбе за перетягивание каната с Соединенными Штатами Америки. То был важный урок для самого Хрущева. То был необходимый урок для Джона Кеннеди. То был урок для всех последующих руководителей двух великих держав и для всего человечества.

В своих воспоминаниях Хрущев выражает удовлетворение и вместе с тем искреннее удивление, что и он — представитель рабочего класса, и Кеннеди — представитель капиталистов не только смогли договориться, но и испытывали сходные чувства по поводу угрозы войны и опасности экстремизма. Проблема, однако, куда глубже. Несходство Хрущева и Кеннеди не сводится к этому, как и не сводится к «противоположности двух социальных систем». Это несходство двух политических культур — либерально-элитарной (Кеннеди) и авторитарно-патриархальной (Хрущев). Более того, это несходство двух историко-культурных цивилизаций — американской и российской.

Традиции Америки — это индивидуализм, либерализм, антиэтатизм, превосходство закона над властью и свободы над равенством. Традиции России — это коллективизм, патриархальщина, этатизм, возвышение власти над законом, равенства над свободой. Все эти черты так или иначе нашли отражение в характере Кеннеди и Хрущева, были источником их взаимного непонимания и даже отталкивания друг от друга. На это накладывались стереотипы представлений о внешнем мире — революционные у Хрущева и либерально-прогрессивные у Кеннеди.

Наконец, еще одно: в отличие от большинства западных людей, большинство русских людей не рациональны, а эмоциональны. Поэтому у нас была великая литература — Толстой, Достоевский, но не было сравнимой с ней великой философии. Русские очень склонны к импровизации, им трудно планировать свою жизнь на одну неделю или даже на один день. Величайший парадокс истории в том, что именно русские впервые взялись планировать жизнь в масштабе всего общества (кстати, вероятно, не случайно ни один пятилетний экономический план так и не был выполнен). Люди Запада очень часто ошибались в своих прогнозах о поведении советского руководства, поскольку ставили себя на его место, не понимая особенностей российской политической культуры.

Тем более знаменательно, что Хрущев и Кеннеди смогли понять в конце концов друг друга в момент чудовищной угрозы в период Карибского кризиса. Это свидетельство глобализации мировых проблем, которые преодолевают вековые различия цивилизаций и приобретают общечеловеческий характер. Если бы Хрущев и Кеннеди продолжали руководить своими странами — кто знает? — возможно, удалось бы избежать последующей двадцатилетней гонки ракетно-ядерных вооружений. Ибо уже тогда стало ясно: ядерная война невозможна. Ибо уже тогда была сформулирована концепция достаточности вооружений для взаимного сдерживания. Ибо уже тогда русские и американцы стали понимать, что они просто люди, а не слепые представители соперничающих систем. Почему провидение сбросило с политической арены обе эти фигуры — и Кеннеди, и Хрущева, — остается загадкой истории.

Что касается меня, то я не просто уважал, я восхищался Джоном Кеннеди еще до того, когда он после трагической смерти стал мифом нашего времени. Я видел в нем идеал политического деятеля ядерного века, который соединяет в себе способность к принятию решений и интеллектуальные качества советника. Обычно это несовместимо: Аристотель не мог стать Александром Македонским, Сенека — Нероном, Талейран — Наполеоном, Сперанский — Александром I.

Способность к принятию решений свойственна, как правило, людям с твердым характером, которые не останавливаются перед жесткими мерами, если полагают их необходимыми. Обычно это властные и — в большей или меньшей мере — авторитарные лидеры. Советник же слишком интеллигентен и видит чересчур много аспектов события или решения. Джон Кеннеди был одновременно и тем и другим. Кроме того — и это был особенно важный момент для меня, — он не побоялся окружить себя плеядой блестящих, талантливых людей, таких, как Макнамара, Банди, Соренсен.

Карибский кризис настолько потряс мое сознание, что вскоре после его разрешения я решил написать пьесу об этом событии. Предлагаю читателю выдержки из этой пьесы. К сожалению, ее постановка прекратилась в театре Сатиры после трагической кончины Андрея Миронова, одного из немногих актеров, способных сыграть роль Джона Кеннеди. В первоначальном варианте она называлась «Черная Суббота», а в театре Сатиры в постановке Валентина Плучека — «Бремя решения». Привожу заключительные сцены из пьесы.

## V

## Сцены из пьесы
## «Бремя решения»

Участники заседания: Джон Кеннеди — президент США; Роберт Кеннеди — брат президента, министр юстиции; Пьер Селинжер — пресс-секретарь Белого дома; Мак Банди — помощник президента по вопросам национальной безопасности; Тед Соренсен — помощник президента; Маккоун — директор ЦРУ; Генерал Тэйлор — председатель объединенного Комитета начальников штабов; Роберт Макнамара — министр обороны; Дин Раск — государственный секретарь; Линдон Джонсон — вице-президент США.

*Овальный кабинет. В креслах расположились братья Кеннеди. За окном — вечерняя полумгла. Настольные лампы бросают странные тени на две одинокие фигуры, склоненные друг к другу.*

Джон Кеннеди. Я пригласил тебя, Бобби, до заседания кризисной группы. Я хочу поручить тебе миссию чрезвычайной важности. О ней не должен знать никто — ни члены нашей группы, ни самые близкие люди...

Роберт Кеннеди. Я слушаю, Джек.

Джон Кеннеди. Мы находимся в кульминации кризиса. Либо мы договоримся с русскими, либо
все покатится к войне.

Роберт Кеннеди. Да, это так. Сейчас или никогда.

Джон Кеннеди. Меня тревожат наши военные. Эти медные каски подогревают страсти и меша-
ют принять правильное решение.

Роберт Кеннеди. Да, генералы просто в бе-
шенстве. Некоторые даже говорят о ядерном ударе.

Джон Кеннеди. Вот как.

Роберт Кеннеди. Да. Они утверждают, что
обычная бомбардировка сейчас уже не эффективна.
Генерал Тэйлор делает вид, что не разделяет таких
взглядов. Но он использует бешеных, чтобы добиться
незамедлительного удара с воздуха обычными бомбами. Кризис показал, что самое ужасное, что может
быть, — это допустить военных к политическим решениям.

Джон Кеннеди. Не только к политическим,
но и к военным решениям. Если мы поступим так,
как хотят медные каски, то не останется никого, кто
мог бы проверить результаты их стратегии.

Роберт Кеннеди. Дело не только в военных.
Многие конгрессмены на их стороне.

Джон Кеннеди. Многие — не то слово. Почти
все. Они кричат о возмездии, будто дело идет не о
риске ядерной войны, а об операции канонерок.

Роберт Кеннеди. Хуже всех Гувер. Он тайно
подогревает страсти среди деловых кругов и в Конгрессе.

Джон Кеннеди. Так ему не пошел на пользу
преподанный нами урок?

Роберт Кеннеди. Боюсь, что нет. Я настоятельно говорил членам кризисной группы, что пре-

зидент будет в большом затруднении, если они примут решение о воздушной атаке. Если президент отвергнет их предложение, скажут, что в трудный час для Америки он утратил мужество.

**Джон Кеннеди.** А что же они?

**Роберт Кеннеди.** О, они были непримиримы. Маккоун намекал, что президент имеет какие-то личные мотивы в этом кризисе. Шестого ноября предстоят довыборы в конгресс, и демократы могут потерять места, если кризис не будет преодолен. Поэтому президент спешит и готов к максимальным уступкам.

**Джон Кеннеди.** Дурацкое рассуждение.

**Роберт Кеннеди.** То же самое сказал им я.

**Джон Кеннеди.** Если бы я заботился о наших шансах шестого ноября и о своих шансах в будущем, я дал бы приказ о нападении на Кубу. Америка поддержала бы меня. Но это означало бы сумасшедший риск ядерного конфликта.

**Роберт Кеннеди.** Тем временем республиканцы подогревают страсти в конгрессе. Они требуют удара по Кубе.

**Джон Кеннеди.** Вот это как раз и выдает их с головой.

**Роберт Кеннеди.** Они блефуют, твердо зная, что президент воздержится от опрометчивых действий. Тогда они смогут сказать: он показал себя неспособным к решительной политике. Все они хотят загнать президента в угол. Я бросил в лицо Тэйлору и Маккоуну, что они напоминают «ястребов» времен Джефферсона. Тогда кто-то из них назвал меня «голубем», чье место не в правительстве, а за университетской кафедрой.

**Джон Кеннеди.** Как обнаглели!

**Роберт Кеннеди.** Признаюсь, я не ожидал

Федор Бурлацкий. Н. Хрущев и его советники...

такой расстановки сил. Как это случилось? Ведь всех этих людей ты подбирал сам.

Джон Кеннеди. Всех, да не всех! Власть президента только кажется могущественной. Франклин Рузвельт испытал это, когда нужно было вступать в войну. Конгресс был против, да и большинство в его правительстве. Понадобилось нападение японцев на Перл-Харбор, чтобы Америка очнулась.

Роберт Кеннеди. Теперь нам грозит Перл-Харбор наизнанку. Нападение на Кубу без предупреждения... Военные потеряли контроль над собой.

Джон Кеннеди. Или пытаются взять контроль над президентом. Первый совет, который я дам своему преемнику, — следить за генералами.

Роберт Кеннеди. Это были последние слова, которые сказал Эйзенхауэр перед уходом из Белого дома.

Джон Кеннеди. Мы, пожалуй, недооценили его предупреждение. Они думают, что если они военные, то их мнение о войне и мире стоит хоть один цент. Нет, это дело политиков!

Роберт Кеннеди. Военные склонны действовать по моделям прежних войн. Это странно — не правда ли? Генералы лучше других знают цену ядерного оружия. Но они так консервативны, так традиционны в своей стратегии.

Джон Кеннеди. Все они посходили с ума. *(Президент закрыл лицо рукой, потом его рука вдруг сжалась в кулак, глаза стали напряженными. Шепотом.)* Они не понимают, что военные игры кончились, что мы впервые стоим лицом к лицу перед угрозой войны. Она может вспыхнуть в любую минуту. Мы на краю бездны, и выхода нет... Неужели мир действительно стоит на грани катастрофы? Неужели мы все делаем неправильно?.. *(Пауза.)* У нас нет вы-

290

бора. Мы своими руками все сильнее затягиваем узел ядерной войны. У нас только один выход: заплатить необходимую цену за договоренность с русскими. Другого я не вижу.

Р о б е р т  К е н н е д и. Риск огромен!

Д ж о н  К е н н е д и. Риск смертелен для нас с тобой. Но лучше поставить на карту нашу судьбу, чем судьбу нашего народа.

Р о б е р т  К е н н е д и *(вставая)*. Я преклоняюсь перед тобой, мой президент, мой дорогой брат! *(С чувством пожимает ему руку, садится.)* Итак?

Д ж о н  К е н н е д и. Итак, ты поедешь к советскому послу и сделаешь новое предложение.

Р о б е р т  К е н н е д и. Поехать в такой поздний час?

Д ж о н  К е н н е д и. Именно сейчас, пока не поздно. Возьми с собой Пьера, он поддерживал наш контакт с Фокиным. Но к послу его не бери. Ты будешь говорить с послом с глазу на глаз.

Р о б е р т  К е н н е д и. Что я должен сказать?

Д ж о н  К е н н е д и. Ты скажешь: мы согласны дать гарантии невторжения на Кубу, уважения ее суверенитета в обмен на вывоз ракет и ядерных бомб с острова.

Р о б е р т  К е н н е д и. Но об этом мы уже сообщали русским.

Д ж о н  К е н н е д и. В публичных заявлениях нам пришлось прибегнуть к оговоркам. Сейчас строго конфиденциально, лично от моего имени, ты заявишь: мы даем прочные, надежные гарантии. Мы твердо заверяем — мы выполним обещание! Кто бы ни пришел в Белый дом!

Р о б е р т  К е н н е д и. Одного этого мало. Теперь, когда Советы обрели силу, они добиваются, чтобы мы убрали наши базы с их границ.

Джон Кеннеди. Да, проблема существует. Мы могли не считаться с требованиями русских, когда располагали значительным превосходством в ядерном оружии. Сейчас они догоняют нас. И, возможно, скоро сравнятся с нами. Это меняет ситуацию. Здесь кроется корень нынешнего кризиса. Нам трудно игнорировать их притязания, но мы будем им противостоять во всю меру наших сил.

Роберт Кеннеди. Фокин от имени Москвы выдвигал требование о турецкой базе.

Джон Кеннеди. Как всегда, ты сразу схватил суть проблемы.

Роберт Кеннеди. Неужели ты, наконец, решился уступить?

Джон Кеннеди. Да, ты был прав, Бобби... Сейчас это стало неизбежным. Нам придется ответить мерой за меру.

Роберт Кеннеди. Я рад, Джек, я очень рад, что ты решился на это. Правда, у нас будут проблемы в НАТО, мы не вправе решать это без них. Мне передавали мнение Макмиллана. Он опасается эскалации кризиса. Но он против сделки с русскими. Он утверждает, что подобный обмен был бы катастрофой. Это подорвало бы доверие западноевропейцев к американцам.

Джон Кеннеди. Что же он предлагает?

Роберт Кеннеди. У него нет никакой конструктивной идеи. Одни всплески эмоций... Итак, я скажу послу...

Джон Кеннеди. Строго конфиденциально ты скажешь ему, что я обещаю убрать ядерные боеголовки и ракеты из Турции. Я не могу сделать это сейчас. Я должен согласовать это в НАТО, но я гарантирую — через шесть месяцев эта база будет ликвидирована.

**Роберт Кеннеди** *(раздумчиво)*. Втайне от правительства, от Конгресса, от наших союзников, от американского народа...

**Джон Кеннеди.** Нас оправдает успех. Можно пренебречь традициями, чтобы спасти страну. Ты помнишь, как говорил Черчилль? Я избран нацией не для того, чтобы присутствовать на похоронах империи.

**Роберт Кеннеди.** История, однако, судила иначе.

**Джон Кеннеди.** Но я не хочу и не буду играть роль гробовщика Америки!

**Роберт Кеннеди.** Ты прав! Ты тысячу раз прав! Я бы даже сделал больше...

**Джон Кеннеди.** Да?

**Роберт Кеннеди.** Я сказал бы послу: президент дошел до крайней черты. И быть может, даже преступил черту. Еще шаг — и он, и его правительство рухнут в пропасть. Тогда весь мир покатится к черту.

**Джон Кеннеди** *(после паузы)*. Что ж, пожалуй, можно использовать и такой ход... Но это ты скажешь лично от себя. Есть вещи, которые президент не вправе говорить.

**Роберт Кеннеди.** Да, Джек.

**Джон Кеннеди.** Теперь я сказал тебе все. Ты можешь зажечь свет и пригласить всю команду...

*Роберт Кеннеди уходит.*

# VI

*В Овальный кабинет входят члены кризисной группы. Вечер.*

**Джон Кеннеди.** Джентльмены! Я собрал вас сегодня в столь позднее время, чтобы обсудить новую ситуацию. Мы должны понять — чего добиваются русские. **Нам надо показать Советскому Союзу: мы относимся к создавшемуся положению со всей серьезностью и будем действовать решительно. Но мы должны сохранить и возможность маневра. Больше того, мы должны предоставить также и русским возможность для маневра. Ядерные державы не вправе добиваться того, чтобы загонять друг друга в угол, откуда выход только один — к ядерному конфликту.**

**Макнамара.** Я — за продолжение блокады. «У-2» ничего не изменил в принципиальном подходе. Воздушный удар неизбежно выведет из строя множество гражданских объектов. Несколько тысяч русских будет убито. Москва не простит нам этого. Она ответит и ответит решительно. Тогда мы можем потерять контроль над ситуацией, и дело дойдет до ядерной войны.

**Генерал Тэйлор.** Господин президент! Объединенный комитет начальников штабов и раньше доводил до вашего сведения, что считает блокаду слишком слабой мерой. Мы еще за четыре дня до того, как был сбит «У-2», предлагали атаковать именно ту базу, с которой был сбит самолет, а также и другие базы. Не скрою, господин президент, что приказ воздержаться от нападения произвел шок в Пентагоне. Это был тяжелый день в жизни наших вооруженных сил.

**Джон Кеннеди.** События, однако, подтвердили нашу правоту. Еще несколько дней назад мы чувствовали, что подошли к краю пропасти. Вы помните, мы ждали сближения двух флотов. Но русские поступили разумно. Они остановили свои корабли. Эскалация конфликта была приостановлена. Что, если бы с самого начала мы согласились на бомбовый удар, где сейчас был бы мир?

**Генерал Тэйлор.** Но теперь время действовать. У нас последний шанс уничтожить ракеты. Иначе их установят, и они будут расстреливать нас в упор.

**Макнамара.** Сейчас мы делаем выбор между ограниченными и неограниченными формами военных действий. Ведь блокада, или, как мы ее деликатно называем, карантин, — это тоже военная мера, и лучше начать с ограниченной формы.

**Маккоун.** Эти предложения безнадежно устарели. Надо знать русских. Как только мы начнем отступать, они ринутся в атаку, откусывая у нас кусок за куском и даже не заботясь о том, чтобы их хорошенько прожевать. Они понимают только силу. Жестокий урок с «У-2» должен окончательно отрезвить нас. Воздушная атака — это минимальное решение. Это первый шаг, который мы должны сделать.

**Джон Кеннеди.** Но первый шаг — самый важный. Важно, чтобы обе стороны не совершили эскалации в направлении четвертого и пятого шага. Иначе некому уже будет делать шестой шаг.

**Генерал Тэйлор.** Именно об этом мы и говорим, господин президент. Нам надо сделать первый шаг, и тогда русские не смогут развернуть свои базы на Кубе и сделать второй шаг по пути эскалации.

**Селинжер.** Вы не знаете русских, генерал. Вы можете мне поверить. Это не те люди, против которых можно действовать одной силой. Вспомните Гитлера с его планом молниеносной войны. Первые месяцы казалось, что он достиг цели и что этот колосс на глиняных ногах вот-вот рухнет. А что произошло потом? Эти люди собираются медленно, но действуют быстро. И смею заверить вас — действуют мужественно и решительно.

**Генерал Тэйлор.** Вас слишком хорошо кормили в Москве, Пьер!

**Селинжер.** Меня неплохо кормят и здесь, в Белом доме. Но я стараюсь ни там, ни здесь не терять здравого смысла.

М а к к о у н. Русские бросили США прямой вызов. Мы включены в состязание воли руководства двух стран. И чем скорее мы примем решение, тем лучше.

Г е н е р а л  Т э й л о р. Я знаю, меня называют «ястребом». Ну, что же, я скажу больше: я ястреб вдвойне, от начала до конца.

М а к к о у н. Я тоже за воздушное нападение.

Г е н е р а л  Т э й л о р. Теперь или никогда. Воскресенье должно стать днем решающей атаки. А решение надо принять сейчас. Нам нужно время для подготовки. Не скрою, господин президент, многие у нас считают: в случае необходимости не следует останавливаться и перед ядерным ударом.

М а к н а м а р а. Ядерный удар по базам на Кубе?! Но это ядерная война!!

Г е н е р а л  Т э й л о р. Надо трезво смотреть ей в лицо, войне. Войны были всегда. Они становились все страшнее. И всегда находились люди, которые пугались этого.

М а к н а м а р а. Но это новая война с чудовищными последствиями!

Г е н е р а л  Т э й л о р. Каждая война была новой. В Первой мировой войне погибло 10 миллионов человек, во второй — 50 миллионов. До этого никто не мог вообразить, что возможны войны с такими потерями. В следующей войне, если она все же произойдет, погибнет вдвое, ну, втрое больше. Военный министр должен думать о войне трезво, как о деле, а не высиживать голубиные яйца.

М а к н а м а р а. Еще хуже вообще не думать. Но тогда нас заслуженно будут называть медными касками. Здесь нет трусов, здесь нет и «голубей», генерал Тэйлор, здесь есть здравомыслящие политики и авантюристы.

Джон Кеннеди. Я призываю вас к порядку. Вся эта полемика неуместна. Мы попросту не рассматриваем четвертый вариант. Специально для вас, Маккоун и Тэйлор, я бы хотел повторить то, что я уже сказал в Организации Объединенных Наций, и сказал не для пропаганды. Уже сейчас ядерная война имела бы ужасающие последствия. Еще чудовищнее — через 10—20 лет. Мы должны знать — может случиться так, что в один день наша планета станет необитаемой. Никаких реальных шансов выиграть ядерную войну нет.

Соренсен. Иногда мне кажется, что именно Тэйлор выступает в качестве руки провидения.

Генерал Тэйлор. Что ты, черт возьми, хочешь этим сказать, Тед?

Соренсен. Вот что. Если допустить на минуту, что провидение желает превратить нашу Землю еще в одну огненную звезду и видит в человеке орудие этого свершения, то именно Тэйлор служит его промыслу.

Банди. Ха! Тэйлор и Маккоун — две руки провидения. Ну, загнул...

Соренсен. А иной раз мне думается, что было бы недурно, если бы провидение направило комету на Землю, и тогда мы и русские нашли бы, наконец, полезное применение нашим бомбам, пытаясь расстрелять небесное тело...

Джон Кеннеди. Джентльмены! Я понимаю, время позднее, все устали... Но будем все же оставаться в русле делового обсуждения.

Генерал Тэйлор. Последствия войны не так страшны, как их изображает Соренсен. Конечно, если она разразится, будет ужасно. Погибнет не менее четверти американцев. Но нация сохранится. Зато мы будем навсегда избавлены от того дамоклова меча, который, по справедливым словам президента, висит над каждым американцем да и над всеми людьми на земле.

С о р е н с е н. Ты все-таки чудовище, друг мой Тэйлор. Хотя сам этого ты, наверное, не подозреваешь. Неужели ты не понимаешь, что победы в ядерной войне не будет, а будет жестокое поражение для обеих сторон?

Г е н е р а л  Т э й л о р. Господин президент! Вы полагаете, что мы можем воспитывать солдат и офицеров на подобных идеях? Что они пойдут в бой, твердо зная о своей обреченности? Или нам следует внушать им надежду — не просто на законное отмщение врагу, а на трудную и все же возможную победу?

Д ж о н  К е н н е д и. Я считаю, что задачи воспитания в армии имеют специфический характер. Мы это сейчас не обсуждаем. Но в политике мы не можем исходить из самообмана.

М а к к о у н. Мы тоже за мир — поверьте нам, господин президент. Но мир выигрывает тот, кто меньше боится войны и больше готов вести ее.

Д ж о н  К е н н е д и. Вы считаете, что русские больше готовы к войне?

М а к к о у н. Я в этом уверен. Они потеряли в прошлой войне 20 или 30 миллионов. Они привыкли к испытаниям. Им не страшно потерять и вдвое больше. Поэтому они готовы — не скажу, к ядерной войне, но к риску войны.

С е л и н ж е р. Это ужасно! Так не понимать противника: как же вы собираетесь вести с ними дела, если все построено на ложной основе? Для русских прошлая война была страшной трагедией. Для каждой семьи, в сущности, для каждого взрослого человека и даже для ребенка. Американцы даже не в состоянии вообразить ничего подобного. Поэтому русские ничего не жаждут больше, чем мира. Они готовы смириться с любыми материальными невзгодами — только бы не было войны.

Джон Кеннеди. Я склонен скорее верить Селинжеру, чем вам, Маккоун.

Генерал Тэйлор. Но мы говорим не о войне. Воздушная атака — это еще не война. Это только военная акция.

Джон Кеннеди. Генерал Тэйлор! Я не желаю идти путем императора Хирохито. Я не хочу нашего Перл-Харбора.

Генерал Тэйлор. Господин президент, мы уже слышали эти слова от вашего брата. Я говорил ему это и готов повторить здесь: нужно анализировать проблему, а не поддаваться эмоциям и сантиментам. На нас лежит историческая ответственность перед страной.

Соренсен. И перед всем миром.

Банди. Мы должны думать прежде всего об Америке. Мы получили полномочия от американских избирателей, а не от мирового сообщества.

Соренсен. Но мы принимаем решение за всех, за все человечество. Подумайте о парадоксальности нашего положения. Два десятка людей здесь, в Вашингтоне, и примерно столько же в Москве решают судьбы всех людей на земном шаре. И мы не в состоянии даже спросить их об их мнении, их воле, хотя — что там говорить — их воля ясна: в мире нет такой цели, которая стоила бы ядерной катастрофы.

Маккоун. Это пустые абстракции. Какое они имеют отношение к тому, как нам ответить на смерть американского летчика и гибель «У-2»?

Соренсен. Теперь вы хватаетесь за рычаг эмоций... Но главное даже не это. Наши действия, что бы мы ни предприняли, не будут безответными, и надо думать об ответе на ответ русских.

Б а н д и. «У-2» изменил ситуацию, и сейчас я — за жесткие решения!

С о р е н с е н. Дорогой Банди! Я, признаться, поражен тем, как быстро ты меняешь свои позиции. Вначале ты выступал за воздушную атаку, потом за блокаду, потом советовал вообще ничего не делать, поскольку это может вызвать новый берлинский кризис. И наконец, сейчас ты готов влиться в группу, которая выступает за бомбовую атаку.

Б а н д и. Меняюсь не я — меняется ситуация. И очень быстро. Мы действуем в условиях эскалации. Она растет как снежный ком. И глупо упорствовать на устаревших мнениях.

Д ж о н  К е н н е д и. *(Дину Раску).* А что скажет государственный секретарь?

Р а с к. В конце концов, проблема сложная, и трудно найти однозначное решение.

Л и н д о н  Д ж о н с о н. Роберт как-то говорил на одном заседании и говорил верно — сейчас речь идет о настолько важном событии, что ни одно из решений не может быть абсолютно правильным. И люди имеют право высказываться «за» и «против» тех или иных предложений.

Д ж о н  К е н н е д и. Да. А каково же ваше мнение, господин вице-президент?

Л и н д о н  Д ж о н с о н. Боюсь, я мало могу добавить к тому, что здесь сказано. Мне кажется, многое из того, что говорил Тэйлор, имеет свои резоны, хотя нельзя отвергнуть все аргументы Макнамары и Соренсена. Меня смущает, что многие в Конгрессе и вне его стен считают, что мы пятимся назад. Боюсь, популярность нашей администрации падает по мере того, как развертывается кризис.

**Джон Кеннеди.** Но каково же ваше предложение, Линдон?

**Линдон Джонсон.** Господин президент, я просил бы дать мне время еще раз взвесить все обстоятельства.

**Банди** *(громким шепотом).* Он, как всегда, умывает руки.

**Линдон Джонсон** *(услышав реплику).* Быть может, это ничуть не хуже, чем сегодня говорить одно, а завтра прямо противоположное.

**Банди.** Вероятно, вы правы, мистер Джонсон. Но лучше иметь хоть какую-то, пускай динамичную, позицию, чем совсем никакой.

**Джон Кеннеди.** Вернемся к сути дела. В конце концов, демократия предполагает не только голосование «за» и «против», но и право воздержаться. *(Все смеются.)*

**Соренсен.** Макнамара прав. Мы должны платить необходимую цену. И вывоз ракет с Кубы стоит не только гарантий ее суверенитета, но и ликвидации наших баз в Турции.

**Генерал Тэйлор.** Этот парень готов все отдать. Может быть, отдадите заодно и свою шляпу, мистер Соренсен? Вот уж воистину «голубь» высшего разряда.

**Соренсен.** Люди спрашивают: почему в конце концов нам можно устанавливать ракеты вблизи границ Советского Союза, а им нельзя устанавливать вблизи наших границ.

**Маккоун.** Сейчас Тед запел с голоса наших яйцеголовых либералов.

**Соренсен.** Нет, я имею в виду не только нашу научную среду, Мак. Такие мнения высказывают многие деятели в Европе, и в том числе в НАТО.

**Маккоун.** Мы не должны впутывать сюда НАТО. Достаточно нам споров в собственной среде.

**Раск.** Но мы не можем игнорировать возможную реакцию наших союзников. Они крайне обеспокоены тем, что столь важные решения принимаются за их спиной.

**Маккоун.** И вы рекомендуете пригласить их сюда, в Овальный кабинет? Не тесно ли будет?

**Раск.** Я рекомендую только принимать во внимание их позицию.

*Входит Роберт Кеннеди.*

**Соренсен.** Боб, тебя здесь очень не хватало, где ты, черт возьми, пропадал в такой момент?

**Генерал Тэйлор.** Боюсь, что именно он-то и занимался реальным делом.

**Роберт Кеннеди.** На этот раз генерал прав. Как говорил кто-то — хорошее суждение является обычно результатом опыта. А опыт часто является результатом слабого суждения... Так вот, джентльмены, я имел встречу с советским послом. Я снова изложил ему позицию президента, нашу твердую решимость не допустить размещения ракет. И повторил о наших гарантиях уважать суверенитет Кубы.

**Раск.** И что же русские? Конечно, отвергли соглашение? Выдвинули новые требования?

**Роберт Кеннеди.** Нет. Я должен торжественно сообщить президенту и Исполнительному комитету Совета национальной безопасности, что соглашение достигнуто. Завтра, в воскресенье, русские выступят с официальным заявлением. Ракетный кризис благополучно разрешен. *(Все члены группы поражены как громом. Джон Кеннеди резко приподнялся и рухнул в кресло, радостно потрясенный.)*

**Соренсен.** Поистине, вот оно, великое известие! Русские оказались умнее нас.

**Раск.** Но, быть может, есть какие-то тайные требования русских?

**Генерал Тэйлор.** Это слишком хорошо, чтобы можно было поверить. За этим действительно стоит какая-то тайна.

**Роберт Кеннеди.** Тайна проста, стороны поняли — военные методы чреваты неслыханной опасностью для обоих народов и всего мира. И мы, и русские прониклись решимостью выйти из кризиса. И, как видите, достигли успеха.

**Джон Кеннеди** (*придя в себя*). Джентльмены! Позвольте поздравить вас с достигнутыми результатами. Независимо от того, кто какую позицию занимал, наша группа оказалась чрезвычайно эффективным инструментом для решения проблемы такой сложности, с какой впервые столкнулась Америка.

**Генерал Тэйлор** (*бормочет*). Слабое утешение.

**Джон Кеннеди.** Наши споры окончены, генерал, решение принято. И поверьте мне — лучшее из возможных решений. Мы выиграли мир и устранили угрозу на своих границах. Хорошо, что русские тоже выиграли мир. Ибо если бы они получили войну, то это была бы и наша война. Что касается Кубы, то вряд ли можно считать ее реальной опасностью для Америки. (*Не может скрыть торжества, говорит звонким голосом по селектору.*) Господин Смит!

*Входит человек с ящиком под мышкой.*

**Смит.** Слушаю, господин президент.

**Джон Кеннеди.** Передайте приказ: отменить боевую готовность номер один.

**Смит.** Есть, господин президент.

**Джон Кеннеди.** Можете передать приказ здесь.

С м и т. Внимание! Передаем приказ главнокомандующего всеми вооруженными силами США. Боевую готовность номер один — отменить.

*Смит уходит.*

Д ж о н   К е н н е д и. И еще я хочу сказать. Ядерная мощь имеет свои пределы. Ее невозможно использовать в региональных кризисах. Ею невозможно запугать даже малые державы. Этой палкой невозможно ударить, не нанося удара по самому себе. Таков урок пережитого нами кризиса. Позвольте пожелать вам спокойной ночи, господа!

С о р е н с е н. Спасибо, господин президент, у меня это будет первая спокойная ночь за последние недели.

М а к н а м а р а. Не скрою, я думал сегодня вечером о том, сколько еще солнечных закатов мне будет дано увидеть.

Г е н е р а л   Т э й л о р. Все это хорошо, но боюсь, что мои генералы после всего этого скажут, что нас доконали, и захотят объявить забастовку.

М а к к о у н. Боюсь, что забастовка пойдет на пользу не им.

*Все уходят, кроме братьев Кеннеди.*

Д ж о н   К е н н е д и. Итак?

Р о б е р т   К е н н е д и. Я прямо и даже, пожалуй, слишком эмоционально сказал послу: сейчас или никогда! Мы должны принять совместное решение и спасти мир. Я сказал: президент считает, что если нынешняя ситуация продлится дольше, он может потерять контроль над решениями. И «ястребы» возьмут верх.

Я сказал: США твердо гарантируют невторжение на Кубу, соблюдение ее суверенитета. Тогда посол спросил меня о судьбе турецких ракет. Я ответил, что президент дает гарантию, что ракеты будут вывезены в течение 4—5 месяцев.

Джон Кеннеди. И что же посол?

Роберт Кеннеди. Посол встал и сказал — мне показалось, его голос задрожал при этом: Советское руководство уполномочило меня заявить — завтра мы скажем об этом всему миру — о вывозе наших ракет с Кубы. Я тоже встал, и мы стояли с ним, глядя в лицо друг другу — не как американец и русский, а просто как два человека, выброшенные на одинокий остров после урагана. Как мы с тобой сейчас, Джек... Это была незабываемая минута...

Джон Кеннеди. А как ты думаешь, Бобби, что скажут американцы о своем президенте после всего этого?

Роберт Кеннеди. Все что угодно, кроме правды. Одни будут видеть ястреба, другие — голубя. И только, быть может, я — один я — буду знать, что президент действовал в этот критический момент как истинный лидер.

Джон Кеннеди. Спасибо, брат. Я благодарю бога за то, что в этот трудный час со мной был ты, Бобби. *(Крепко пожимает ему руку, и некоторое время они молчат, переполненные чувствами.)*

Роберт Кеннеди. Поздравляю тебя, Джек, со счастливым завершением тринадцати дней ядерной лихорадки и окончанием черной субботы. Завтра все американцы, все русские, да и все люди на земле смогут праздновать золотое воскресенье.

Джон Кеннеди. Да. А сегодня я отправлюсь в театр, подобно Линкольну, и надеюсь, что меня там не ждет его судьба...

*Новелла седьмая*

# СОВЕТНИКИ

## I

ы стояли с Толкуновым на балконе второго этажа Дома приемов на Ленинских горах. Это один из доброго десятка домов, построенных, по замыслу Хрущева, не только для официальных встреч, но и как резиденция для приезжающих высоких особ. Там, в этих домах, предполагалось поселить членов Президиума ЦК КПСС, каждому отдельный коттедж, не очень большой — двух-трехэтажный и не очень маленький — наверное, три-четыре спальни.

Дома эти были обставлены по одному и тому же стандарту: прочная дубовая мебель светло-коричневого оттенка, большие шкафы для одежды и посуды, гостиная с удлиненным круглым столом примерно на десять-двенадцать персон и неизменные красные портьеры и белые кружевные занавески.

Но главную достопримечательность этих домов составляли высокие стены, которые их окружали. Собственно, это даже не стены, а одна огромная длинная стена, тянущаяся примерно на полкилометра, высотой метра три-четыре — так, чтобы исключить самую мысль о возможности проникновения. Да и как можно было проникнуть в эти дома, если у входа в каждый из них стояли будочки, набитые двумя, тремя, четырьмя охранниками?

Впрочем, сами дома сообщались между собой не такими уж высокими стенами, там были калитки, через которые поселившиеся члены Президиума ЦК и их семьи могли общаться друг с другом. Я был свидетелем, как Нина Петровна Хрущева разговаривала через калитку с супругой Подгорного по каким-то сугубо житейским делам точно так, как их предки разговаривали через тын где-то на Украине. Тогда это называлось — точить лясы. А здесь такому разговору сопутствовал элемент важности, несмотря на его самое обыденное содержание — говорили то ли о методе готовки варенья, то ли о пельменях, то ли жаловались на обслугу, которая многое делает не так.

Дом приемов был в несколько раз больше жилых коттеджей, имел бассейн, бильярдную, комнату для курения — словом, был предуготовлен именно для официальных встреч. Здесь-то и происходили советско-китайские переговоры в 1962 году, о которых я уже упоминал выше. Нашу делегацию возглавлял М. А. Суслов, в нее входили Б. Н. Пономарев, О. В. Куусинен и некоторые другие деятели. В составе китайской делегации были официальный и напыщенный Пын Чжен, аристократичный и тонкий Чжоу Эньлай, живой и улыбчивый Дэн Сяопин, мрачный Кан Шэн и другие. Мы находились в зале переговоров в качестве советников. В нижнем, подвальном, этаже обычно собирались все представители интеллектуальной обслуги, включая советников, и обсуждали ход переговоров, вносили предложения, а главным образом выполняли поручения — доставить материалы, справки, быстро набросать какой-то новый документ и т. д.

По указанию Суслова и Андропова группа советников села за подготовку «Открытого письма». Там речь шла о проблемах мира и мирного сосуществования; о культе личности Сталина; о формах перехода к социализму; о принципах взаимоотношений между компартиями социалистических стран в новых условиях и некоторых других.

Мы проработали практически всю ночь и к утру сами удивились сделанному. Получился по тем временам чрезвычайно прогрессивный документ по всем острым вопросам дискуссий с Мао Цзэдуном. Можно было бы даже сказать об определенном продвижении вперед, особенно относительно мирного сосуществования с Западом, прекращения «холодной войны», а также создания гарантий против реставрации режима личной власти в странах социализма. Мне было поручено руководство подготовкой письма, кроме того, я писал раздел о борьбе с культом личности Сталина. Этот раздел был принят практически без всяких поправок у руководства, что составило предмет некоторого моего торжества, поскольку подавляющее большинство работников аппарата в ту пору придерживалось куда более осторожных и сдержанных взглядов на авторитарную власть.

На следующий день после утверждения документа мы стояли с Толкуновым на том самом балконе, с которого я начал свой рассказ. И тогда он сказал мне довольно просто и обыденно: «Как ты отнесешься, Федор, тут у нас есть одна мысль: создать группу консультантов, подотдел, и просить тебя быть его руководителем». Я до сих пор помню свое ощущение в ту минуту. Был теплый летний день, мы были в одних рубашках и галстуках, я опирался на стенку балкона, и мысли мои плавали где-то далеко.

Предложение было совершенно неожиданным, но тем более приятным. Дело было не только в продвижении по службе, в конечном счете я никогда не готовил себя к аппаратной карьере. То было скорее чувство первого ученика, способности и прилежание которого отмечены учителем — разумеется, я имею в виду не Толкунова, а Андропова. Кроме того, мне очень импонировала мысль собрать группу интеллигентных людей и ставить какие-то новые крупные вопросы, которые могут оказать влияние на реформы в стране. Признаюсь, это была одна из лучших минут в моей жизни. Может быть, только однажды я еще раз испытывал нечто подобное, когда двадцать семь лет спустя без всяких особых усилий со своей стороны был избран в Верховный Совет СССР и даже председателем подкомитета по гуманитарному, научному и культурному сотрудничеству.

Вероятно, такова психология любого человека. Все мы с детства любим подарок под елкой. Не потому, что подарок такой значительный — может быть, в течение года вам дарили куда более важные вещи, а потому, что он неожиданный — ты его не выпрашивал. Тем большую ценность имело предложение Толкунова. И что особенно важно, Андропов и Толкунов фактически дали мне возможность формировать группу по своему усмотрению. Они не только не отвели ни одного предложенного мной кандидата, но, напротив, поддержали тех из них, которые по тогдашним нормам совершенно не подходили под аппаратные критерии.

Первым, на ком я остановил свой выбор, был мой старый друг по аспирантуре Георгий Шахназаров. Родился он в семье потомственных интеллигентов.

Я видел его отца — маленького, щуплого, с большой лысой головой и огромным лбом, адвоката по профессии, знал его родственников — музыкантов, представителей других творческих профессий. Сам Шахназаров уже тогда проявил себя как человек, наделенный ярким литературным талантом, он писал стихи, пьесы, политические книги. Он был первым среди моих знакомых, кому я заказал статьи для журнала «Коммунист», когда попал туда на работу. Он успешно стал трудиться в одном из солидных журналов, а до этого заведовал редакцией в Издательстве политической литературы. И формирование корпуса «аристократов духа» я начал с него.

Но с его приглашением тогда, в 1963 году, дело обстояло худо. За ним прочно закрепилась репутация этакого «неуправляемого» человека. Кроме прочего, Шахназаров любил тогда одеваться экзотически: не только куртка, но и пальто из замши коричневого цвета, какие-то яркие краги и галстуки, а мысли свои выражал свободно и раскованно. Много месяцев я бился за то, чтобы отдел парторганов согласился с предложением нашего отдела, и то с промежуточным испытательным сроком. Вначале Шахназарова направили в журнал «Проблемы мира и социализма», и только полгода спустя его удалось зачислить консультантом.

Шахназарову были присущи приятный, незлобивый юмор и редкое среди интеллигентных людей России качество — способность считаться с другим мнением и авторитетом. Он смотрел своими теплыми, бархатистыми глазами одинаково на товарищей по работе, руководство и женщин, которых он очень отличал и которые его отличали.

Георгий всегда был хорошим спортсменом, с 1950 года мы постоянно конкурировали с ним в этой области. Я был капитаном волейбольной команды, в которой состоял и он. Я стал чемпионом по настольному теннису в аппарате ЦК, пока не пришел он и не отнял у меня этот титул. Мы играли на равных в шахматы в аспирантские годы, но постепенно он неизвестно откуда обрел большое знание теории и стал, как правило, обыгрывать меня, хотя и очень горячился в тех случаях, когда попадал в тяжелое положение. Он прекрасно плавал, и здесь мы были на равных. И только в теннисе ему не удалось догнать меня. Это осталось последним пристанищем моего спортивного самолюбия в нашем личном споре.

Другим, тоже незаурядным, хотя, вероятно, не в такой степени, человеком был Александр Бовин. За всю жизнь я не встречал более толстого человека, по крайней мере, на интеллектуальном поприще. Массивное лицо, усы и бакенбарды, карие глаза, огромные грудь и живот придавали его фигуре одновременно внушительный и комический вид. Ко времени, когда мы с ним встретились, Бовин успел защитить две кандидатские диссертации — по юридическим и философским наукам, но он по лености так и не стал доктором наук.

Писал он материалы мелким, четким, бисерным почерком, был мастер сочинять удивительно логичные абзацы и страницы текста с законченной мыслью. Его стиль анализа, возможно, был навеян глубоким изучением гегелевской философии: тезис, антитезис, синтез. Он любил делить любое политическое действие на плюсы и минусы, калькулировать итог и делать ясное умозаключение.

Познакомился я с Бовиным при неожиданных обстоятельствах. Это было в Малеевке, Доме творчества писателей, что в шестидесяти километрах от Москвы. Мне предоставили душную веранду, на которой я пытался сотворить свою докторскую диссертацию. До сих пор не могу понять, что произвело на меня впечатление, когда я встретился с этим человеком. Какая-то раскованность кратких, но четких суждений и, несомненно, ум. Я пригласил его в группу консультантов, и он прошел без всяких трудностей, поскольку никаких хвостов за ним не числилось: в политическом плане он был более осторожен, чем Шахназаров.

Бовин оказался наиболее трудным человеком в нашей группе. Как выяснилось, он не терпел сопоставления мнений, а тем более — даже самых деликатных замечаний. В перспективе ему предстояло столкнуться с Шахназаровым, взять над ним верх в брежневскую эпоху, проиграть в эпоху перестройки и получить реванш во времена Ельцина.

Крупной фигурой из тех, кого я пригласил в эту группу, был упоминавшийся уже Георгий Арбатов. Человек больших способностей, как выявилось впоследствии, прекрасный менеджер западного типа, он, однако, успел обрести до своего перехода в аппарат репутацию радикала.

Впервые я познакомился с ним заочно, прочтя его так и не пошедшие статьи по социологии преступности, написанные совместно с другим исследователем для журнала «Вопросы философии». Его обвинили во всех смертных грехах и даже где-то разбирали на партийном собрании. Ну а позднее, как я уже отмечал, именно он пригласил меня работать над книгой Куусинена. И хотя он обошелся со мной на последнем этапе не очень деликатно, я полагал делом чести проявить великодушие и пригласить этого талантливого человека в нашу группу.

Придя к нам, он внес некий дух, если так можно сказать, умственного кипения. Его мысль никогда не застаивалась на одном месте. Она была живой, разнообразной, неутомимой. Точно так же он был неутомим в организационных делах. Первое, что сделал Арбатов, — он стал почему-то вешать свое пальто или плащ в прихожей моего кабинета. Шахназаров тогда еще пошутил: «Смотри, Федор, он начал с прихожей, как бы не посягнул и на твое кресло». И волею судьбы именно ему впоследствии довелось заменить меня на посту руководителя группы консультантов при обстоятельствах, о которых я расскажу дальше.

Во время наших заседаний Арбатов любил вскакивать и, покуривая трубку, бегать по кабинету, рожая на ходу не очень великие, но всегда интересные мысли, фразы, обороты. При этом он попыхивал трубкой, не считаясь с тем, что мы не любили курение. Даже внешне, в силу внушительной своей фигуры, Арбатов сразу занял слишком много места в нашей маленькой группе. Другие почувствовали тесноту в лодке. Тогда мне не приходило в голову обижаться на это. Я был уверен в себе да и, в сущности, ориентирован на другой род деятельности и жизни — творчество.

Александр Бовин, который родился и жил в Ростове, сохранил некоторые черты ростовского парня, напоминающего одессита — чуть-чуть более грубоватый, чем это принято между интеллигентными людьми, он с самого начала сориентировался на альянс с Арбатовым, что в конечном счете предопределило его преуспеяние в брежневские времена.

Федор Федорович Петренко пришел в нашу группу из журнала «Коммунист». Человек исключительной честности и какой-то необычной чистоты, он вносил умиротворение в нашу команду. Кроме того, это был единственный человек, который глубоко и серьезно изучал проблемы КПСС и уже тогда искал новые, демократические формы ее деятельности. Он дольше других проработал в аппарате ЦК, не стремясь к карьере и заботясь о сохранении убеждений и их последовательном продвижении в «документы» и в жизнь.

В группу вошли также несколько консультантов, которые работали прежде, до образования подотдела. Высокообразованный экономист, выходец из Госплана Олег Богомолов отличался основательностью суждений, прекрасно разбирался в экономических реформах стран Восточной Европы, был контактен, склонен к человеческим компромиссам и рационален. Его слегка флегматичный характер, склонность к юмору вносили равновесие в наши нередко бурные собрания.

Затем любопытнейший человек со странной фамилией, видимо, французского происхождения — Лев Делюсин. Это был крупный специалист по проблемам Китая. В периоды ожесточенных схваток с Мао Цзэдуном он постоянно «мешал» распоясаться. Прекрасно зная Китай, оперируя фактами, Делюсин охлаждал пыл зарывающихся «борзописцев» простым указанием на то, что вот это не так, этого не было, этого нет, а это невозможно. Он имел склонность к искусству авангардистского толка, познакомил всех нас с Юрием Петровичем Любимовым и художником Юрием Васильевым. Именно он организовал коллективный наш поход на просмотр первой постановки Любимова «Добрый человек из Сезуана» по Брехту. С той поры наша группа на протяжении многих лет коллективно и индивидуально выступала своеобразным мостом между партийным руководством и Театром на Таганке. Эта традиция сохранилась не только во времена Хрущева, но и во времена

Брежнева. А мне она в конечном счете стоила политической карьеры. Но об этом — ниже.

Делюсин познакомил меня с Булатом Окуджавой, и я стал пожизненным поклонником этого прекрасного таланта. Помнится, году уже в 1962-м я включал на цековской даче во всю мощь магнитофон с голосом Булата, шокируя аппаратную публику своими «непристойными» вкусами.

Вместе с Делюсиным мы часто навещали Любимова и его театр, дружили с Володей Высоцким. Он бывал в гостях у многих членов нашей группы, пел и рассказывал о себе, о театре. Кстати говоря, именно у Шахназарова (это было несколько лет спустя) Высоцкий спел нам песню «Охота на волков». В ней, как известно, рассказывается о безжалостных охотниках, которые, оградив красными флажками пространство, бьют волков; волки боятся пересечь установленную флажками границу и погибают под пулями. Помню, тогда я воскликнул: «Так это же про нас! Какие, к черту, волки!» Судя по всему, именно это восклицание стимулировало вторую песню Володи: «Меня зовут к себе большие люди, чтоб я им пел «Охоту на волков».

Делюсин и все мы стали постоянными ходатаями за Любимова перед Андроповым. Вероятно, с нашей подачи Ю. В. на многие годы стал покровителем Театра на Таганке, наверное, по своим соображениям рассматривая это как «форточку» и «выпускание пара». Любимов, насколько я знаю, нередко встречался с Андроповым, и не только в хрущевское, но и в брежневское время.

Мне врезалась в память сцена в английском посольстве. Было это много позднее, примерно в 1982 или 1983 году, буквально накануне отъезда Любимова за границу. Любимов поймал меня за пуговицу и стал кричать нарочито во весь голос, так, чтобы слышали все окружающие: «Мне запретили три спектакля, я пойду к Юрию Владимировичу Андропову, я добьюсь наказания этого «химика», который совершенно распоясался!» («Химик» — прозвище тогдашнего министра культуры СССР П. Н. Демичева, с которым Любимов был на ножах.)

Мощная группа консультантов, собравшаяся вокруг Андропова, конечно же, и не думала ограничивать свою деятельность подготовкой речей или выполнением отдельных поручений, связанных с пленумами ЦК или съездами партии. У нас с самого начала появились обширные планы, имевшие целью выдвижение инициатив, касающихся не только наших отношений с социалистическими странами и странами Запада, но и внутренней политики. Это становилось все более реальным ввиду изрядного интеллектуального потенциала группы, насчитывающей одиннадцать человек. Кроме того, мы были молоды, полны сил и веры в будущее. Независимо от отдельных индивидуальных качеств — кто-то был больше ориентирован на собственную карьеру, кто-то на общественную деятельность, — всех нас воодушевляло стремление послужить делу реформации общества.

Во время одной из поездок в Прагу я встретился с Геннадием Герасимовым. Это был на редкость интеллигентный и милый молодой человек, который опубликовал несколько ярких статей в журнале «Проблемы мира и социализма», где он работал, и в других изданиях. Он не гонялся за теоретическими проблемами, но обладал высоким публицистическим дарованием, умением находить необычные слова и повороты мысли. Герасимов тоже вошел в нашу консультантскую группу.

Я был счастлив в ту пору, которая, к сожалению,

продлилась очень недолго. Я купался в среде умных мнений, неожиданных всплесков суждений, веселых и озорных шуток. Олег Богомолов уже в те времена баловался любительским киноделом. И он заснял наши посиделки на даче Горького по Рублево-Успенскому шоссе.

Это правительственное шоссе, где справа и слева расположено было большинство персональных дач членов Президиума ЦК. Сравнительно небольшая дача принадлежала Хрущеву, а самая большая — А. Микояну. Она стояла на возвышении: такой трехэтажный старинный кирпичный дом и еще несколько отдельных построек для прислуги. Рассказывали, что Анастас Иванович присмотрел его еще до революции, когда навестил кухарку хозяина этого дома, принадлежавшего не то какому-то князю, не то бакинскому нефтепромышленнику... Проезжая мимо этой дачи, мы всегда невольно оглядывались на «пролетарское» поместье, удивляясь не столько пышности и величине, сколько тому, как рано Микоян сориентировался и занял ее.

Так вот, почти в конце названного шоссе по правую руку находилась огороженная высоким деревянным забором дача, в которой жил последние годы Алексей Максимович Горький. То был двухэтажный барский дом с колоннами, большим залом, где в центре стояло пианино, а также с отдельным флигелем, в котором проживал его сын. Алексей Максимович очень любил его. Сохранился рассказ о том, как Горький бежал чуть ли не в одной рубашке и валенках зимой из усадьбы во флигель к сыну перед его смертью. От чего умер сын, достоверно так и неизвестно. Ходили упорные слухи, что был он отравлен по приказу Берии. Эта ночная пробежка стоила Горькому жизни. Он простудился, схватил воспаление легких и вскоре скончался.

Нависала она, эта дача, над обрывом, а внизу текла мягкая, тихая Москва-река, изгибаясь, как змея. Именно на этой даче и готовились основные партийные документы.

Богомолов заснял всех нас в разных позах на этой даче, сделав недурной фильм, в котором были довольно точно схвачены характеры.

Вообще говоря, дух нашего маленького коллектива был прекрасным. Если не считать двух человек, которые нам достались в наследство от прежнего аппарата, все отличались свободомыслием, незаурядными способностями и жаждой перемен. Андропову нравилась эта интеллектуальная вольница. После многих часов бесконечных разговоров по телефону и аппаратных телодвижений, «втыков», которые он раздавал чиновникам направо и налево, Ю. В. отдыхал, слушая наш свободный разговор по всем вопросам большой политики.

Мне самому было приятно и интересно это сообщество, и я имел обыкновение «выводить» всех на Ю. В. Кроме того, я никогда не страдал комплексом неполноценности и поэтому не боялся соперничества. Мой друг из числа консультантов не раз предупреждал меня: «Смотри, Федор, ты делаешь ошибку, выводя каждого консультанта на Ю. В. и других руководителей. Раньше или позже это может дорого обойтись тебе». На это я отвечал: «Я хочу создать новый стиль аппаратной деятельности — без взаимной ревности, подсиживания, интриг. Пускай даже это приведет к определенным личным издержкам, однако, может быть, посодействует созданию новой модели». — «Ну, разве что так, — иронически замечал мой оппонент, — но все же, все же присматривайся больше к каждому и будь осторожнее». Что ж, он оказался мудрее меня...

## II

Практически мало кто из членов группы имел доступ к Хрущеву. Здесь сохранялась моя монополия, впрочем, непредумышленная, поскольку Ю. В. тщательно оберегал мой авторитет и неизменно брал меня в поездки на высшем уровне либо направлял без себя, когда сам не входил в делегацию. Больше того, в последний год он стал включать меня в состав партийно-правительственных делегаций, например, в Венгрию и некоторые другие страны. Таким образом, независимо от практического равенства всех консультантов, дистанция между ними и их руководителем сохранялась в силу чисто аппаратных причин. Это то, от чего мне с таким трудом пришлось отвыкать впоследствии, когда мы поменялись местами. Большинство из них выдвинулось в брежневскую эпоху на высокие посты, а я был отброшен на периферию. Вероятно, самолюбие мешало мне смириться с новым балансом сил в рамках нашей группы, и она практически распалась, а взаимоотношения подверглись эрозии. Но этому послужили и другие, более важные политические причины. После происшедших со мной в брежневское время катаклизмов многие друзья перестали мне звонить, и я сам не звонил им. Таковы правила игры на этом этаже политической лестницы. В трудную пору каждый сам за себя, хотя в пору преуспеяния — один за всех.

Наша команда консультантов была первой объединенной группой в аппарате ЦК КПСС. Ю. В. и в этом отношении оказался пионером. Он раньше других сообразил необходимость использования интеллекта в политической жизни того поколения руководителей, которое ни писать, ни выступать, ни вырабатывать политическую стратегию не умело. Что они умели — это методично усиливать свою власть и самыми различными средствами сохранять ее. Этого у них не отнимешь. Здесь они превосходили, конечно, «аристократов духа» в десятки раз. Мы выглядели мальчиками в сравнении с этими мастерами аппаратной борьбы. А на нас они смотрели, как на некий идеологический сервис: не эти, так другие будут выполнять ту же роль.

Правда, большинство руководителей относились к «речеписцам» с пиететом, поскольку умение водить пером по бумаге всегда казалось им какой-то загадкой. Но практически они никогда не воспринимали консультантов как серьезных претендентов на самостоятельные политические роли. Здесь действовал инстинкт самосохранения. Выдвижение на разные посты шло помимо консультантской группы. Любопытно, что Ю. В. не был исключением в этом отношении. Он ходил, по выражению Мао Цзэдуна, на двух ногах, и главной была аппаратная нога. За короткий срок в отделе он сменил всех руководителей секторов, поставил на эти посты исключительно выходцев из комсомольской среды. Он верил в их преданность и безотказность, в их административные способности.

Любопытно и другое: определенное исключение составил «братский» международный отдел, которым руководил Б. Н. Пономарев. Имевший слабость к научно-журналистской работе, Пономарев несколько иначе смотрел на своих консультантов. Очень скоро после создания нашего подотдела он сформировал в рамках своего отдела группу консультантов во главе с Е. И. Кусковым. Сюда вошли довольно сильные люди. И что интересно, по контрасту с нашим отделом, Пономарев именно отсюда черпал людей для выдвижения на руководящие посты. Практически все его заместители вышли из консультантов. В роли замесгителей, в частности, перебывали и А. Беляков, и Е. Кусков, и А. Черняев, и В. Загладин.

Вскоре консультантский корпус стал появляться и в других подразделениях. К общему движению — даешь интеллектуалов! — примкнули идеологические отделы, такие, как отдел агитации и пропаганды, науки, культуры, а затем, что нас особенно удивило, не только экономические, но и кадровые подразделения аппарата. Везде, как грибы, стали расти консультантские группы, составив некий новый срез функционеров, которые разговаривали на новом сленге, стоящем ближе к науке, журналистике, литературе, чем к традиционному аппаратному стилю. Правда, практически никто из этой многочисленной команды не «дорос» до уровня политического руководителя. Максимальные должности, которые удалось завоевать им в будущем, были — член ЦК КПСС, первый заместитель заведующего отделом. Зато консультанты представляли собой резерв для замещения высших должностей в научной и культурной элите. Поработав пять-семь лет в аппарате, они становились директорами институтов, академиками, получали крупные посты в Министерстве культуры, в университетах и т. д. Кажется, я был единственным, кого обошли такие назначения, но для этого я сделал чрезвычайно много, вредя себе своими независимыми выступлениями в печати, особенно в брежневское время.

Кстати, я случайно чуть было не попал в его ближайшее окружение. Как-то, еще во времена Хрущева, кажется в 1963 году, меня вызвал Толкунов и неожиданно, с обычной для себя улыбочкой, без всякого предисловия задал вопрос: «А не пойдешь ли ты, Федор, помощником к Председателю Президиума Верховного Совета СССР Брежневу?» Толкунов только что вернулся из Африки, куда сопровождал

Брежнева, и тот попросил его поискать помощника по международным вопросам. Я сразу, не задумываясь, сказал: «Нет, не пойду».

Дело в том, что я раз и навсегда решил для себя, что не буду работать помощником ни у кого. Мне и до этого намекали на такую возможность — работать с Хрущевым. Во время поездки в Болгарию его помощники Лебедев и Шуйский прощупывали меня на этот предмет. Но поскольку я отказался быть помощником Хрущева, у меня и в мыслях не было стать помощником у кого-либо другого, тем более у малознакомого мне и малозаметного в ту пору Председателя Президиума Верховного Совета.

Тогда Толкунов попросил меня назвать человека, которого он мог бы порекомендовать на эту должность. И тут я предложил А. М. Агентова, одного из советников министра иностранных дел СССР.

С Агентовым я познакомился незадолго до этого, работая над каким-то совместным документом. Он приятно удивил меня своей способностью быстро подхватывать на лету мысль и так же быстро готовить вставки или даже диктовать их. Только потом я понял, что он набил себе руку, работая длительное время над документами в МИДе. Он впервые появился в моем кабинете — щупленький, старенький, несмотря на то, что ему было не больше сорока лет. Появился в странном костюмчике из некоего подобия твидового пиджачка и потертых брюк. Он гордился приверженностью к западному стилю жизни: чистил зубы после каждого приема пищи. Не знаю, что на меня произвело большее впечатление — его литературные способности, твидовый пиджачок, — но я назвал именно его фамилию в разговоре с Толкуновым. Агентов действительно стал помощником Брежнева и остался им до кончины последнего.

Он почему-то невзлюбил меня той особенной нелюбовью человека, который стремится преодолеть в себе чувство признательности за оказанную услугу. Но, быть может, он не прощал шуток, которые мне виделись озорными, а ему могли показаться оскорбительными. Например, обыгрывание его фамилии. Мы часто шутили с другими консультантами на эту тему, что в конечном счете вынудило нашего коллегу сменить неблагозвучную фамилию Агентов на более благопристойную — Александров. Квалифицированный международник, он с одинаковым усердием редактировал и речь Брежнева на Совещании в Хельсинки в 1975 году, и материалы о вводе войск в Афганистан... На пенсию он ушел уже в горбачевское время со всем почетом под этой своей новой фамилией.

Собравшаяся вокруг Ю. В. «могучая кучка» прогрессивных и мыслящих людей очень скоро стала претендовать на разработку крупных проблем нашей внутренней и внешней политики. Анализируя опыт экономических реформ в Югославии и политических реформ в Венгрии после 1956 года, мы приходили к выводу, что многое из того, что там было сделано, может быть — конечно, не механически, а творчески — применено в нашей стране. Мы изучали бурные процессы интеграции в Западной Европе, с огромной завистью сравнивая «Общий рынок» с медленными бюрократическими процессами экономического сотрудничества в рамках СЭВ. Мы думали о приобщении нашей страны к современной технологии, лучшим достижениям мировой цивилизации и мировой культуры. Иными словами, мы мечтали о реформах в России.

Конечно, не все участники нашей группы были настроены одинаково радикально. Острее других потребность в реформаторстве, может быть, чувствовали мы с Шахназаровым.

3*

С Бовиным у меня произошло маленькое недоразумение. Он сопровождал Ю. В. в поездке в КНДР. И, вероятно, вел там с ним какие-то откровенные разговоры. После возвращения Ю. В. попросил меня сделать «вливание» Бовину за его «неаппаратные» настроения и вызывающее обращение с начальствующими лицами. Это был первый и единственный раз, когда я высказал какое-либо замечание участнику консультантской группы. Общий стиль наших отношений был абсолютно дружественным, ровным и доброжелательным. Но здесь, действительно, я под каким-то предлогом пригласил Бовина и сказал ему о недовольстве Ю. В. Мне казалось, я сделал это в самой деликатной дружеской форме.

Тем не менее на протяжении многих лет Бовин — особенно во времена Л. И. Брежнева — частенько вспоминал, как я будто стал постукивать пальцем по столу в разговоре с ним. Это был намек на единственное замечание, которое я сделал ему по поручению Андропова. Я недооценил степень недовольства Бовина, не понял вовремя, как много было в этом заложено взрывного содержания. Это была первая, хотя и очень малозаметная, акция по расколу группы консультантов, едва сложившейся в единый коллектив.

## III

Чувствовали ли мы приближение грозы над головой Хрущева? И да и нет. Самым сильным было ощущение, что реформы в стране только начинаются и что история даст шанс на протяжении нескольких десятилетий осуществлять реформацию в стране.

В то время мы были полны энтузиазма и веры в возможность формирования нового общества на антисталинской основе. Правда, последние шаги Хрущева вызывали удивление и даже подозрение. Его выступления против интеллигенции просто шокировали нас, поскольку все наши симпатии были на стороне Б. Пастернака, В. Дудинцева, Е. Евтушенко, Б. Окуджавы, Ю. Любимова. Кроме прочего, мы были связаны со многими из них длительными личными отношениями. Как людей, приобщившихся к политике, нас огорчали резкие высказывания Хрущева об армии, флоте, генералитете. Это был явный вызов.

А с другой стороны, у нас, в частности у меня, все больше появлялось интуитивное чувство какой-то опасности, подступающей с разных сторон. Хорошо помню свой разговор с Делюсиным во время лыжной прогулки на даче Горького. Я сказал: «Хрущев сделал все для своего падения. Он рассорился с парт- и госаппаратом, с армией и КГБ. Если бы нашелся смелый мальчик, ничего не стоило бы убрать Хрущева». Такой «смелый мальчик» сыскался среди наших комсомольских «младотурков». То был А. Н. Шелепин — бывший первый секретарь ЦК комсомола, которого Хрущев сделал секретарем ЦК и председателем Комитета партийно-государственного контроля. Но об этом позднее.

Чем был недоволен партаппарат? Еще в первые годы пребывания у власти Хрущев неоднократно покушался на привилегии партийных и государственных работников. Он сразу же ликвидировал систему «пакетов», которые раздавались высшим работникам аппарата, печати, научных учреждений. Это был так называемый «сталинский пакет» — денежная сумма, которая вручалась каждому тайно и не подлежала не только налогообложению, но даже выплатам из нее партийных взносов. Это решение Хрущева аппарат перенес сравнительно безболезненно, так как уж очень нелепо выглядела такая привилегия.

Затем Хрущев нацелился на одну из самых больших льгот — «кормушку» на улице Грановского, где когда-то жили все крупнейшие деятели партии. Там до сих пор выгравированы на жилом доме имена Фрунзе и Тухачевского, Калинина и многих других. Так вот, напротив этого дома, во дворе, находилась «столовая лечебного питания», где выдавались хорошие продукты за очень умеренную цену да еще с зачетом денежной дотации. «Кормушка» была своеобразным клубом высшего комсостава всех без исключения центральных учреждений — ЦК и Совмина, министерств и ведомств, армии и КГБ, печати и Академии наук. Из маленьких дверей этого дома выходили, сгибаясь от натуги, министры и академики, дотаскивали свои пакеты или ящики до черных машин и катили на работу или домой. Я был приобщен к этой «кормушке» до 1967 года, когда меня уволили из «Правды», но почти никогда не бывал там. В Доме на набережной, описанном Юрием Трифоновым, находился филиал «кормушки», куда могли съезжаться члены семей, и я предпочитал, чтобы это делала моя жена.

Так вот, Хрущев трижды подготавливал решение Президиума ЦК о ликвидации «кормушки», и трижды этот проект откладывался под разными предлогами. Главным доводом служило то, что столовая была организована по личному распоряжению Ленина. На первой странице одного из проектов решения о ликвидации спецстоловой внизу, в примечании, маленькими буквами было напечатано, что сам Ленин указал открыть столовую, чтобы «подкормить наших товарищей», пострадавших от тюрем, каторги и испытаний гражданской войны. И хотя это стало полной бессмыслицей в новое время, когда все каторжане ушли в мир иной (многие при содействии Сталина), тем не менее этот довод продолжал работать. Аппарат не переставал цепляться за свои привилегии, больше всего боясь начала необратимого процесса их ликвидации.

Одним из эпизодов этой борьбы был анекдотический разговор между вторым секретарем ЦК партии А. И. Кириченко и управляющим делами ЦК с характерной фамилией Пивоваров. Кириченко заявил ему якобы по поручению Хрущева: «Так что так — крух пользующих сузить, блага́ увеличить». Это распоряжение с характерным украинским прононсом повторялось всеми работниками аппарата. И действительно, после этого у высших руководителей «блага возросли» — появились танкообразные машины «Чайки», а у среднего комсостава отняли право вызывать машины домой для поездки на работу. Я нередко повторял в то время шутку, которая тоже облетела аппарат и дорого мне обошлась: наше государство создал вовсе не Ленин, как принято думать, а управляющий делами Совета Народных Комиссаров В. Д. Бонч-Бруевич, который четко определил табель о рангах, что кому «положено» — зарплата, паек, квартира, дача, машина, спецтелефон и т. д.

Одно время Хрущев покушался и на государственные машины. Будучи в Англии в 1956 году, он узнал, что право вызова спецмашины имеют лишь премьер-министр и еще один-два министра. То же самое в США. Было подсчитано, что только официально у нас в личном пользовании находится более полумиллиона машин с одним-двумя водителями при них; кроме того, многие пользуются государственными машинами неофициально. (В наше очень демократическое время персональные машины стали привилегией во много раз большего числа чиновников — со спецсигналами, пугающими синими огнями, сопровождением — такого и при Сталине не было. Разбогатело государство...)

Однако из всех хрущевских покушений на эти привилегии ничего не вышло. Тем не менее аппарат ворчал. Большое недовольство вызывали быстрые кадровые перемены. Хрущев по своему усмотрению сменил большинство первых секретарей республик и областей и, как считали, насаждал своих украинских друзей. Последний удар был нанесен его решением разделить обкомы и горкомы партии на две части — промышленные и сельскохозяйственные. Никто не понимал и не принимал этого нововведения. Как можно делить орган власти и противопоставлять одну часть аппарата другой? Это была самая непопулярная акция Хрущева. Мы долго так и эдак вертели ее в своих дискуссиях и не могли понять замысла: то ли Никита Сергеевич задумал нанести удар по функционерам, то ли вообще размышляет о возможности создания двух партий. Эта акция осталась для меня неясной до сей поры.

Многие были также недовольны растущей активностью зятя Хрущева Алексея Аджубея. Как личный представитель Хрущева, он посещал президентов и премьер-министров разных стран, и даже папу римского, вел какие-то закулисные переговоры, о которых не сообщалось на заседаниях Президиума ЦК партии.

Хрущев сумел рассориться с командованием флота из-за своих эскапад против кораблей, которые он называл «старыми посудинами», «мишенями для расстрела». Он был увлечен ядерным и ракетным оружием, атомными подлодками как средством сдерживания и все чаще покушался на сокращение армии и обычных вооружений.

Что касается КГБ, то Хрущев впервые низвел эту организацию до уровня обычного министерства. Председатель КГБ В. Е. Семичастный не был даже кандидатом в члены Президиума ЦК партии и скрипел зубами из-за нередких тычков и унижений, которым Хрущев подвергал некогда всесильную организацию. Все это подготовляло почву для заговора. Мы видели растущее недовольство, хотя и не подозревали о том, что произойдет.

Кадровая слабость Хрущева заключалась и в том, что он никак не мог подобрать себе надежного заместителя — второго секретаря ЦК. Вначале это место то занимал Кириченко, которого Хрущев привел с Украины. Высокий, шустрый, плохо образованный, хотя и незлой, этот человек очень скоро настроил против себя всех остальных членов руководства, и они «свергли» его в одночасье. Был и вдруг пропал — отправили на пенсию. Он жил на одной даче со мной уже в пенсионном состоянии и нередко униженно просил то одного, то другого чиновника подвезти его в Москву. Познакомившись с ним ближе, я просто диву давался, как такой человек сумел взгромоздиться на такое высокое место.

Затем Хрущев подобрал на пост второго секретаря ЦК Ф. Р. Козлова — тогдашнего первого секретаря Ленинградского обкома партии. Этот человек отличался резкостью и жестокостью и крепко держал в кулаке все дела. Однако он вскоре умер. Кстати, перед смертью — и эта история стала сенсацией в аппарате — он попросил прислать священника для исповеди. Рассказывали, что Козлов был замешан в «ленинградском деле» и хотел покаяться.

Но и, конечно же, не лучшим был выбор Брежнева на пост второго секретаря ЦК. Между прочим, в одной из бесед с зарубежными представителями Хрущев высоко отзывался о двух руководителях — Брежневе и Шелепине, которые стали позднее душой заговора против него.

Больше всего аппарат волновали реформаторские

проекты Хрущева, которые рождались один за другим, иногда спонтанные, но всегда последовательно направленные против сталинской модели власти. Вслед за созданием совнархозов, что тогда было сильным ударом по ведомственному бюрократизму, за попыткой перестроить партию Хрущев задумал еще более радикальное изменение нашей политической системы. И вот в начале 1964 года мы — я и один из заместителей заведующего Отделом агитации и пропаганды ЦК Г. Л. Смирнов — были откомандированы на все ту же дачу Горького для подготовки проекта новой Конституции СССР. Нам поручили собрать в предварительном порядке все лучшие предложения и подготовить записку для Хрущева и других членов Президиума ЦК.

Надо сказать, что тут мы несколько «разгулялись» и подготовили записку об основных принципах новой Конституции, которые резко отличались от так называемой сталинской, принятой в 1936 году. Мы ставили задачу узаконения политической власти, проведения свободных выборов, разделения власти. Еще в 1958 году в одной из своих статей я предлагал создать стабильно работающий Верховный Совет СССР, проводить альтернативные выборы в Советы посредством выдвижения нескольких кандидатов на одно место, учредить суд присяжных. Мы включили эти идеи в записку.

Одно из главных предложений состояло в установлении президентского режима и прямых выборов народом главы государства. В нашей записке говорилось, что Первый секретарь ЦК должен баллотироваться на этот пост, а не замещать пост Председателя Совета Министров СССР. Предполагалось также, что каждый член Президиума ЦК будет выдвигаться на крупный государственный пост и важнейшие решения будут приниматься не в партии, а в органах государственной власти.

Хрущев в целом довольно одобрительно реагировал на наши предложения. Но по поводу идеи введения института президента, избираемого всем народом, он, как нам передали, сказал с присущим ему юмором: «Тут какие-то мальчики хотят снять меня с поста Председателя Совмина, но это надо еще посмотреть». К сожалению, работа над новой Конституцией была оборвана из-за его падения. Ушло три десятилетия, пока страна вернулась к этим идеям...

Итак, росло глухое недовольство в различных сферах среди аппарата, в армии, среди интеллигенции. Приближалась гроза — чувствовал ли это Хрущев? Расскажу о том, что я наблюдал во время его последней поездки за границу.

Это был визит партийно-правительственной делегации на высшем уровне в Прагу летом 1964 года, буквально за несколько месяцев до падения Хрущева. Резиденция нашей делегации находилась в Ланнах, огромном поместье на окраине Праги, представлявшем собой место летнего пребывания президента Чехословакии. Кроме дворца, нескольких вилл и охотничьих домиков в Ланнах располагался красивейший парк с озерами и заповедник с самыми разнообразными животными. С ними-то у меня связано одно из наиболее неприятных воспоминаний, касающееся Хрущева и в целом нравов его генерации руководителей.

Едва ли не центральным событием всего визита была охота и рыбалка в этом заповеднике. Охотники ставили ружья на треножники и стреляли в упор доверчивых газелей, которые выходили навстречу каждому человеку, поскольку были приучены кормиться прямо с руки. Хрущев, Громыко, маршал Бирюзов и другие члены советской делегации настреляли таким образом не меньше десятка этих изящных животных. Вечером был устроен роскошный пир у костра, Хрущеву надели егерскую шапку и сюртук и возвели в ранг почетного охотника.

Я в охоте не участвовал, потому что никогда не любил убивать животных, но зато, как и другие члены делегации и сопровождающие лица, занялся рыбалкой. Собственно, слово «занялся» здесь совершенно неуместно. Не успевали мы бросить крючок, как тут же в него вцеплялась форель. Я. С. Насриддинова, председатель Президиума Верховного Совета Узбекистана, вытаскивая очередную рыбу, каждый раз вскрикивала: «Никита Сергеевич, смотрите, я поймала еще одну, какая она большая и красивая». (Кстати, уже в брежневское время выяснилось, что Насриддинова была замешана в коррупции и крупном взяточничестве, однако ее пощадили как одну из первых узбекских женщин, снявших паранджу.) В двух шагах от меня стоял Громыко, который с чрезвычайно значительным видом тоже таскал одну за другой несчастную форель из искусственного озера.

— Когда вы запустили эту форель в озеро, — спросил я полушутя у чешского рыболова, помогавшего всем нам со снастью, — вчера или сегодня?

— Три дня назад, — совершенно серьезно отвечал мне чех. — Не кормили, поэтому они такие голодные.

И он пренебрежительно пожал плечами. Я бросил удочку и пошел гулять. Дошел до другого озера, у которого сидел маршал Бирюзов. Там была настоящая рыбалка. Он ловил карасей, наживляя на крючок кукурузу. Бирюзов был счастлив: рядом с ним бултыхались в посудине два крупнейших карпа. Он, конечно, не предчувствовал, что всего через несколько месяцев ему суждено погибнуть при аварии самолета, летевшего в Югославию и врезавшегося в гору перед посадкой в Белграде.

Точно так же ничего не предчувствовал и Никита Сергеевич. Я никогда не видел его таким счастливым, довольным и даже вдохновенным. Мне пришлось присутствовать на переговорах между ним и Новотным в одном из наиболее роскошных залов президентского дворца в Барнабитках. Новотный рассказывал Хрущеву о намечавшихся экономических реформах в Чехословакии. Кстати говоря, он развернул в разговоре довольно широкую программу преобразований, направленных на развитие рыночных и товарно-денежных отношений, преодоление бюрократизма, повышение роли предприятий — словом, всего того, что впоследствии стало элементом куда более обширной и основательной программы Дубчека и Шика. Видимо, уже тогда, при Новотном, началось движение в этом направлении.

Хрущев слушал все это вполуха. Переговоры происходили после сытного обеда, как всегда сопровождавшегося двумя-тремя рюмками коньяку. Незаметным движением Хрущев вытаскивал из кармашка часики, кажется, подаренные ему в Америке. Это были особые часики, их циферблат находился в металлической коробочке, которую надо было открыть, чтобы увидеть время. И вот Хрущев незаметно для Новотного, чтобы его не обидеть, вытаскивал под столом часики — не для того, чтобы узнать время, а просто так, играючись, приоткрывал, посматривал на любимую игрушку и закрывал, очень довольный...

— Мы тоже у себя думаем о том, чтобы поднять роль предприятий, особенно на местах, — сказал Хрущев, когда Новотный закончил. — Создали совнархозы, вот собираемся передать часть предприятий в ведение общественных организаций, активизируем профсоюзы. Так что все это дело полезное.

Мне показалось, что Хрущев даже не понял того, о чем рассказывал Новотный. Рыночные отношения всегда казались ему чем-то чуждым и даже неприятным. Поэтому он никак не реагировал на ту часть информации Новотного, которая касалась развития товарного хозяйства.

Но в целом визит прошел прекрасно. Однако одна деталь глубоко врезалась в мое сознание. Мы находились в небольшой комнате президентского дворца, в которой Хрущеву и всей делегации докладывался вопрос о Договоре, заключаемом между СССР и Чехословакией. Хрущев вместе с Андроповым восседал на таком дворцовом, в стиле ампир, диванчике в любимой позе, сложив руки на животе и поигрывая пальцами. Громыко сидел напротив в кресле, я где-то сбоку. Громыко читал проект Договора, который держал перед его глазами один из заведующих отделом МИДа. Договор представлял собой довольно большой по размеру фолиант, как обычно, вмонтированный в красный кожаный переплет.

И тут произошла любопытнейшая сцена. Дипломат, державший Договор перед Громыко (как будто он сам не мог этого делать), почувствовал, что Андрей Андреевич испытывает какое-то неудобство. Тогда он опустился на одно колено, чтобы тому было сподручней. Но этого оказалось мало. Тогда дипломат опустился на оба колена сбоку от кресла Громыко, осторожным движением перелистывая страницы Договора. Эта сцена не вызвала ни у кого удивления. Коленопреклоненный крупный мидовский чиновник, механически листающий Договор перед глазами у своего босса, — в этом было что-то средневековое, отвратительное. Меня это резануло прямо по сердцу. «Вот, Федя, — подумал я, — смотри, и ты докатишься до такого когда-нибудь, если вовремя не выскочишь из этой игры».

Я часто вспоминал потом эту сцену, когда принял решение уйти из аппарата ЦК. То было одно из наиболее суровых предостережений. Я знал этого дипломата: по-своему незаурядный человек, с сильным характером, эрудированный, он отличался резким стилем в отношениях со своими подчиненными, который компенсировал его распластанную угодливость перед высшими. Мне эта сцена преподнесла урок, запомнившийся на всю жизнь. И когда у меня начались всяческие испытания, я нередко мысленно вспоминал ее и повторял про себя: «Нет, я никогда не встану на колени...»

Что касается Хрущева, то на его лице не было и тени сомнения в прочности своего положения. Напротив, по всему было видно, что он уверен в себе как никогда: все противники удалены из состава Президиума ЦК, остались почти исключительно выдвиженцы самого Хрущева. Его слово было законом, он чувствовал себя всевластным. То было кульминацией его жизни. Апофеоз власти и апофеоз ослепления. Всего несколько месяцев, всего один шаг отделял его от полного крушения. Воистину, если бог решит кого-то погубить, он прежде лишает его разума. Так было и с Хрущевым.

Проводы из Праги и встреча в Москве были торжественными. Брежнев первым бросился в объятия Никиты Сергеевича, поцеловал его, ласково обнимал за плечи. Затем подошел Подгорный с радостной улыбкой на тупом лице, затем с двусмысленным оскалом Суслов, который тоже долго жал руку Хрущеву. За ним — с каменным лицом Шелепин. Все участники заговора были в сборе. И в духе лучших византийских традиций они расточали елей человеку, которому уже подготовили удар ножом в спину.

*Новелла восьмая*

## ЗАГОВОР

### I

 октябре 1964 года с группой сотрудников двух международных отделов ЦК я находился на загородной даче. По прямому поручению Хрущева мы готовили один из важных документов, касающихся внешней политики. Нас очень торопили. Секретари ЦК по нескольку раз в день справлялись, в каком состоянии дело. Накачивая себя кофе и другими «лекарствами», мы мучительно вынашивали очередную «бумагу». Вдруг телефон затих. Никто не звонит. Проходит день, начинается другой — ни звука. Тогда Елизар Кусков сказал мне: «Съездил бы ты в Москву, узнал, что там происходит, подозрительная какая-то тишина».

Приехал я на Старую площадь. Зашел на работу и первое, что почувствовал, — именно подозрительную тишину. В коридорах — никого, как метлой вымело. Заглядываю в кабинеты — сидят по двое, по трое, шушукаются. Но вот встретил одного, упоминавшегося уже Суетухина. Он говорит мне: «Сидите, пишете! Писаки! А люди вон уже власть берут!» Наконец узнаю, в чем дело. Второй день идет заседание

Президиума ЦК. Выступают все члены руководства. Критикуют Хрущева. Предлагают уйти «по собственному желанию». Правда, пронесся слух, будто кто-то хотел оставить его Председателем Совета Министров СССР. Однако то ли не прошел вариант, то ли слух был неверен, но на октябрьском Пленуме 1964 года было решено принять заявление Никиты Сергеевича Хрущева об уходе...

Впоследствии были опубликованы воспоминания сына Хрущева, Сергея Никитича, о заговоре против его отца и его вынужденном «отречении» от власти. Эти воспоминания проливают дополнительный свет на многие события того злосчастного времени. Выяснилось, что Хрущев за несколько недель получил информацию о готовящемся заговоре, но практически не предпринял никаких мер для предотвращения своего падения. Одной из причин, видимо, было то, что эту информацию он услышал от сына и не придал ей должного значения. Он вел себя так же, как все другие харизматические лидеры, глубоко уверовавшие в свою звезду. Кроме того, он глубоко доверял Брежневу и особенно Шелепину и Семичастному, которых вывел на высокие посты. Одной из главных причин пассивности Хрущева в критической ситуации было то, что он полностью доверил Микояну проверить информацию, поступившую к Сергею Хрущеву от Галюкова, одного из охранников Н. Г. Игнатова — активного участника заговора. И Микоян подвел Хрущева, вероятно, почувствовав, что сделать ничего нельзя.

Сергей подробно повествует, как этот охранник позвонил на квартиру его отца по правительственному телефону и, не обнаружив Хрущева, попросил Сергея тайно встретиться с ним. По странному совпадению, эта встреча состоялась возле дома по Кутузов-

скому проспекту, где я жил в ту пору. Вероятно, потому, что в этом же доме жила внучка Хрущева —
Юлия, Сергей назначил свидание именно здесь. Потом они по просьбе Галюкова, который боялся слеж-
ки, уехали за город, и тот сообщил Сергею важные
подробности о готовящемся перевороте.

Сергей передал эту информацию отцу. Тот попросил Микояна разобраться. И вот Микоян пригласил
Галюкова и Сергея к себе в дом, что находился в нескольких метрах от дома Хрущева на Ленинских горах. Галюков подробно рассказал обо всем, что ему
было известно, в том числе об участии Брежнева,
Подгорного, Шелепина, Семичастного в заговоре.

Реакция Микояна была более чем странной. После окончания рассказа он, по словам Сергея, сидел
задумавшись. Наконец повернул голову, выражение
лица его было решительным, глаза блестели.

— Ну что ж, это хорошо. Я не сомневаюсь, что эти
сведения вы нам сообщили с добрыми намерениями,
и благодарю вас. Хочу только сказать, что мы знаем
Николая Викторовича Подгорного, и Леонида Ильича Брежнева, и Александра Николаевича Шелепина,
и других товарищей как честных коммунистов, много лет беззаветно отдающих все свои силы на благо
нашего народа, на благо Коммунистической партии,
и продолжаем к ним относиться как к своим соратникам по общей борьбе!

Микоян потребовал от Сергея Хрущева, чтобы он
составил подробный протокол разговора. Сергей
добросовестно выполнил это, но опустил за ненадоб-
ностью приведенное выше заявление Микояна. Тот
решительно настоял, чтобы заявление слово в слово
было внесено в протокол, и даже заглядывал через
плечо Сергею, чтобы не было ошибки.

Закончив писать, Сергей протянул Микояну рукопись. Тот внимательно прочитал последний абзац, некоторое время о чем-то раздумывал, потом протянул листы Сергею и сказал: «Распишись». Сергей расписался. Микоян отметил: «Вот теперь все хорошо», открыл платяной шкаф и засунул папку под стопку рубашек.

Интересные подробности — не правда ли? Сергей Хрущев, который очень дружен и сейчас с сыном Микояна, не делает никаких выводов. Постараюсь сделать их за него.

Судя по рассказу Сергея, Микоян не показал протокола Никите Сергеевичу, он только в общей форме передал ему эту историю. И вероятно, передал в успокоительных тонах. Поэтому Хрущев не принимал никаких контрмер. Я не верю в ту версию, которая промелькнула в воспоминаниях Сергея, будто его отец сам отказался от борьбы, так как устал. Нет! Это был боец, и боец неистовый! Достаточно вспомнить XX съезд, или июнь 1957 года, или Венгрию в 1956 году, или Карибский кризис. И был еще Хрущев в прекрасной рабочей форме. Что-то не то и не так.

Полагаю, что на этот раз Никита Сергеевич понял бесполезность борьбы. Все было разыграно куда более умело, чем в 1957 году. Аппарат ЦК, КГБ и даже армия, которую возглавлял друг Хрущева Малиновский, больше не подчинялись ему. И еще ближайший соратник — Микоян — по-настоящему побоялся включиться в борьбу. Делать было нечего. Надо было подставить непокорную прежде лобастую голову под неизбежный удар судьбы.

Не думаю, что Хрущев внутренне сломался. Ему было семьдесят лет, и он мог продолжать свою деятельность. К тому же психологически он был совершенно не готов к крушению, напротив, чувствовал себя на вершине власти. Видимо, неожиданность удара и полное единство всех других членов руководства потрясли его. Он понял не только невозможность борьбы за власть, но и тщетность своих реформаторских усилий. Больше всего, полагаю, он был поражен поведением самых близких соратников, подобранных им самим. Наверное, то же самое испытывает мужчина, когда застает любимую и прежде верную ему жену в постели с любовником. Онемение. Но если в последнем случае можно что-то предпринять, то в случае с Хрущевым сделать было ничего нельзя...

О чем раздумывал Микоян, выслушав рассказ Галюкова? Быть может, вспоминал свою молодость, когда каким-то странным образом ему удалось ускользнуть из тюрьмы в Баку? Он был в числе 27 бакинских комиссаров, но расстреляно было только 26, а Микоян спасся. Или он вспоминал, как Сталин при его участии расправился с Каменевым, Зиновьевым, Бухариным? Или свое выступление в 1937 году на одном из партийных совещаний, когда он требовал: бить, бить, бить? Но, быть может, он думал о неудачной попытке снять Хрущева в 1957 году и своих колебаниях в тот момент — на чью сторону встать?

Кто знает. Но не напрасно, ох не напрасно сложилась в народе о Микояне притча: от Ильича до Ильича без инфаркта и паралича (имелось в виду — от Ленина до Брежнева). Такие люди, увы, живут долго в политике. Микоян уже после снятия Хрущева продолжал занимать высокий пост и ушел только по старости, с почетом и сохранением всех благ для себя и своей семьи. Вручил ли он пресловутый протокол, написанный сыном об отце, самому Брежневу и когда — до заседания Президиума ЦК или в перерыве, когда соотношение сил стало для него вполне ясным, — неизвестно. Но, так или иначе, сыгранная им во всей этой истории роль выглядит крайне сомнительной. Думаю, что он использовал сообщение Сергея в своих целях, точно так же, как Шелепин и Семичастный использовали доверчивость членов семьи Хрущева.

Боюсь, что Сергей Хрущев искренне заблуждается, когда утверждает, что главной пружиной в заговоре против его отца был Брежнев. Это заблуждение, впрочем, легко понять, поскольку именно Брежнев должен был вызывать особую ненависть у Хрущева и его семьи после «октябрьского переворота» и поскольку ни к кому другому Хрущев так хорошо не относился, как к нему. Кроме того, Сергей, вероятно, не может признаться себе самому, в какой степени он и в особенности Аджубей были обмануты комсомольскими «младотурками», как мы их между собой называли. Те не только сумели вкрасться к ним в доверие, выглядеть самыми надежными, закадычными друзьями-приятелями, прежде всего Аджубея, но и самым ловким образом провели родственников Хрущева в драматический момент октябрьского Пленума.

Нет, свержение Хрущева готовил вначале не Брежнев. Многие полагают, что это сделал Суслов. На самом деле начало заговору положила группа «молодежи» во главе с Шелепиным. Собирались они в самых неожиданных местах, чаще всего на стадионе Лужники во время футбольных состязаний. И там сговаривались. Особая роль отводилась Семичастному, руководителю КГБ, рекомендованному на этот пост Шелепиным. Его задача заключалась в том, чтобы парализовать охрану Хрущева. И действительно, когда Хрущева вызвали на заседание Президиума ЦК КПСС из Пицунды, где он отдыхал в это время с Микояном, его встретил на аэровокзале один Семичастный. Хрущев, видимо, сразу понял, что к чему. Но было уже поздно.

Мне известно об этом, можно сказать, из первых рук. Вскоре после октябрьского Пленума ЦК мы с Е. Кусковым готовили речь для П. Н. Демичева, который был в ту пору секретарем ЦК. И он торжествующе рассказал нам, как Шелепин собирал бывших комсомольцев, в том числе его, и как они разрабатывали план «освобождения» Хрущева. Он ясно давал нам понять, что инициатива исходила не от Брежнева и что тот только на последнем этапе включился в дело. Я хорошо помню взволнованное замечание Демичева: «Не знали, чем кончится все и не окажемся ли мы завтра неизвестно где». Примерно то же сообщил мне — правда, в скупых словах — и Андропов.

Как происходило заседание Президиума ЦК КПСС 13 и 14 октября 1964 года? Об этом подробно рассказывается в очерке Сергея Хрущева со слов родственника Микояна А. Арзуманяна. Сергей навестил его в ночь на 13 октября. Арзуманян не был удивлен столь поздним визитом. Он был возбужден новостями, ему тоже хотелось выговориться.

— Анастас Иванович просил держать наш разговор в секрете, — нерешительно начал Арзуманян, — но вам я хочу рассказать. Положение очень серьезно. Никите Сергеевичу предъявлены различные претензии, и члены Президиума требуют его смещения. Заседание тщательно подготовлено: все, кроме Микояна, выступают единым фронтом. Хрущева обвиняют в разных грехах: тут и неудовлетворительное положение в сельском хозяйстве, и неуважительное отношение к членам Президиума ЦК, пренебрежение их мнением и многое другое. Главное не в этом, ошибки есть у всех, и у Никиты Сергеевича их немало. Дело сейчас не в ошибках Никиты Сергеевича, а в линии, которую он олицетворяет и проводит. Если его не будет, к власти могут прийти сталинисты, и никто не знает, что произойдет.

Арзуманян рассказал, что наибольшую активность проявляют Шелепин и Шелест. Очень грубо вел себя Воронов. Он не сдерживался в выражениях. Когда Никита Сергеевич назвал членов Президиума своими друзьями, он оборвал: «У вас здесь нет друзей!»

Эта реплика даже вызвала отповедь Гришина. «Вы не правы, — возразил он, — мы все друзья Никиты Сергеевича». Остальные выступали более сдержанно. Микоян внес предложение освободить Хрущева от обязанностей Первого секретаря ЦК, сохранив за ним должность Председателя Совета Министров СССР. Однако его отвергли...

Хрущев уже принял решение без борьбы подать в отставку. Поздно вечером он позвонил Микояну и сказал, что, если все хотят освободить его от занимаемых постов, он возражать не будет.

— Я уже стар и устал. Пусть теперь справляются сами. Главное я сделал. Отношения между нами, стиль руководства поменялись в корне. Разве кому-нибудь могло пригрезиться, что мы можем сказать Сталину, что он нас не устраивает и предложить ему уйти в отставку? От нас бы мокрого места не осталось. Теперь все иначе. Исчез страх, и разговор идет на равных. В этом моя заслуга. А бороться я не буду.

Хрущев был прав: он пал жертвой собственного либерализма. Увы, так не раз было на Руси. Цари, которые начинали более или менее либеральные реформы, были обречены. Погибла семья Бориса Годунова. Был убит террористами Александр II-Освободитель. Да и Николай II потерял власть скорее не потому, что был кровавым, а потому, что создал Думу...

Сергей сообщает о множестве претензий, которые были высказаны Хрущеву по вопросам внутренней и внешней политики. По его словам, речь шла о Карибском кризисе, о событиях на Суэце и об отношениях с Китаем. Хрущев тогда ответил, что, судя по всему, некоторых подводит память, поскольку все решения по перечисленным вопросам принимались коллегиально, большинством голосов. Но особенно громко на заседании Президиума ЦК звучали жалобы на личные оскорбления, которые будто бы Хрущев раздавал направо и налево всем членам руководства.

Действительно, заговор обрел силу, когда в него включился Брежнев. Действительно, именно он и Подгорный взяли на себя обработку других членов руководства. Шелепин не мог этого сделать сам, а тем более за спиной Брежнева. И все же первый толчок исходил от Шелепина. Почему он так и не рассказал павды? Объясняется это тем, что ему было стыдно — стыдно не столько из-за организации заговора, сколько из-за проигрыша. Он думал использовать Брежнева и легко переиграть его, а на самом деле Брежнев использовал его замысел, его смелые первые шаги, а потом избавился от него, как от соперника и как от человека, способного попытаться вторично разыграть такую же игру. Кроме Шелепина — все участники заговора пишут о том периоде, заново оценивают свои позиции, ищут оправдания своим действиям.

Бывший председатель КГБ В. Е. Семичастный рассказывает, что будто бы в суете борьбы за власть Л. И. Брежнев даже выяснял у него возможность чуть ли не физического устранения Первого. Вот отрывок из статьи кандидата исторических наук Ю. В. Аксютина. Он передает разговор Брежнева с Семичастным со слов последнего:

«— ...Что вы имеете в виду, Леонид Ильич? — спрашивает пораженный глава госбезопасности.

— Ну там, что-нибудь такое...

— Яд, например, или пуля?..

— Да не мне вас учить, Владимир Ефимович.

— А как вы представляете себе все это? Вы можете дать гарантию, что тайна останется тайной?

Брежнев явно разочарован.

— А я-то думал, что одной из важнейших задач вашей службы и является обеспечение тайны...

— Да, но любая тайна рано или поздно перестанет быть таковой.

Полагая, что ему удалось убедить своего собеседника, Семичастный направляется к выходу, но Брежнев останавливает его:

— Неужто так и нельзя ничего сделать?.. Вот, например, Н. С. собирается с официальным визитом в Швецию... Может быть, когда будет возвращаться, арестуем его?..

— Мы не заговорщики, и надо этот вопрос решать законным путем...»

Очень странное заявление. Да и весь разговор представляется мне лживым. Семичастный явно пытается взвалить ответственность за организацию заговора на Брежнева и снять ее с себя, выдвигая против него самые неправдоподобные обвинения.

Но осторожный и трусоватый Брежнев никогда не решился бы на такое предложение — убить Хрущева. Да и нравы к тому времени радикально изменились в сравнении со сталинской эпохой. Никто из членов Президиума ЦК не поддержал бы такой чудовищной акции. Полагаю, что это высказывание Семичастного служит как раз дополнительным доказательством моей версии: заговор исходил от них — от Шелепина, Семичастного и их ближайших приверженцев. Иначе зачем надо было бы сейчас задним числом возводить такую напраслину на Брежнева? В общем-то, это довольно обычное дело — когда люди начинают говорить неправду, они не могут остановиться...

Любопытны оценки и высказывания других участников тех событий. Продолжаю цитировать статью Ю. В. Аксютина:

«...Вполне логичным и обоснованным» считает принятое тогда решение Н. Г. Егорычев. С ним согласен В. Е. Семичастный: «В конечном итоге Хрущев завел дело в тупик. Добавлю к тому же неуправляемость». Но в то же время он делает существенную оговорку: «Если бы в Президиуме была коллегиальность, если бы и ЦК проявил характер, высказав свое мнение, думаю, что все было бы по-другому».

«Ошибок у него было немало, но их должны были разделить и другие руководители, работавшие с ним рядом», — полагает П. Е. Шелест. Он уверен, что объективной необходимости заменять Хрущева Брежневым не было: «Это мое твердое убеждение, хотя и сам принимал участие в случившемся. Сейчас сам себя критикую и искренне сожалею о том».

Подобного же мнения придерживается и Г. И. Воронов: «Даже явные просчеты Хрущева весят гораздо меньше того главного, что он сделал... Мотивы у участников Пленума были разные, а результат? Вместо того чтобы поправить ошибки одной яркой личности, мы сделали ставку на другую — посредственную. Подобное неизбежно, когда нет механизма критики руководства, его замены».

Позднее раскаяние! Разве оно достойно настоящих политических деятелей? Если бы Воронов и Шелест не потеряли своих постов во времена Брежнева, так же смотрели бы они на этот вопрос, как сейчас? Сомневаюсь! Больше мне импонирует самооценка Новикова. Он нашел в себе мужество произнести этот приговор: холопство! Холопы Хрущева, холопы Брежнева. Помалкивали, когда видели явные ошибки и того и другого. Типичные нравы кремлевского двора. Сталин так напугал все свое окружение, весь аппарат управления, что этого хватило на целые десятилетия и хватает до сих пор, хотя сейчас нередка и другая крайность, как изнанка холопства, — нахальство.

...И вот собрался октябрьский Пленум ЦК КПСС. На трибуне — весь состав Президиума ЦК, включая Хрущева. Ведет заседание Брежнев. Выступает Суслов. Он коротко докладывает почти без аргументов о состоявшемся заседании Президиума ЦК и о том, что Хрущев подал заявление «об уходе по собственному желанию». Обсуждения не было. Во время доклада и всего Пленума Хрущев сидел, опустив голову и обхватив ее обеими руками у висков. Он не проронил ни слова, но казалось, что в глазах его были слезы. Все единодушно приняли решение об «освобождении Хрущева по собственному желанию» и выводе Аджубея из состава ЦК. Подавляющее большинство Пленума вздохнуло с облегчением. Так же дружно прошло голосование за избрание Брежнева Первым секретарем ЦК КПСС.

Историческая драма внешне выглядела фарсом. Сплошное лицемерие. Лицемерный доклад Суслова, в котором так и не был дан анализ позитивных и негативных моментов хрущевского десятилетия. В нем были обойдены решения XX и XXII съездов, ничего не сказано о Программе партии, не определен новый курс. Лицемерная апелляция к якобы добровольному уходу Хрущева со своего поста. Лицемерное решение о Брежневе, которого никто не полагал тогда человеком, действительно способным возглавить великую страну. Редко приходилось видеть такое скопище тартюфов. Хотя в кулуарах все шептались о Шелепине, Семичастном, но внешне выглядело так, как будто они стояли в стороне. Хотя многие знали о методах подготовки заговора, но внешне все выглядело как благопристойный уход в отставку усталого старика.

Я сидел среди других работников аппарата и, оглядываясь по сторонам, искал на их лицах те же ощущения, которые бушевали в моей душе. Но, увы, лица были непроницаемы. Люди принимали происходившее как должное или боялись обнаружить свои чувства. И это все. Едва ли кто сознавал, что упал занавес над целой исторической эпохой. Едва ли кто думал о том, какое будет новое время.

Сейчас опубликованы новые материалы, которые проливают свет на характер заговора и позиции участников[1]. Начну с дневниковых записей члена Политбюро того времени П. Е. Шелеста.

— Все мы, кто знал и был посвящен в некоторые подробности подготовки «дела», ходили по острию лезвия. Хотя многие вопросы и были уже блокированы, но опасность сохранялась громадная. Н. С. Хрущев был Первым секретарем ЦК КПСС, Председателем Совмина СССР. В наших условиях это не ограниченная ничем власть и, по существу, свобода действий. Его команда, одно слово — и многие из нас были бы обезврежены, изолированы и даже уничтожены, ведь велся по существу и форме заговор против главы правительства, а чем это кончается, хоро-

---

[1] Материал взят из книги Н. А. Зеньковича «Тайны уходящего века-3». М., «ОЛМА-ПРЕСС», 1999, с. 543—544.

шо известно. Но, несмотря на наличие сигналов и даже явных фактов политической интриги и прямого заговора, на сей раз Хрущев проявил излишнюю доверчивость, притупил бдительность и остроту. Он очень верил в свой авторитет, доверился всякой лести и признаниям в верности ему. В подтверждение этому можно привести немало фактов.

— Суслов, Косыгин и некоторые другие занимали осторожно-выжидательную позицию, при этом ссылались на большой авторитет Хрущева в партии и народе и на то, как все это может отразиться на внешней политике и наших внутренних делах. Подавались голоса (Суслов): «А не вызовет ли это раскола в партии или даже гражданской войны?» Многие спрашивают, какую позицию занимает Украина.

— При нашей встрече в Киеве Подгорный мне сообщил следующее: перед самым отъездом в отпуск Н. С. Хрущева, у него был довольно неприятный разговор, если не сказать худшего. «Пригласил меня, — говорит Подгорный, — и прямо поставил вопрос: «Что-то, товарищ Подгорный, идут разговоры, будто существует какая-то группа, которая хочет меня убрать, и вы к этой группе причастны?» («Представляешь мое состояние и положение?» — говорил мне тогда Подгорный.) Я собрался с силами и ответил: «Откуда вы, Никита Сергеевич, это взяли?» А сам думаю, какой подлец мог выдать все это? Хотя вероятность такая могла быть. Леня (Брежнев), ты знаешь, — обращается ко мне, медлит и трусит — он даже мне сказал: «Может быть, отложить все это?» Я его выругал и сказал: «Хочешь погибать — погибай, но продавать товарищей не смей». Продолжали разговор почти всю ночь. Подгорный под конец сказал мне, что о якобы существующей группе заговора ему, Никите Сергеевичу, сказал его сын Сергей, которого предупредил какой-то работник КГБ.

— А дело обстояло так: Игнатов Н. Г., будучи тогда Председателем Президиума Верховного Совета РСФСР, был в курсе «дела» и всех обстоятельств, связанных с организацией. По неосторожности, а может быть, бравируя знанием вопросов, доверился своим приближенным. Один из них обо всем написал письмо Н. С. Хрущеву, в письме почти все было изложено, что делалось за спиной Хрущева. Когда это письмо было прочитано Хрущеву, он пригласил к себе Подгорного, показал это письмо и при этом спросил: «Вы что-нибудь по этому вопросу знаете?»

— Подгорный отвечал, что ему ничего не известно и тут же предложил поручить КГБ проверить все факты, изложенные в письме, будучи уверенным в том, что КГБ даст нужный ход этому письму. Но Хрущев по какой-то интуиции не принял этого предложения, а сказал, что он поручает этот вопрос А. И. Микояну: пусть он вызовет Игнатова, расследует и доложит. Нависла явная угроза над всеми нами. Но через В. П. Мжаванадзе, который в то время находился в Москве, сумели своевременно предупредить Игнатова о нависшей угрозе. Игнатову было сказано, чтобы он все отрицал в беседе с Микояном. Таким образом, письмо было передано в КГБ, откуда оно так никуда и не пошло.

— Во всем этом и других вопросах особо важную роль играли Шелепин А. Н. и Семичастный В. Е. Впоследствии их Брежнев уберет так, как и многих других, которые много знали, имели свое мнение и их нежелательно было оставлять в руководстве. Что касается Хрущева, то его усыпили. Дело в том, что Н. С. Хрущев по своей человеческой натуре был доверчивым, верил товарищам, с кем ему приходилось работать. А главное — он уверовал, что его все поддерживают, авторитет его непоколебим. Он чересчур доверился, это его и погубило. Но нас всех, которые активно участвовали в заговоре против Хрущева, ненадолго спасло от прямой и организационной расправы, исходящей прямо от Брежнева.

— С Н.В. Подгорным мы пришли к верному убеждению, что «промедление в этом деле смерти подобно», надо форсировать события, доводить вопрос до развязки, причем максимально для этого использовать время отсутствия в Москве Н. С. Хрущева[1].

Приведем свидетельства, чрезвычайно интересные с психологической точки зрения. О том, как «доставляли» главу партии и правительства в Москву. Вот рассказ Анатолия Михайлова, старшего сержанта из личной охраны Хрущева, который записал журналист М. Руденко из газеты «Труд». Он сообщил об отдыхе Н. С. в Пицунде и отъезде в Москву.

— Отдых был, как всегда: купались, загорали — как в раю. А потом стали замечать, чувствовать: происходит что-то не то.

— На траверзе залива вдруг замаячили бронекатера, которых раньше здесь никогда не бывало. Прислуга стала молчаливой, замкнутой... В воздухе повисла гнетущая тишина. А главное — Никита Сергеевич несколько раз уходил с Анастасом Микояном на дальнюю косу и о чем-то с ним долго беспокойно беседовал.

— Гром грянул, когда однажды среди ночи Крокодил (так бойцы называли своего командира, майора по званию) вдруг объявил о «немедленном свертывании постов» и возвращении в Москву.

— Часа в четыре утра они уже были на аэродроме,

---

[1] Материал взят из книги Н. А. Зеньковича «Тайны уходящего века-3». М., «ОЛМА-ПРЕСС», 1999, с. 545—547.

а еще через полчаса «Ил-18», нагруженный под завязку пассажирами, челядью и охраной, взлетел и взял курс на Москву.

— Казалось бы, обычное дело: ведь летали с Никитой Сергеевичем много раз. И он всегда был приветлив, находил минуту, чтобы выйти и перекинуться парой прибауток. На этот раз все было иначе.

— Явно чем-то расстроенный, он принялся вдруг расхаживать по дорожке салона, нервно потирая руки и озираясь по сторонам. И минут через десять впервые за все годы забарабанил кулаком в задраенную дверь пилотской кабины, которую — и Хрущев прекрасно знал об этом — пилотам категорически запрещалось открывать в полете.

— Как и следовало ожидать, на стук Никиты Сергеевича никто не отзывался. Минут через пять он постучал снова. И снова «глухо». Тогда бросился к Крокодилу.

— Майор! Приказываю экипажу лететь в Киев! В столице — заговор!..

Охранники, конечно, наблюдали за Никитой Сергеевичем и уже внутренне напряглись до предела.

Их шеф, разумеется, был закаленным, много повидавшим на своем майорском веку служакой. Но и он от слов Хрущева опешил...

Повторив несколько раз свой приказ, Никита Сергеевич принялся ходить от одного к другому, хватая каждого за рукава:

— Товарищи, заговор! Поворачивайте на Киев!

— Драма усугублялась тем, что охранникам категорически запрещалось разговаривать с вождем. И сцена эта от их молчания становилась просто невыносимой!

— Хрущев на некоторое время впал в оцепенение, посидел молча, затем снова поднялся и подскочил к Крокодилу с криком:

— Полковник! Ты — Герой Советского Союза! Поворачивай на Киев. Это — мой последний приказ.

— Крокодил отмолчался снова, и Никита Сергеевич крикнул всем с нотками непередаваемой тоски и отчаяния в голосе:

— Ребята! Вы все — Герои Советского Союза! Летим в Киев. Там — наше спасение...

Видя, что охрана в «отключке», Хрущев вскоре прекратил эти призывы и удалился в свой салон.

— Дошло дело, наконец, до приземления. Невыносимо долго самолет рулил куда-то по полосе, не подавали трап... Те, кто мельком взглянули в иллюминатор, обомлели: подъехал не традиционный лимузин вождя, а предназначенный для охраны облезлый ЗИЛ.

— Томительно долго открывали дверь, в которую первой юркнула стюардесса в белых перчатках и встала на верхней ступеньке с левой стороны. Следом шагнул нахохлившийся Никита Сергеевич, понурив голову и став от этого еще ниже. Увидев там, внизу, трех цековских деятелей «второго сорта», переминавшихся в неловких позах, Хрущев дал волю переполнявшим его чувствам:

— Предатели! Христопродавцы! Перестреляю, как собак!..

— В это мгновение силы оставили его, и в тишине все услышали глухие рыдания, прерывавшиеся время от времени проклятиями и угрозами...[1]

Теперь представим более полно картину заседания Президиума ЦК КПСС 13—14 октября 1964 г. Официально стенограмма не велась. Сохранились лишь рукописные записи заведующего Общем отделом ЦК В. Н. Малина. Ниже идут выписки из его рукописи[2].

[1] Н. Зенькович «Тайны уходящего века-3». М., «ОЛМА-ПРЕСС», 1999, с. 574—575.

[2] Там же, с. 362—367.

**т. ШЕЛЕСТ** (Первый секретарь ЦК КП Украины). В апреле 1964 года на праздновании 70-летия Хрущева поднял тост «За вождя партии!»

В 1957 г. ставили задачу догнать и перегнать США, а получился провал, деятельность нашу дискредитирует, говорили о жилье — не выполнили.

**т. ВОРОНОВ** (Председатель Совета Министров РСФСР).

В результате неправильного и непартийного отношения т. Хрущева создалась нетерпимая обстановка, возник новый культ личности Хрущева. По существу коллективного руководства нет. Не терпит никаких замечаний.

**т. КОЗЛОВ** (Секретарь ЦК КПСС).

На последнем совещании т. Хрущев наговорил много ерунды. Мне говорил — вы самый опасный человек. Прекратить практику сосредоточения власти в одних руках. Отпустить на пенсию, я бы проголосовал.

**т. ШЕЛЕПИН** (Председатель Комитета партийно-государственного контроля ЦК КПСС и Совета Министров СССР).

У вас сосредоточена власть, вы ею стали злоупотреблять — боялись. Нетерпимая обстановка. Культ личности полностью сложился. Вера в вас падала, падала. Самомнение непомерное. Характеристика, данная Лениным Сталину — полностью относится к вам. Окружили себя сомнительными людьми. Темп за 10 лет — упал. Национальный доход — с 11% до 4% упал. С империалистами мы должны быть на страже. Отступаете от главной линии. Кубинский кризис — авантюра, жонглирование судьбами народа. Вы сказали: «Октябрьскую революцию совершили бабы».

**т. КИРИЛЕНКО** (Первый заместитель председателя Бюро ЦК КПСС по РСФСР).

Речь идет о серьезных ошибках — грубо стал нарушаться ленинский стиль в руководстве. Ничем не оправдано сосредоточение власти в одних руках; слащавость любите. А людей честных — отталкиваете, почему вы таким стали?

**т. МАЗУРОВ** (Первый секретарь ЦК компартии Белоруссии).

Стиль работы — записки, нездоровое соревнование — догнать Америку. Непрерывные реорганизации. Критики в ЦК — нет.

**т. ЕФРЕМОВ** (Председатель Бюро ЦК КПСС по руководству сельским хозяйством).

Вы были другим человеком. Вы грубите с кадрами. Игра в вождизм. Высмеивание и сарказм. Назойливо выпячивается документация с вашим именем.

**т. СУСЛОВ** (Секретарь ЦК КПСС).

Все положительное приписывается Хрущеву, недостатки — обкомам, поощряете подхалимов. Семейные выезды. Поездки Аджубея неполезны. Шумиха в печати. Самореклама. В беседе с японскими социалистами — наговорили много лишнего.

**т. ГРИШИН** (Председатель ВЦСПС).

Газеты заполнены вашими выступлениями, фотографиями. Правительственные органы парализованы. Ни ответа ни привета по вопросам материального положения (в семилетке).

**т. ПОЛЯНСКИЙ** (Заместитель Председателя Совета Министров РСФСР).

Другой Хрущев стал. В первую пятилетку вел себя хорошо. В последнее время захотел возвыситься над партией, стал груб. Сталина поносит до неприличия, неудовлетворительные дела в деревне. Седеет деревня. Лысенко — Аракчеев в науке. Вы 10 академиков

Тимирязевки не принимаете два года, а капиталистов с ходу принимаете. Тяжелый вы человек. Теперь вы другой. Заболели манией величия. Уйти вам со всех постов в отставку.

**т. ШЕЛЕПИН** т. Микоян ведет себя неправильно, послушайте его.

**т. МИКОЯН** (Председатель Президиума Верховного Совета).

Нет мстительности. Идет на смелое выдвижение людей. Неправильное отсечь. Товарища Хрущева надо разгрузить, он должен оставаться у руководства партии.

**т. РАШИДОВ** (Первый секретарь ЦК Компартии Узбекистана).

В вашем характере — противоречивость. Товарищей унижаете.

**т. КОСЫГИН** (Первый заместитель Председателя Совмина СССР).

Стиль т. Хрущева — не ленинский. Все сам, все сам. Письма льстивые рассылаете, а критические нет. Интриговали — вы не радуетесь росту людей. Доклад т. Суслова сначала хвалил, потом хаял. Вас освободить от всех постов.

**т. ПОДГОРНЫЙ** (Секретарь ЦК КПСС).

Согласен с выступлениями всех (кроме т. Микояна). Мы все с уважением относились к т. Хрущеву. Сейчас он другой. Вы виноваты. Обстановка — с т. Хрущевым невозможно поговорить. Лучше, если бы сам попросил освободить.

**т. БРЕЖНЕВ** (Секретарь ЦК КПСС).

Согласен со всеми. С вами я прошел с 38 г. В 57 г. боролся за вас. Не могу вступать в сделку со своей совестью. Освободить т. Аджубея от обязанностей редактора «Известий». Освободить т. Харламова от председателя комитета радио и телевидения. Освободить т. Хрущева от занимаемых постов.

**т. ХРУЩЕВ**. С вами бороться не могу. Вашу честность ценю. По-разному относился, прошу извинения за грубость — у т. Полянского и Воронова. Главная ошибка — слабость проявил, а потом не оказал сопротивления. Грубость по адресу Сахарова признаю. Келдыша — тоже. Зерно и кукуруза — придется вам заниматься. Укрепление социалистического лагеря — все надо делать, чтобы трещины не было. Не прошу милости — вопрос решен. Я сказал т. Микояну — бороться не буду. Зачем буду искать краски и мазать вас. Радуюсь — наконец партия выросла и может контролировать любого человека. Собрались — и мажете говном, а я не могу возразить. Выражаю просьбу — об освобождении. Если надо — как надо поступить, я так и поступлю. Где жить?

Снова приведем извлечения из дневниковых записей П.Е. Шелеста.

— 14 октября 1964 года. В 18.00 в Свердловском зале Кремля открылся Пленум ЦК. По поручению Президиума ЦК открыл заседание Н. В. Подгорный.

— На повестке дня один вопрос — организационный. С докладом выступил М. А. Суслов. Сказав несколько слов о положительных моментах работы ЦК, он перешел к изложению сути вопроса по Хрущеву.

— Н. С. Хрущев в президиуме, в стороне, понурив голову. Думаю, что ему было очень и очень тяжело, это надо было набраться мужества все выслушать и вытерпеть. Может быть, это было и излишним, что он присутствовал на Пленуме, это ведь для него непоправимая тяжелая морально-политическая травма. В докладе Суслова было высказано все, что было сказано в течение двух дней заседания Президиума ЦК, но некоторые вопросы еще больше обострены.

Чувствовалось, что была проведена большая работа среди членов ЦК, то и дело раздавались выкрики «правильно», но это, как правило, одни и те же крикуны, они бывают во все времена. Хрущеву они тоже кричали «правильно».

— В основном же Пленум проходил с большим напряжением, каждый серьезный человек чувствовал ответственность за принимаемый акт и думал о будущем: а что будет дальше?

— Доклад Суслова длился около двух часов, после доклада никаких вопросов не поступило, обсуждения доклада тоже не было. Решение Пленума было принято с поспешностью, просто штурмом. В один миг освободили Н. С. Хрущева от должности Первого секретаря ЦК и Предсовмина, вывели из состава Президиума ЦК. Членом ЦК оставили. Правда, те же крикуны подавали голос, чтобы вывести его из состава ЦК. Но за это надо было голосовать тайно, и была некоторая опасность, а вдруг что? Удовлетворили просьбу Н. С. Хрущева об уходе его на пенсию. Как только это решение было принято, сделали перерыв.

— Н. С. Хрущев, понурив голову, придавленный, просто раздавленный, уехал и до своей кончины не был в Свердловском зале.

— Так закончилась политическая карьера этого энергичного, общительного, своеобразного человека...

Свои воспоминания о снятии Хрущева оставили и другие деятели той эпохи. Их записки и устные рассказы содержат свое видение подробностей политической борьбы, развернувшейся в Кремле. Всплывают неизвестные прежде детали, в частности, кто готовил заявление Хрущева об освобождении его со всех постов, которое Никита Сергеевич подписал. Выясняется, что авторство принадлежало В. В. Гришину. Он же свидетельствовал, что на дачу в Пицунду, где отдыхал Хрущев, звонил именно Брежнев, а не Суслов, как потом рассказывали некоторые. При этом вызванные с мест в Кремль члены и кандидаты в члены ЦК, члены Центральной ревизионной комиссии находились в зале пленумов ЦК — рядом с залом, где заседал Президиум ЦК.

— На заседании Президиума было решено, чтобы Л. И. Брежнев позвонил по телефону на госдачу в Пицунду, где отдыхал Н. С. Хрущев, и пригласил его прилететь в Москву на заседание Президиума ЦК. Войдя в соседнюю комнату, Л. И. Брежнев быстро созвонился с Н. С. Хрущевым и передал ему просьбу срочно прилететь в Москву. После некоторых колебаний Н. С. Хрущев согласился прибыть на заседание[1].

В воспоминаниях Гришина сообщаются некоторые подробности решения вопроса о преемнике Хрущева. После того, как Никита Сергеевич покинул зал Президиума ЦК, заседание было продолжено. Л. И. Брежнев предложил выдвинуть на пост Первого секретаря ЦК Н. В. Подгорного. Но тот отказался, сказав, что на этот пост надо рекомендовать Л. И. Брежнева. Такое решение было принято, и все пошли проводить Пленум ЦК. Пригласили Никиту Сергеевича. Он пришел, накинув на плечи габардиновое светлое пальто. Сел в президиум в конце стола. Вид у него был, как у больного человека. Пленум доложил о заявлении Н. С. Хрущева о переходе на пенсию, о решении Президиума ЦК по этому вопросу и внес предложение освободить Н. С. Хрущева от обязанностей Первого секретаря ЦК, члена Президиума ЦК партии и Председателя Совета Министров СССР (этот вопрос потом решался Верховным Советом

---

[1] Материалы взяты из книги: Н. З е н ь к о в и ч «Тайны уходящего века-3». М., «ОЛМА-ПРЕСС», 1999, с. 562—567.

СССР) в связи с уходом на пенсию. Прения по докладу на Пленуме не открывались, не выступал и Никита Сергеевич. Пленум освободил его от занимаемых постов в связи с уходом на пенсию по состоянию здоровья. Затем Пленум избрал первым секретарем ЦК партии Л. И. Брежнева.

На состоявшейся вскоре сессии Верховного Совета СССР Н. С. Хрущева освободили от должности Председателя Совета Министров СССР[1].

Шелепин и Семичастный в своих воспоминаниях несколько лет спустя пытаются отрицать не только тот факт, что инициатива заговора против Хрущева исходила от них, но и свою особую роль в нем и особую заинтересованность в успехе заговора. Это легко понять. Они проиграли, и проиграли вчистую, не только не сумев захватить власть, но потеряв те позиции, которые имели при Хрущеве. И в своих высказываниях они непроизвольно выдают себя.

«Я был в числе первых, с кем вели разговор (об освобождении Хрущева. — Ф.Б.), — вспоминает Семичастный. — Кстати, когда говорили с Косыгиным, первое, что он спросил: «Какова позиция КГБ?» — и тогда дал согласие... Что было на Президиуме, я не знал — там не был. Я позвонил Брежневу, сказал, что затягивать обсуждение дальше нельзя — могут быть непредсказуемые действия, вокруг много волнений. Ну, они быстро свернули»[2].

Итак, Семичастный был в числе первых — по его собственному признанию. Но еще более показательно, что он торопил Брежнева и даже давал ему указание поскорее закончить заседание Президиума ЦК, хотя не был ни членом, ни кандидатом в члены этого

---

[1] Материалы взяты из книги: Н. З е н ь к о в и ч «Тайны уходящего века-3». М., «ОЛМА-ПРЕСС», 1999, с. 568 569.

[2] Л е о н и д  Б р е ж н е в. В воспоминаниях... Ростов-на-Дону, «Феникс», 1998, с. 187—188.

органа. Откуда такая смелость? Она проистекала только из одного источника — особая роль в заговоре, с чем Брежнев — второй секретарь ЦК и будущий первый, — не мог не считаться.

Шелепин тоже пытается возложить задним числом ответственность на Брежнева. Он пишет: «Брежнев проявил трусость — уехал в ГДР (накануне заседания Президиума ЦК. — Ф.Б.). В его отсутствие уже говорили с Семичастным»[1].

Как же так, — только что мы слышали заявление Семичастного, что он был одним из первых, с кем заговорили о заговоре, а тут оказывается чуть ли не последним. Не кругло получается, заметают следы явно.

«Одним из активных участников заговора против Хрущева был А. Н. Шелепин, — пишет член руководства государством П. Родионов. — Шелепин... рвался к власти более высокой, даже самой высокой. После октябрьского Пленума он представил программу, дух и буква во многом напоминали о временах культа личности Сталина»[2].

Зять Хрущева А. Аджубей, обманутый Шелепиным и Семичастным, вспоминает, что после октябрьского Пленума Шелепин пригласил его в свой кабинет и предложил уехать из Москвы «года на два». «Шелепин, конечно, ни в грош не ставил Брежнева... В руках Шелепина были кадры КГБ... Он расставлял своих людей. Многое обещало Шелепину победу в предстоящей схватке с Брежневым»[3].

К сожалению, Шелепин и Семичастный смогли охмурить членов семьи Хрущева и парализовать их влияние на него.

---

[1] Леонид Брежнев. В воспоминаниях... Ростов-на-Дону, «Феникс», 1998, с 188.

[2] Там же, с. 191.

[3] Там же, с. 207.

Сергей Хрущев, однако, свидетельствует и о другом: воля к борьбе у его отца была сломлена еще до последнего акта драмы. Видимо, он почувствовал, что столкнулся со стеной — никакой поддержки ниоткуда[1]. И «сам он (Н. Хрущев. — Ф.Б.) повел себя странно, нелогично и необъяснимо. Как бы стремясь избавиться от наводнения, он на следующий день после нашего разговора поведал обо всем Подгорному и Микояну... По словам отца, Микоян промолчал, а Подгорный энергично опроверг подозрения, просто высмеял его»[2].

И вот финальный штрих. Брежнев в конце октябрьского Пленума не без пафоса сказал: «Хрущев развенчал культ Сталина после его смерти, а мы развенчиваем культ Хрущева при его жизни». Но он забыл упомянуть, что это стало возможным именно благодаря Хрущеву, который осуществил принцип коллективного руководства в партии и государстве.

## III

### Глазами Макиавелли

*Печаль обуяла меня, когда изгнали грязной кэгэбэшной метлой первого реформатора России, подобно тому, как горечь взяла за горло Макиавелли, когда изгнали республиканца Ридольфи. Конечно, я хорошо отдавал себе отчет в половинчатости преобразований Хрущева, в ошибках, в том числе и таких крупных, как Карибский кризис, из которого он, однако, вывинтился весьма успешно и с хорошими результатами для внешней политики страны. Все могло быть иначе, иной финал пято-*

---

[1] Леонид Брежнев. В воспоминаниях... Ростов-на-Дону, «Феникс», 1998, с. 191.

[2] Там же, с. 207.

*го акта политической драмы оттепели. Если бы пришли на смену более последовательные реформаторы, более яркие деятели с более выраженными демократическими наклонностями. И если бы проводили Никиту Сергеевича достойно, уважительно, определив его место в процессе реформации СССР. А то ведь — выбросили как на свалку истории. Заперли на подмосковной даче и запретили даже упоминать в прессе его имя. Не было такого деятеля в стране. Не было XX съезда. Не было подрыва сталинского культа. Не было попыток вписаться в сообщество европейских государств, покончить с «холодной войной» и помириться с США.*

*Лично я не выдержал не только этого надругательства над личностью, но и поворота куда-то в сторону и назад к восстановлению и консервации замшелых порядков сталинского времени. И ушел. И поплатился, правда не так сильно, как Макиавелли, который попал ненадолго в тюрьму, когда пришли Медичи. Меня несколько раз снимали с работы — не столько за старые грехи, сколько за критику брежневских порядков. И из «Правды», и из Академии наук СССР. Впрочем, не о советнике речь. Речь о вожде.*

*Как случилось, что такой опытный политический волк, такой тертый калач, такой мастер интриг, как Хрущев, так облажался, что сдал себя безропотно на заклание на октябрьском Пленуме ЦК в октябре 1964 г.?*

*Простейшие ответы давно даны в простейших сентенциях. На грех мастера нет. На каждого мудреца довольно простоты. И, наконец, сакраментальное, идущее от векового опыта: если бог хочет кого-то погубить, он лишает его разума. Но это слишком поверхностные ответы, копнем глубже.*

*Первое, на что наткнется наша лопата — кадровая политика Хрущева. Он очень плохо разбирался в кадрах. О нем говорили, что он любит ходить в стоптан-*

ных тапочках, т. е. опирается на имеющихся людей и очень неохотно привлекает новых. Это отчасти верно. Я говорю «отчасти» потому, что при нем сменилось более половины секретарей обкомов партии и добрая половина членов Президиума ЦК. Проблема Хрущева была в другом — он предпочитал людей одного и того же типа, как бы из одной детской. Приглядитесь к лицам Подгорного, Шелеста, Полянского да и самого Брежнева — это люди из самых низов общества, без тени блеска или хотя бы яркой индивидуальности. Хрущев как-то потянулся к людям другого сорта — интеллигентный Шепилов и могучий Жуков, но слегка обжегшись на них, отринул этот сорт людей как ненадежный, независимый, непонятный. Самое поразительное в этом контексте, как он терпел Суслова. Я сам слышал его выступление перед активом аппарата ЦК, где он в обычной для себя развязной манере говорил примерно следующее: «За границей пишут, что я держу за спиной старого сталиниста и догматика Суслова, который спит и видит, чтобы спихнуть меня — верно это, Михаил Андреевич?», — обращается он к сидящему здесь же секретарю ЦК. А тот ни жив ни мертв. Только шевелит белыми губами и ловит воздух (туберкулезник!).

Почему Хрущев не убрал Суслова? Беспечность? Стремление сохранить хоть какую-то преемственность со сталинской эпохой? Не знаю. Скорее всего самоуверенность. В аппарате было такое простое словечко, очень русское — зазнался. Это чрезвычайно распространенная болезнь недостаточно культурных русских людей, особенно руководителей. Опьянение властью и безропотностью подчиненных, и их согбенной лестью, — грубой, явно преувеличенной, но приятной, именно из-за самоуничижения.

Самой большой ошибкой Хрущева был Брежнев, который по всеобщему мнению был его самым большим *подхалимом. Почему Хрущев не извлек урока из поведения Брежнева на июньском 1957 г. Пленуме, когда тот сказался больным и проголосовал против оппозиции в последнюю минуту. Одному богу известно, скорее всего Н. С. рассудил так: раз он трусоват, то никогда не решится подсиживать меня. Брежнев и не решился бы, если бы не «смелые мальчики» из комсомола — Шелепин и Семичастный. Они его, в сущности, поставили перед жестким выбором: либо он пойдет с ними, либо они сами захватят власть без него.*

*Другая крупнейшая кадровая ошибка Хрущева — А.Шелепин. Уже одно то, что его называли «железный Шурик», должно было насторожить Первого секретаря. А он, напротив, все поднимал и поднимал его со ступеньки на ступеньку. Не последнюю роль в этом играло стремление привести к руководству новых людей, которые не работали непосредственно со Сталиным. Шелепин почти на глазах у всего аппарата ЦК, — мы это видели, — находил в каждом отделе кого-либо из заместителей, чтобы сразу после переворота заменить руководство своими людьми.*

*В истории заговора есть и чрезвычайно любопытная психологическая сторона. Я назвал бы ее — **великое мастерство лживости.** Брежнев, Подгорный, Шелест, Шелепин — десятки ближайших соратников, товарищей, друзей, выдвиженцев Хрущева — на протяжении многих месяцев, когда вынашивали свои козни, строили и обозначали планы изгнания своего покровителя, продолжали при встречах с ним льстиво заглядывать в его глаза, угодничать, лгать, лгать бесперебойно. Что это — универсальные черты политического человека или особенность наших византийцев, прирожденных лицемеров, лицедеев, идущая еще от психологии крестьян, вынужденных вечно лгать барину? Честь, которая составляла главное качество русской аристокра-*

тии, была растоптана до основания за десятилетия преследований всего самого честного и чистого, что еще сохранялось в докоммунистической России.

Но превыше всех других ошибок Хрущева стал выход из-под его личного контроля «силовиков» и прежде всего КГБ. Там сидел Семичастный, — самая близкая креатура Шелепина, и оба они перекрывали все источники информации, идущей к Хрущеву. Кульминацией трагикомедии заговора стало указание Хрущева передать материалы о заговорщиках на проверку в КГБ — самому яростному заговорщику. Яростному по жажде власти, а не только из-за антипатии к Никите Сергеевичу. Итак — партийная власть — Брежнев, — КГБ — Шелепин и Семичастный, — армия — Малиновский, что еще нужно было для успеха заговора?

Нельзя не сказать и о другом факторе. Ошибки Хрущева. Непонятный раздел обкомов — на промышленные и сельскохозяйственные. Наступление на приусадебные участки. Неприемлемые для московских чиновников совнархозы — с предложениями переезда на работу в регионы. Нападки на «несовременные» войска в армии и особенно во флоте. Непонятная чиновникам ссора с Китаем, Карибский кризис. И немало другого. Конечно, решения обо всем этом принимались коллективно, но ответственность взвалили на лидера.

Поверх всего была еще одна причина — чисто личная. Хрущев, в отличие от Сталина, хотел держать свое окружение не на страхе, а на преданности. Напомню, что писал Макиавелли: государь должен внушать страх, так как любовь куда менее прочное чувство. Видимо, Хрущев как-то чувствовал вакуум страха и пытался компенсировать это постоянным пренебрежением и даже поношением соратников. На это жаловались все — и Подгорный, и Суслов, и даже Брежнев. Я сам присутствовал, когда секретарь ЦК Л.Ильичев *рассказывал коллективу газеты «Правда» о том, почему освободили Хрущева. Он подробно говорил о его ошибках — в политике. И все же никто не мог ничего понять. Тогда он таким жалобным тоном сказал: так он же всех нас фуячил... И все встало на место.*

*Хрущев преступал грань дозволенного: можно расстреливать соратников по принципу: нет человека — нет проблемы. Но не следует их унижать, особенно в присутствии друг друга. Обида, даже у самых покорных, глубоко входит внутрь, в сердцевину подсознания, где нет прощения.*

*И последнее суждение, которое может показаться парадоксом. Хрущев потерял власть потому, что действительно внедрял элементы демократии. Он сам говорил об этом на Президиуме ЦК, когда его снимали с работы. Напоминаю: «...попробовали бы вы снять Сталина», — сказал Хрущев. Авторитарно-патриархальная политическая культура руководителей, партфункционеров, да и всего народа отторгала чуждые ей демократические формы. И не случайно. Традиции — душа держав. Это повторилось с Горбачевым — он тоже стал жертвой насаждаемой им советской и полупарламентской демократии.*

*Однако если судить по большому историческому счету, то Хрущев к своему 70-летию действительно исчерпал себя. Он не знал, куда вести страну. И его вспышкопускательство нередко объяснялось именно этим. Главная проблема, однако, была не в этом: он не сумел подготовить тех, кто мог бы вести ее дальше по пути реформ к современной цивилизации. Напротив, он оставил партию и государство в руках противников реформ. Только некоторые из них, — А.Косыгин, Ю.Андропов, — могли бы повести дело в правильном направлении. Но у них не было власти. И понадобилось целых 20 лет, чтобы снова приступили к преобразованиям, начатым Хрущевым. 20 лет, которые Мао Цзэдун довольно точно и образно назвал — топтание на месте, — хотя, конечно, вовсе не потому, что сам верил в реформы.*

## IV

Что бы сейчас ни писали бывшие руководители, на Брежнева власть свалилась как подарок судьбы. Сталину, чтобы превратить скромный по тем временам пост Генерального секретаря ЦК партии в должность «хозяина» страны, «пришлось» уничтожить едва ли не всех членов ленинского Политбюро, а также огромную часть партийного актива. Хрущев после смерти Сталина был вторым, а не первым, как многие думают, поскольку первым в ту пору считался Маленков. Хрущев выдержал борьбу против могучих и влиятельных соперников, в том числе таких, как Молотов, которые стояли у фундамента государства чуть ли не с ленинских времен. Может быть, поэтому сталинская и хрущевская эпохи, каждая по-своему, были наполнены драматическими переменами, крупными реформациями, беспокойством и нестабильностью.

Ничего подобного не происходило с Брежневым. Он получил власть так плавно, как будто кто-то долго загодя примерял шапку Мономаха на разные головы и остановился именно на этой. И пришлась она, эта шапка, ему так впору, что носил он ее восемнадцать лет без всяких страхов, катаклизмов и конфликтов. И непосредственно окружавшие его люди жаждали только одного: чтоб жил этот человек вечно — так хорошо им было. Сам Брежнев во время встречи с однополчанами, гордясь сшитым недавно мундиром маршала, сказал: «Вот... дослужился». Это слово вполне годится и для характеристики процесса его прихода на «должность» руководителя партии и государства — дослужился...

Впрочем, в одном отношении приход Брежнева к руководству напоминает сталинскую и хрущевскую модель. Никто не принимал его всерьез как претендента на роль лидера, да и сам он всячески подчеркивал полное отсутствие подобных амбиций. Запомнилось, как во время подготовки его речей (в бытность Председателем Президиума Верховного Совета СССР) по случаю зарубежной поездки их составителям передали главное пожелание заказчика: «Поскромнее, поскромнее, я не лидер, я не вождь...»

Брежнев являл собой прямую противоположность Хрущеву с его смелостью, склонностью к риску, даже авантюре, с его жаждой новизны и перемен. Можно было бы считать загадкой, почему Хрущев так покровительствовал человеку противоположного склада души и темперамента, если бы мы меньше знали Никиту Сергеевича. Как личность авторитарная, не склонная делить власть и влияние с другими людьми, он больше всего окружал себя такими руководителями, которые в рот ему глядели, поддакивали и с готовностью выполняли любое его поручение. Ему не нужны были соратники, а тем более вожди. Он довольно нахлебался с ними после смерти Сталина, когда Маленков, Молотов, Каганович пытались изгнать его с политического Олимпа. Такие, как Брежнев, Подгорный, Кириченко, Шелест, были послушными исполнителями его воли, «подручными», как называл, кстати говоря, Хрущев без едкого юмора представителей печати. Правда, когда дело дошло до сакраментального вопроса «кто — кого?», именно эти «подручные» быстро перебежали на другую сторону. Ибо в политике не бывает любви — здесь превалируют интересы власти.

Сама по себе смена руководства таким именно образом представляет собой один из редких случаев в политической истории. Обычно подобный метод оказывался эффективным только тогда, когда убивали прежнего властителя. Успех «мирного заговора» против Хрущева оказался возможен по двум причинам. Первая — он сам в последние годы правления одну за другой подрубал все ветви того дерева, на котором зиждилась его власть. Другая причина — Шелепин.

Хрущев, кажется, ни к кому не относился с таким доверием и никого не поднимал так быстро по партийной и государственной лестнице, как этого деятеля. За короткий срок Шелепин из рядового члена ЦК стал членом Президиума, председателем Комитета партийно-государственного контроля, секретарем ЦК... Поистине верно говорится: избавь нас, боже, от наших друзей, а с врагами мы как-нибудь сами справимся.

Шелепин, однако, жестоко просчитался. Он плохо знал нашу историю, хотя окончил ИФЛИ. Он был убежден, что Брежнев — фигура промежуточная, временная, и ему ничего не будет стоить, сокрушив такого гиганта, как Хрущев, справиться с человеком, который был всего лишь его слабой тенью.

Надо заметить также, что всей своей карьерой Брежнев был обязан именно Хрущеву. Он закончил землеустроительный техникум в Курске и только в двадцатипятилетнем возрасте вступил в партию. Затем, окончив институт, начал политическую карьеру. В мае 1937 года(!) Брежнев становится заместителем председателя исполкома горсовета Днепродзержинска, а через год оказывается в обкоме партии в Днепропетровске. Трудно сказать, споспешествовал ли

Хрущев этим первым шагам Брежнева, но вся его последующая карьера происходит при самой активной поддержке тогдашнего первого секретаря ЦК Компартии Украины, а потом и секретаря ЦК ВКП(б). Когда Брежнев был направлен на должность первого секретаря ЦК Компартии Молдавии, он привел туда многих своих друзей из Днепропетровска, здесь же обрел в качестве ближайшего соратника тогдашнего заведующего отделом пропаганды и агитации ЦК Компартии республики К. У. Черненко.

После XIX съезда партии Брежнев становится секретарем ЦК, кандидатом в члены Президиума ЦК, после смерти Сталина оказывается в Главном политическом управлении Советской Армии и ВМФ. Чем больше укреплялся Хрущев, тем выше поднимались акции Брежнева. К октябрьскому Пленуму 1964 года он — второй секретарь ЦК. Таким образом, Хрущев собственными руками соорудил пьедестал для преемника.

Впрочем, Брежнев не стал расправляться со своим прежним покровителем. Хрущев создал прецедент на июньском Пленуме ЦК КПСС 1957 года. Я уже рассказывал, что после позорного поражения сталинской гвардии ему позвонил Каганович и спросил о том, какая судьба ожидает его и других оппозиционеров и лихой ответ Хрущева: «идите вы сами знаете куда». Но, что удивительно — он не только не казнил врагов, как это было при Сталине, но даже предоставил каждому работу по специальности, хотя и вдали от столицы. Этой новой традицией воспользовался и Брежнев. Но как? Он и не подумал предоставить Хрущеву какое-то занятие, впрочем, тот уже был старым. Но Брежнев лишил его свободы передвижения и права выступать в печати. Больше того, само имя было запрещено упоминать — как в СМИ, так и даже на собраниях. Отстранив Хрущева, Брежнев отправил его доживать жизнь на загородную дачу, предусмотрительно сменив там охрану.

Мы, люди, стоявшие так близко к кормилу власти, ничего не знали о готовящемся заговоре против Хрущева и так мало узнали о подлинных событиях его снятия после того, как оно состоялось. Поистине прав был Черчилль, когда говорил о сталинской политической системе, что это битва бульдогов под ковром...

Вскоре после того Пленума состоялся мой первый и, в сущности, единственный подробный разговор с Брежневым. В феврале 1965 года на группу консультантов из нашего и других отделов возложили подготовку доклада нового Первого секретаря ЦК к 20-летию Победы в Великой Отечественной войне. Я сидел на пятом этаже в комнате неподалеку от кабинета Брежнева. Мне поручили руководить группой, и именно поэтому помощник Брежнева Цуканов передал мне его просьбу проанализировать и оценить параллельный текст, присланный ему Шелепиным. Позже Брежнев вышел сам, поздоровался со всеми за руку и обратился ко мне с вопросом:

— Ну, что там за диссертацию он прислал?

А «диссертация», надо сказать, была серьезная — не более и не менее как заявка на полный пересмотр всей партийной политики хрущевского периода в духе откровенного неосталинизма. Я насчитал семнадцать пунктов крутого поворота политического руля к прежним временам: восстановление «доброго имени» Сталина; пересмотр решений XX и XXII съездов; отказ от утвержденной Программы партии и зафиксированных в ней некоторых гарантий против рецидивов культа личности, в частности отказ от ротации кадров; ликвидация совнархозов и возвращение к ведомственному принципу руководства; установка на жесткую дисциплину труда в ущерб демократии; возврат к линии на мировую революцию и отказ от принципа мирного сосуществования, как и от формулы мирного перехода к социализму в капиталистических странах; восстановление союза с Мао Цзэдуном за счет полных уступок ему в отношении критики культа личности и общей стратегии коммунистического движения; возобновление прежних характеристик Союза коммунистов Югославии как «рассадника ревизионизма и реформизма»... И многое другое в том же духе.

Замечу, кстати, что больше всего нападок было на идею общенародного государства — и не только в этом документе, но и во многих выступлениях в различных аудиториях членов шелепинской команды. И поскольку эту идею они так или иначе связывали со мной (Куусинена уже не было на свете), я стал для них красной тряпкой; до меня все чаще доходили их угрозы, их требования «убрать» из аппарата авторов антисталинских установок. Но об этом стало известно позднее.

А в тот момент я начал излагать наши соображения пункт за пунктом Брежневу. И чем больше объяснял, тем больше менялось его лицо. Оно становилось напряженным, постепенно вытягивалось, и тут я, к ужасу своему, почувствовал, что Леонид Ильич не воспринимает почти ни одного слова. Я остановил свой фонтан красноречия, он же с подкупающей искренностью сказал:

— Мне трудно все это уловить. В общем-то, говоря откровенно, я не по этой части. Моя сильная сторона — это организация и психология, — и он рукой с растопыренными пальцами сделал некое неопределенное круговое движение.

Самая драматическая проблема — и это выяснилось очень скоро — состояла в том, что Брежнев был совершенно не подготовлен к той роли, которая неожиданно выпала на его долю. Он стал Первым секретарем ЦК партии в результате сложного, многопланового и даже странного симбиоза сил. Здесь перемешалось все: и недовольство пренебрежительным отношением Хрущева к своим коллегам; и опасения по поводу необузданных крайностей его политики, авантюрных действий, которые сыграли роль в эскалации Карибского кризиса; иллюзии по поводу «личностного характера» конфликта с Китаем; и в особенности — раздражение консервативной части аппарата управления постоянной нестабильностью, тряской, переменами, реформами, которые невозможно было предвидеть.

Не последнюю роль сыграла и борьба различных поколений руководителей: поколения 1937 года, к которому принадлежали Брежнев, Суслов, Косыгин, и послевоенного поколения, в числе которого были Шелепин, Воронов, Полянский, Андропов. Брежнев оказался в центре, на пересечении этих дорог. Поэтому именно он на первом этапе устраивал почти всех. И уж во всяком случае не вызывал протеста. Сама его некомпетентность была благом: она открывала широкие возможности для работников аппарата. В дураках оказался лишь Шелепин, полагавший себя самым умным. Он не укрепил своих позиций, а даже ослабил их, так как не только Брежнев, но и Суслов, и другие руководители разгадали его авторитарные замыслы.

Произошло то, что нередко мы наблюдали в первичных партийных организациях, когда на пост секретаря парткома избирают не самого активного, смелого и компетентного, а самого надежного, который никого лично не подведет, никакого вреда без особой надобности не сделает. Но если бы кто-то тогда сказал, что Брежнев продержится у руководства восемнадцать лет, ему рассмеялись бы в лицо. Это казалось совершенно невероятным.

Тогдашний первый секретарь МК и МГК КПСС Н. Г. Егорычев выразил, вероятно, общее настроение, когда заметил в разговоре с одним из руководителей: Леонид Ильич, конечно, хороший человек, но разве он годится в лидеры для такой великой страны? Фраза дорого обошлась ему, как, впрочем, и его открытая критика на одном из пленумов ЦК КПСС военной политики, за которую отвечал Брежнев. Вместо того чтобы стать секретарем ЦК, как это предполагалось, Егорычев на долгие годы был отправлен послом в Данию...

После Пленума Андропов выступал перед сотрудниками отдела и рассказывал подробности. Помню отчетливо главную его мысль: «Теперь мы пойдем более последовательно и твердо по пути XX съезда». Правда, тут же меня поразил упрек, первый за много лет совместной работы, адресованный лично мне: «Сейчас ты понимаешь, почему в «Правде» не пошла твоя статья о культе Сталина?»

А статья, собственно, не моя, авторская, а редакционная, подготовленная мной, полосная, называлась так: «Культ личности Сталина и его пекинские наследники». Была она одобрена лично Хрущевым. Но на протяжении нескольких месяцев ее не печатали. Почему? Уже после октябрьского Пленума стало ясно, что ее задерживали специально.

Статья имела принципиальное значение. Ее публикация могла стать вехой в продвижении вперед по пути десталинизации. И то, что ее сумели задержать задолго до октябрьского Пленума, показывает влияние и силу заговорщиков и беспечность немногочисленных сторонников Хрущева. Любопытное совпадение: название статьи перекликалось с превосходным политическим стихотворением Е. Евтушенко «Наследники Сталина», хотя, когда я писал, оно еще не было опубликовано.

Что касается оценки Андроповым результатов Пленума как продолжения линии XX съезда, то скоро стало ясно, что он ошибся. Напомню, что на заседании руководства отдела, где Андропов делал доклад о результатах октябрьского Пленума ЦК, он неожиданно повернулся в мою сторону и каким-то жестким, почти шипящим голосом высказал свое замечание по поводу моей статьи против культа Сталина. Я несколько опешил, потому что это никак не вязалось с его заявлением о продвижении вперед по пути XX съезда.

В руководстве страны тем временем разгорелась ожесточенная борьба вокруг выбора путей развития страны. Один — о чем уже упоминалось — недвусмысленно предполагал возвращение к сталинским методам. Другой путь предложил руководству Андропов, представивший емкую программу, которая более последовательно, чем при Хрущеве, опиралась на решение антисталинского XX съезда (об этом я расскажу дальше).

Брежнев не торопился определять свою позицию, присматриваясь к соотношению сил внутри Президиума ЦК КПСС, в Центральном Комитете партии.

Позиция Андропова, наверное, сыграла не последнюю роль в его перемещении с поста секретаря ЦК на должность председателя КГБ СССР. Тут сошлись разные силы. С одной стороны, Суслов, который давно не любил Андропова, подозревая, что тот метит на его место. С другой стороны, Косыгин, который питал иллюзии о возможности быстрого восстановления союзнических отношений с Китаем и потому хотел отстранить от руководства отделом участника советско-китайского конфликта. С третьей стороны, стремление Брежнева направить верного человека в КГБ и обезопасить себя тем самым от той «шутки», которую сыграл Семичастный с Хрущевым. В конечном счете, Брежнев проявил себя большим мастером компромисса: пошел навстречу Суслову и Косыгину, но одновременно рекомендовал избрать Андропова кандидатом в члены Политбюро ЦК КПСС, а затем и членом Политбюро.

Уже в первые месяцы правления Брежнева обнаружилась его главная черта как политического лидера. Человек крайне осторожный, не сделавший ни одного опрометчивого шага на пути своего возвышения, будучи тем, что называется «флюгерный лидер», Брежнев с самого начала занял центристскую позицию. Он не принял ни той и ни другой крайности — ни программы реформ в духе XX съезда, ни неосталинизма. Кстати, он здесь следовал сложившейся после Ленина традиции. Не все, наверное, знают, что Сталин тоже пришел к власти как центрист. Он вошел в блок с Каменевым и Зиновьевым против «левака» Троцкого, а затем с Молотовым, Микояном и другими — против «правого» Бухарина. И только в конце 20-х годов — главным образом с целью укрепления личной власти — он стал осуществлять левацкую программу «революции сверху» и террора. Хрущев, который вначале разорвал рубаху у себя на груди в секретном докладе на XX съезде партии, тоже после венгерских событий 1956 года стал смещаться к центру. Выступая в китайском посольстве в Москве, он назвал Сталина «великим марксистом-ленинцем», затем рассорился с горячо поддержавшими критику

культа личности представителями интеллигенции
и т. д. Правда, его все время несло в направлении
крайних решений. За непоследовательность и легко-
мысленные ошибки он и заплатил полную цену в октябре 1964 года.

Иное дело Брежнев. По самой своей натуре, характеру образования и карьере это был типичный ап-
паратный деятель областного масштаба. Неплохой
исполнитель. Но не вождь, не вождь...

## V

Вернемся, однако, к подготовке доклада к 20-летию
Победы, потому что именно тогда был сделан исторический выбор, предопределивший характер бреж-
невской эпохи. «Диссертация» Шелепина была отвергнута, и общими силами подготовлен вариант доклада, который хотя и не очень последовательно, но
консервировал и даже в чем-то развивал идеи и установки хрущевского периода. Брежнев пригласил нас
в кабинет, посадил по обе стороны длинного стола
представителей разных отделов и попросил зачитать
текст вслух.

Тут мы впервые узнали еще одну важную деталь
брежневского стиля: он очень не любил читать и уж
совершенно терпеть не мог писать. Всю информацию, а также свои речи и доклады он обычно воспринимал на слух, в отличие от Хрущева, который
часто предварительно диктовал какие-то принципи-
альные соображения перед подготовкой тех или
иных выступлений. Брежнев этого не делал никогда.

Чтение проекта доклада прошло относительно благополучно. Но, как выяснилось, главная битва была
впереди, когда он, как обычно, был разослан членам
Президиума и секретарям ЦК КПСС. Мне поручили

обобщить поступившие предложения и составить небольшую итоговую справку, которую я передал лично для Брежнева.

Подавляющее большинство членов руководства высказалось за то, чтобы усилить позитивную характеристику Сталина. Некоторые даже представили большие вставки со своим текстом, в которых говорилось, что Сталин обеспечил разгром оппозиции, победу социализма, осуществление ленинского плана индустриализации и коллективизации, культурной революции, что стало предпосылками для победы в Великой Отечественной войне и создания социалистического лагеря.

Сторонники такой позиции настаивали на том, чтобы исключить из текста доклада само понятие «культ личности», а тем более «период культа личности». Больше других на этом настаивали Суслов, Мжаванадзе и некоторые молодые руководители, включая Шелепина. Другие, например Микоян и Пономарев, предлагали включить формулировки, прямо позаимствованные из известного постановления «О преодолении культа личности и его последствий» от 30 июня 1956 года.

Особое мнение высказал Андропов. Он предложил полностью обойти вопрос о Сталине в докладе, попросту не упоминать его имени, учитывая разноголосицу мнений и сложившееся соотношение сил среди руководства. Юрий Владимирович считал, что не было проблемы, которая в большей степени могла расколоть руководство, аппарат управления, да и всю партию и народ в тот момент, чем оценка роли Сталина.

Брежнев в конечном счете остановился на варианте, близком к тому, что предлагал Андропов. В докладе к 20-летию Победы фамилия Сталина была упомянута только однажды.

Вскоре сторонники Шелепина растрезвонили об амбициях и планах своего вождя. Во время поездки Шелепина в Монголию его ближайший друг, бывший секретарь ЦК комсомола Н. Н. Месяцев в присутствии Ю. Цеденбала стал хвастливо говорить о том, что настоящий Первый — это именно он, Шелепин. И в хорошем «поддатии» распевал песню «Готовься к великой цели».

Цеденбал не замедлил сообщить об этом в Москву. Шелепин, который был поумнее своих клевретов, специально остановился на обратном пути в Иркутске и произнес в обкоме речь, в которой демонстративно подчеркивал роль Брежнева. Однако было уже поздно. Он «подставился», и все поняли его замыслы. Началась долгая, хитрая, многотрудная, подспудная борьба между двумя руководителями, в которой преимущество оказалось на стороне Брежнева. Тогда только я оценил его фразу: «Моя сильная сторона — это организация и психология». Еще раз подтвердилось, что в политике неторопливое упорство нередко берет верх над необузданным напором.

Свой рабочий день в первый период после прихода к руководству Брежнев начинал необычно — один — два часа посвящал телефонным звонкам другим членам высшего руководства, многим авторитетным секретарям ЦК союзных республик и обкомов. Говорил он обычно в одной и той же манере — вот, мол, Иван Иванович, вопрос мы тут готовим. Хотел посоветоваться, узнать твое мнение... Можно представить, каким чувством гордости наполнялось в этот момент сердце Ивана Ивановича. Так укреплялся авторитет Брежнева. Складывалось впечатление о нем как о ровном, спокойном, деликатном руководителе, который шагу не ступит, не посоветовавшись с другими товарищами и не получив полного одобрения своих коллег.

При обсуждении вопросов на заседаниях Секретариата ЦК или Президиума он почти никогда не выступал первым. Давал высказаться всем желающим, внимательно прислушивался и, если не было единого мнения, предпочитал отложить вопрос, подработать, согласовать его со всеми и внести на новое рассмотрение. Как раз при нем расцвела пышным цветом практика многоступенчатых согласований, требовавшая десятков подписей на документах, что стопорило или искажало в итоге весь смысл принимаемых решений.

Прямо противоположно Брежнев поступал при решении кадровых вопросов. Когда он был заинтересован в каком-то человеке, то ставил свою подпись первым и добивался своего. Он хорошо усвоил сталинскую формулу: кадры решают все. Постепенно, тихо и почти незаметно ему удалось сменить больше половины секретарей обкомов, значительную часть министров, многих руководителей центральных учреждений. Ему принадлежало последнее слово в присуждении Ленинских и Государственных премий. Брежнев вообще предпочитал заниматься не столько производством, сколько распределением, раздачами. Эту работу он хорошо понимал, не ленился позвонить человеку, которого награждали орденом, а тем более званием Героя Социалистического Труда, поздравить, показать тем самым, что решение исходило лично от него.

Если говорить о брежневском стиле, то, пожалуй, он состоит именно в этом. Люди такого сорта не очень компетентны при решении содержательных вопросов экономики, культуры или политики. Но зато они прекрасно знают, кого и куда назначить, кого, чем и когда вознаградить. Леонид Ильич хорошо поработал, чтобы посадить на руководящие посты — в парторганизациях, в экономике, науке, культуре — проводников такого стиля, «маленьких Брежневых», неторопливых, нерезких, невыдающихся, не особенно озабоченных делом, но умело распоряжающихся ценностями.

«Флюгерный лидер», который всегда ориентировался на большинство в руководстве, находил органическое дополнение в лидере, так сказать, распределительном. Это возвращало нас к традиции русской государственности допетровского периода, когда воевод посылали не на руководство, а на кормление...

Людей XX съезда или просто смелых новаторов не расстреливали, как в 30-х годах. Их тихо отодвигали, задвигали, ограничивали, подавляли. Повсюду все больше торжествовали «середнячки» — не то чтобы глупые или совсем некомпетентные люди, но и явно неодаренные, лишенные бойцовских качеств и принципиальности. Они постепенно заполняли посты в партийном и государственном аппарате, в руководстве хозяйством и даже наукой и культурой. Все серело и приходило в упадок. Каков был поп, таким становился и приход.

Что Брежнев понимал прекрасно, и в чем он был действительно великим мастером, так в умении терпеливо тащить пестрое одеяло власти на себя. Тут у него не было конкурентов. Причем делал он это незаметно, без видимого нажима. И даже так, чтобы соломку подстелить тому, кого он легким движением сталкивал с края скамейки. Нужны были места для размещения днепропетровской, молдавской и казахстанской команды. На всех важных постах он расставлял надежных людей, которые лично его не подведут. И вот один за другим из Президиума, из Политбюро ЦК КПСС исчезли Подгорный, Воронов,

Полянский, Микоян. Вы помните, как без всякого шелеста и объявлений исчез Шелест — руководитель крупнейшей Украинской партийной организации. На заседании Политбюро произнес только одну фразу по какому-то вопросу: украинская партийная организация не поддержит это решение.

А насчет «соломки» — вот любопытный факт. После освобождения Н. Г. Егорычева с поста секретаря Московской городской парторганизации ему позвонил Леонид Ильич и сказал примерно такое: «Ты уж извини, так получилось... Нет ли у тебя каких там проблем — семейных или других?» Егорычев, у которого дочь незадолго до этого вышла замуж и маялась с мужем и ребенком без квартиры, имел слабость сказать об этом Брежневу. И что же вы думаете? Через несколько дней молодая семья получила квартиру. Брежнев не хотел ни в ком вызывать чувство озлобления. Если бы он был сведущ в искусстве, наверное, ему больше всего импонировали бы пастельные полутона, без ярких красок — белых или красных, зеленых или оранжевых. Он часто сам одаривал квартирами свое окружение. Ну что тут скажешь? Представляете себе президента США, который распределяет квартиры?..

Итак, Брежнев пришел без своей программы развития страны. Это один из редких случаев в современной политической истории, когда человек принимает власть как таковую без каких-либо определенных планов. Но нельзя сказать, пользуясь выражением Мао Цзэдуна, что это был чистый лист бумаги, на котором можно было писать любые иероглифы. Человек глубоко традиционный и консервативный по своему складу, он больше всего опасался резких движений, крутых поворотов, крупных перемен. Осудив Хрущева за волюнтаризм и субъективизм, он прежде всего позаботился о том, чтобы перечеркнуть его радикальные начинания, восстановить то, что было апробировано при Сталине. Крупные руководители, которые против своей воли отправились на ближнюю и далекую периферию, вернулись на прежние места в Москву. Тихо и незаметно была сведена на нет идея ротации кадров. В противовес ей был выдвинут лозунг стабильности — голубая мечта каждого аппаратчика. Брежнев не вернулся к сталинским репрессиям, но успешно расправлялся с инакомыслящими.

Вместо хрущевской одиннадцатилетки, претендовавшей на политехнизацию школы, снова вернулись к прежней десятилетке. Крестьяне получили обратно отрезанные у них приусадебные участки. Ушла в прошлое кукурузная эпопея, а вместе с ней и Лысенко. Постепенно произошла переориентация с освоения целины на форсирование земледелия центральных районов страны. Колхозники получили пенсионное обеспечение, была гарантирована минимальная зарплата для работающих в колхозах. Снизилась норма обязательных поставок и увеличились закупки сельскохозяйственных продуктов по более высоким ценам.

Все эти мероприятия в сельском хозяйстве были намечены еще при Хрущеве. Последним таким всплеском реформаторства стал сентябрьский Пленум 1965 года. На нем была предложена хозяйственная реформа, инициатором которой выступал Косыгин. В основу реформы легли дискуссии, начатые еще в сентябре 1962 года, вокруг статьи харьковского профессора Е. Либермана «План, прибыль, премия». Эти идеи развивались затем в выступлениях крупных советских ученых В. Немчинова, В. Новожилова, Л. Канторовича. Накануне «октябрьского переворота», в августе 1964 года, по предложению Хрущева началось осуществление предложенной учеными новой хозяйственной системы на фабриках «Большевичка» в Москве и «Маяк» в Горьком. И через несколько дней после пресловутого «добровольного» ухода Хрущева на пенсию этот эксперимент распространился на многие другие предприятия. Вдохновленный его результатами, Косыгин и сделал свой доклад на сентябрьском Пленуме 1965 года.

Брежнев, однако, относился к этой «затее» скептически.

Не вникая в ее суть, он интуитивно больше доверял тем методам, которые дали такие блестящие, по его мнению, результаты в период сталинской индустриализации. Не последнюю роль сыграла и ревность к Косыгину, который имел перед ним все преимущества как один из старейших руководителей, авторитет его восходил еще к периоду Отечественной войны.

Ревность — чисто аппаратное понятие, бюрократический синоним слова «зависть». Но здесь оно имеет особую нагрузку. Люди, находящиеся на одном и том же этаже административной лестницы, зорко следят за тем, чтобы их коллега не выдвинулся раньше чуть-чуть вперед. Поэтому их ужасно раздражает каждое выступление сотоварища по работе, особенно в печати, на телевидении, перед широкими партийными и народными аудиториями.

В самый начальный период руководства Брежнева на заседании представителей стран Варшавского Договора произошел забавный эпизод, когда он произнес единственную, кажется, не написанную загодя речь. Румынскую делегацию возглавлял не руководитель партии, а Председатель Совета Министров, который предложил, чтобы общий документ был подписан именно руководителями государств, а не партий. И тут, как подброшенный пружиной, подскочил Леонид Ильич и произнес две с половиной фразы. Они звучали примерно так: «Как же можно? Документ должен подписывать первый человек в стране... А первый человек — это руководитель партии».

В ту пору в аппарате пересказывали слова Брежнева по поводу доклада Косыгина на сентябрьском Пленуме 1965 года: «Ну что он придумал? Реформа, реформа... Кому это надо, да и кто это поймет? Работать нужно лучше, вот и вся проблема». Не в таком ли отношении к экономической реформе была главная причина, почему она не состоялась?

Мои личные впечатления о Брежневе могут быть субъективны, тем более что говорил я с ним только однажды. Обратимся к оценкам человека, знавшего его больше. А. Бовин, который многие годы готовил речи для Брежнева и был близок к нему, утверждает, что Брежнева трудно назвать крупным политическим деятелем, правда, он тут же добавляет, что, по его наблюдениям, «Брежнев был, в общем-то, неплохим человеком, общительным, устойчивым в своих привязанностях, радушным, хлебосольным хозяином». «Любил охоту... Радовался доступным ему радостям жизни».

Но это к слову. А вот с чем решительно нельзя согласиться, так это с концепцией «двух Брежневых» — до середины 70-х годов и после с утверждением, будто он был в самом начале своей деятельности сторонником экономической и других реформ. Приводят длинную цитату из выступления Брежнева на сентябрьском Пленуме 1965 года, которая якобы особенно характерна для оценки его позиции. Однако уже в то время было доподлинно известно, что Брежнев — активный противник реформы, предложенной Косыгиным, и прежде всего по его вине она провалилась.

Как раз при Брежневе сложилась традиция ужасающего словоблудия, которое с трудом разместилось в девяти томах «его» собрания сочинений. Произносились речи — и нередко хорошие и правильные, — за которыми, однако, ничего не стояло. Авторы его речей обладали исключительной способностью с помощью малозаметного поворота исказить любую плодотворную идею. Так, например, в 1966 году «Правда» опубликовала мою статью «О строительстве развитого социалистического общества». В ней, в сущности, содержались отказ от лозунга «развернутого строительства коммунизма», признание того, что у нас пока еще созданы лишь отсталые формы социализма, и ориентация на научно-техническую модернизацию, реконструкцию управления, демократическое развитие. Что же сделали люди из «идеологической парикмахерской»? Они вложили в уста Брежнева указание на то, что у нас уже построено развитое социалистическое общество. То же самое было заявлено в преамбуле к Конституции СССР. Все было, таким образом, превращено в пустую пропаганду. Так было при «раннем», а тем более при «позднем» Брежневе, хотя, конечно, болезнь сильно повлияла на его активность.

Политика перестала быть политикой. Ибо политика — это деловые решения, а не многословные речи по поводу решений. Это не декларации о Продовольственной программе, а реальное движение к благосостоянию для каждого человека.

Верно, что словечко «проблема» стало излюбленным в первых выступлениях Брежнева. Он говорил о проблемах научно-технической революции, производительности труда, продовольственной проблеме, жилищной и т. д. И все время призывал принимать какие-то решения. Однако решения почему-то не принимались. А если принимались, то не исполнялись. В Институте конкретных социальных исследований АН СССР было проведено изучение эффективности решений, принимаемых Совмином СССР. Результаты потрясали: фактически выполнялось не более одного из десяти решений.

Верно, что Брежнев любил застолье, охоту, быструю езду. Это он ввел такой стиль — проноситься на ста сорока километрах по «коммунистическому городу». И чем быстрее ездило начальство в новеньких «ЗИЛах», тем медленнее ползла страна. Зато были слова, слова, слова. А как расплачивался народ? Сколько миллиардов народных денег и народного энтузиазма ушло на необеспеченное и экономически не проработанное строительство БАМа? А чего стоили «величественные» проекты поворота сибирских рек? А бесконтрольные военные затраты? Тем временем уровень жизни народа откатывался на одно из последних мест среди среднеразвитых стран.

Стиль речей Брежнева резко отличался от хрущевского. В предварительных диктовках Хрущева была ясно выражена политическая воля и мысль, несмотря на литературный хаос. Он тщательно следил, насколько скрупулезно мы использовали диктовку, дорожил своими выражениями и шуточками вроде таких: «покажем кузькину мать», «у нас с американцами один спор — по земельному вопросу, кто кого закопает» и др.

Брежнев никогда не давал диктовок и не формулировал своих мыслей. Максимум, что можно было услышать от него: надо бы потеплее сказать о женщинах, о молодежи, о рабочих и т. д. Он не любил читать свои доклады заранее, а предпочитал их воспринимать на слух. Обычно он собирал всю группу речеписцев, и кто-то один читал, а другие делали замечания, предлагали поправки. Его решения были простыми: он выслушивал терпеливо всех и ориентировался на мнение большинства, а когда кто-либо особенно упорно возражал против какой-либо формулировки, он советовал пойти ему навстречу и внести коррективы.

Особую роль в подготовке речей играл первый помощник Брежнева Г. Э. Цуканов. Это был довольно симпатичный человек с широким, округлым лицом, приятной улыбкой и легким украинским говорком. Бывший директор крупного завода в Днепропетровске, он чем-то приглянулся Брежневу и стал его помощником более чем на четверть века. Человек здравого смысла, но небольшой эрудит, он вскоре попал под влияние речеписцев.

Одно время Цуканов выступал почти как «альтер эго» Брежнева. Я наблюдал его на отдыхе в санатории ЦК в Гаграх: к нему съезжались на поклон первые секретари республик и областей, занимались откровенным искательством «милостей».

Впрочем, кончил этот человек плохо. В результате какой-то интриги, где были задеты личные чувства Брежнева, он потерял свое место первого помощника. Его переместили из кабинета, что был напротив брежневского, на шестой этаж, где он получил комнатку, обставленную жалкой мебелью.

Такого удара Цуканов не выдержал и слег с инсультом. Последний акт этой мелодрамы транслировался по телевидению. Незадолго до смерти Брежнев смилостивился, вручил Цуканову орден по случаю 60-летия со дня рождения, но, зачитывая скрипучим голосом речь, он не глядел в сторону Цуканова. Воистину, спаси нас господь от монарших милостей и капризов.

Забегая вперед, скажу, что уже после смерти Брежнева я как-то пригласил Цуканова к себе домой, чтобы послушать его рассказ о Брежневе. Он охотно пришел, но отказался что-либо говорить и только жаловался на бывших брежневских спичрайтеров, которые теперь совершенно перестали с ним общаться и даже отвечать на звонки.

Бовин как-то рассказал мне о разговоре, который произошел на даче в Завидове, где готовилась очередная речь. Он сказал Брежневу о том, как трудно живется низкооплачиваемым людям. А тот ответил: «Вы не знаете жизни. Никто не живет на зарплату. Помню, в молодости, в период учебы в техникуме, мы подрабатывали разгрузкой вагонов. И как делали? А три мешка или ящика туда — один себе. Так все и живут в стране». Да, верно говорится: рыба гниет с головы. Брежнев считал нормальным и «теневую экономику», и грабительство в сфере услуг, и взятки чиновников. Это стало едва ли не всеобщей нормой жизни. Вспомним слова Сен-Симона, давно уже заметившего, что нации, как и индивиды, могут жить двояко: либо воруя, либо производя.

Кто виноват? Брежнев? Сейчас легко так сказать. Виновата дворня, небескорыстно раздувшая этот пустой резиновый сосуд? Больше, чем он, — потому что ведала, что творила. Но главный виновник, которого надо привлечь к суду истории, — брежневский режим, который законсервировал бедность и развратил сознание огромной массы людей.

Значит ли это, что страна не развивалась, что все действительно остановилось? Конечно, нет. Народ продолжал трудиться. Промышленное производство медленно, но росло, хотя и все более обращали на себя внимание два крайне опасных явления. Стремительно увеличивалась добыча топлива. За полтора десятка лет было добыто столько же, сколько за всю предыдущую историю страны. Это означало проедание запасов, принадлежащих будущим поколениям, по принципу: после нас хоть потоп! И второе: почти неуклонно уменьшалась доля предметов потребления в общем выпуске продукции. Страна продолжала развиваться экстенсивно.

То было двадцатилетие упущенных возможностей. Технологическая революция, развернувшаяся в мире, обошла нас стороной. Ее даже не заметили, продолжая твердить о традиционном научно-техническом прогрессе. За это время Япония стала второй промышленной державой мира. Южная Корея начала наступать на пятки Японии, Бразилия выдвинулась в число новых центров индустриальной мощи. Правда, мы добились военного паритета с крупнейшей промышленной державой современного мира. Но какой ценой? Ценой все большего технологического отставания во всех других областях экономики, дальнейшего разрушения сельского хозяйства, так и не созданной современной сферы услуг, замораживания низкого уровня жизни народа.

Ситуация осложнялась тем, что были отвергнуты какие-либо поиски модернизации самой модели экономической и политической системы. Напротив, вера в организационные и бюрократические решения усилилась. Чуть возникала проблема — и руководство страны реагировало однозначно: а кто этим занимается? Надо создать новое министерство или другой аналогичный орган.

Сельское хозяйство и продовольственная проблема оставались ахиллесовой пятой нашей экономики. Но решения искались на традиционных путях, которые уже показали свою неэффективность в предыдущую эпоху. Продолжалась политика совхозизации колхозов, то есть их дальнейшего огосударствления.

Не дала ожидаемых результатов химизация. Несмотря на то, что в 70-х годах СССР опередил США по производству удобрений, производительность труда в сельском хозяйстве была в несколько раз ниже.

Причина экономической и технологической отсталости была одна: непонимание и страх перед назревшими структурными реформами — переходом на хозрасчет в промышленности, кооперированием сервиса, звеньевым и семейным подрядами в деревне. И страшнее всего было режиму тех лет решиться на демократизацию, ограничение власти основной опорной базы Брежнева — бюрократии.

Всякие попытки продвижения по пути реформ, проявления хозяйственной самостоятельности или самостоятельности мысли пресекались без всякой пощады.

**Новелла девятая**

## ОТСТАВКА

### I

**В**ернемся к судьбе нашей небольшой группы консультантов и к моей собственной судьбе.

...Это было в конце декабря 1964 года. В девять часов вечера я все еще сидел в своем просторном кабинете, просматривая последние сообщения ТАСС и деловые бумаги. Попалась на глаза подготовленная мной для Политбюро записка «О планировании внешней политики СССР». Перечитывая текст, я с горечью думал о том, как гибнут или превращаются в свою противоположность самые разумные идеи, о повороте, который начался после падения Хрущева.

Вдруг зазвонил телефон.

— Вы не могли бы зайти ко мне? — раздался в трубке какой-то растерянный и хрипловатый голос Андропова.

Я зашел к нему, сел в кресле напротив и поразился необычно печальному и удрученному выражению его лица. Посидели несколько минут молча: он — опустив глаза, а я — всматриваясь в его лицо и пытаясь понять, что происходит. И тут — по какому-то совершенно необъяснимому импульсивному движению души — я неожиданно сказал:

— Юрий Владимирович, мне хотелось поговорить с вами об этом все последнее время. (Он удивленно вскинул на меня глаза.) Я чувствую все большую неуместность продолжения своей работы в отделе. Вы знаете, что я никогда не стремился, да, вероятно, и не мог стать работником аппарата. Я люблю писать. Но главное, пожалуй, не это. Сейчас происходит крутой поворот во внутренней и внешней политике. Вначале казалось, что мы пойдем дальше по пути реформ, по пути XX съезда. Теперь видно, что эта линия отвергнута. Наступает какая-то новая пора. А новая политика требует новых людей. Я хотел попросить вас отпустить меня. Я давно мечтал работать в газете политическим обозревателем, и сейчас, считаю, для этого самый подходящий момент. Кроме того, вероятно, и вам это в чем-то развяжет руки, поскольку на меня многие косятся, считая фанатичным антисталинистом.

Все это я выложил залпом. И тут увидел лицо Андропова. У меня нет слов, чтобы передать его выражение. Он смотрел на меня каким-то змеиным взглядом несколько долгих минут и молчал. Я до сих пор мучаюсь загадкой — что означал этот взгляд? В тот момент мне казалось, что в нем выражалось потрясенное недовольство моим неожиданным заявлением. Ничего подобного, конечно, Ю. В. от меня не ожидал. Но впоследствии, когда я стал сопоставлять факты, мне пришло в голову, что здесь произошло одно из драматических совпадений. Не исключаю, что поздний вызов Андроповым именно меня, его подавленность, какая-то даже раздавленность означали, что у него произошло объяснение с Брежневым, который предложил ему то, что через год стало фактом: оставить пост секретаря ЦК и принять назначение председателем Комитета государственной безопасности. Сам этот переход произошел значительно позднее, но разговор мог состояться раньше. Не исключаю, что в ту минуту Андропову, человеку чрезвычайно подозрительному, пришла в голову мысль, что я каким-то путем дознался о его падении и поспешил сбежать с корабля. Быть может, это мой домысел, но он имеет основания в том, как реагировал Андропов на мое предложение. Он не стал меня уговаривать остаться. Через некоторую паузу с хрипотцой в голосе Ю. В. медленно сказал:

— А кого вы предлагаете оставить вместо себя?

Он не назвал меня Федором, как это делал обычно, а задал вопрос в безличной, равнодушной, даже во враждебной манере.

— Я думаю, что для этой роли равно годятся Шахназаров и Арбатов — по вашему выбору. Каждый из них вполне в состоянии руководить группой. Они работают уже больше двух лет и хорошо овладели делом.

— Наверное, Арбатов все-таки больше подходит, — сказал Андропов, и в голосе его прозвучало что-то вроде издевки. — Что касается вашего перехода политическим обозревателем в «Правду», то помогать вам я не буду, хлопочите сами.

После этого разговора — короткого, как выстрел, — я вышел из кабинета в странном состоянии пережитого потрясения. Как будто я добился своего: давно мечтал о работе политического обозревателя, которая, как мне казалось, открывает пути для непосредственного обращения к общественному мнению. Я действительно любил газетное дело, эту уникальную возможность уже на следующий день после написания увидеть набранные типографским способом твои мысли, чувства, ощущения.

Но я не ожидал такого разговора с Андроповым. Почти пять лет непрерывной безотказной службы, большой человеческой близости — и такой финал. Этого не могло быть. Все должно было быть как-то иначе. Вот почему мне думается, что я попал в самую неподходящую и трудную для него минуту жизни. Он расценил мой шаг не как акт мужества человека, который уходит в отставку, бросает политическую карьеру по принципиальным мотивам. А я думал, что поступаю именно так. Андропов сам не раз передавал мне мнение руководства: «Бурлацкий — человек талантливый, растущий». И вот — полный афронт, отрезанный ломоть. Нет, за этим что-то крылось, неведомое мне до сих пор.

Есть еще одна небольшая деталь, которая не дает мне покоя. Незадолго до моего объяснения с Ю. В. у меня был странный разговор с Бовиным. Он только что вернулся из поездки — кажется, во Вьетнам, — где он сопровождал Андропова. И Саша сказал мне, не без значения, что Андропов, мол, не возражал бы против моего перехода на другую работу — слишком много жалоб на Бурлацкого поступает со всех сторон, особенно от «комсомольцев» — Шелепина, Семичастного. А тут еще столкновение с Громыко. Саша даже упомянул Арбатова как возможного преемника.

Я не допускал тогда мысли, что Саша говорил это специально, хотя Шахназаров не раз говорил мне, что внутри группы возник раскол, и называл именно этих двух консультантов, которые готовятся к «захвату власти». Я не придавал этому значения, так как знал о соперничестве между Шахом и Бовиным, которое впоследствии переросло в прямое столкновение и разрыв. И все же причины моего ухода никак не связаны с какими-то внутригрупповыми интригами, если они действительно имели место.

Когда я пытаюсь восстановить в своем сознании картину событий и моих ощущений, которые привели меня к этому драматическому шагу — резкому уходу в отставку из аппарата ЦК, — у меня неизменно возникает представление об урагане. Это был какой-то амок, описанный Стефаном Цвейгом, когда человек поступает как будто не по своей воле, а влекомый роком.

Скажу больше, хотя это, может быть, покажется странным и неправдоподобным моим читателям: после рокового объяснения с Андроповым по поводу моей отставки — это было поздним вечером, — вернувшись домой, я не мог усидеть в квартире. Я взял сына Сережу и в каком-то лихорадочном возбуждении стал почти впробежку двигаться с ним по Кутузовскому проспекту — тому самому проспекту, на котором встречался сын Никиты Хрущева Сергей со своим информатором, мимо того самого дома, где жили Брежнев и Андропов, где висели потом мемориальные доски (вторая висит до сих пор).

Я не мог обсуждать свое решение с Сережей — ему было тогда всего одиннадцать лет. Но он был мне необходим. Я должен был чувствовать его рядом, поскольку не находил себе места. И вот в момент этой пробежки во мне появилось какое-то острое, необыкновенное, почти мистическое ощущение, как будто бы я подвергаюсь облучению, идущему от неба, от самой Вселенной. Как будто бы небо пыталось воздействовать на меня в каком-то направлении, быть может, уберечь от ложного шага. Как будто оно предостерегало меня от поступка, который сломает мою судьбу, предначертанную свыше. Не помню, сколько длилось это ощущение — пять или десять секунд, — но оно потрясло меня своей явственностью и силой.

Я вернулся домой расслабленный, разбитый, с огромным чувством совершенной ошибки и какой-то вины. Еще было не поздно все исправить. В конце концов, состоялся всего лишь разговор. Тем более что после этого Андропов — правда, не непосредственно, а через Толкунова — настоятельно просил меня не уходить из отдела. Но я, влекомый амоком, закусил удила и не думал ни о каких последствиях.

Когда я ложился спать, мне виделось то, что произойдет в будущем. Моя докторская диссертация еще не утверждена, продвигалась она с большим скрипом, и ВАК после моего ухода, который, конечно, будет истолкован как изгнание, десять раз подумает, прежде чем утвердить меня в звании доктора наук. Я предчувствовал и то, что лично Брежнев не простит мне этого шага, поскольку он уже познакомился со мной и, кажется, был вполне удовлетворен моим первым опытом подготовки его выступлений. Мне даже мерещилась картина того, что действительно произошло в будущем — мое изгнание из «Правды» и дальнейшие испытания. Но политический амок был сильнее. Пепел Клааса, фанатичного духа моей матери, преодолевал все страхи и опасения.

Через несколько дней меня пригласил Толкунов и имел со мной длительный разговор. Он предложил мне от имени Андропова пост заместителя заведующего отделом. Ссылался на свой личный пример: пройдя через тяжелые испытания войны, он неожиданно сразу после ее окончания демобилизовался и сломал свою карьеру. «То же самое, — говорил он мне, — делаешь ты». Но я был непреклонен. Не знаю, что во мне говорило больше: драчливость деда, фанатизм матери или принципиальное нежелание участвовать в работе реакционного режима. Я прямо заявил Толкунову: ухожу в отставку, это нормально, когда человек не согласен с новым политическим курсом. Толкунов только пожимал плечами.

Но вернемся к объяснению с Андроповым. Этому предшествовало несколько событий, которые глубоко травмировали мое сознание. О главном я уже говорил — это обстоятельства отстранения Хрущева. И дело было не в самом его уходе, поскольку мы сами хорошо видели, как много опрометчивых решений он принимал в последнее время. Лично я полагал, что Хрущева следовало сохранить в руководстве страной, но ограничить его власть — быть может, оставить ему один пост: либо Первого секретаря ЦК КПСС, либо Председателя Совета Министров СССР, или, на худой конец, Председателя Президиума Верховного Совета СССР. При всех обстоятельствах он был на голову выше других членов тогдашнего руководства старшего поколения. Что касается более молодых деятелей, таких, как Шелепин, Демичев, Полянский, то мы в нашей среде очень побаивались их, поскольку все они были выходцами из ЦК комсомола — по тем временам худшей школы карьеризма.

Но даже с полным освобождением Хрущева мы могли бы смириться, если бы на смену пришли более достойные руководители. Некоторых из тех, которые сразу оказались на вершине, я знал лично. Это был, например, активный участник переворота Н. Н. Месяцев.

Мне рассказывали, как уже после первого дня заседания поздно вечером он явился в Комитет по радиовещанию и телевидению при Совете Министров СССР, что на Пятницкой улице. У входа ему преградил дорогу вахтер, поскольку время было позднее, часов одиннадцать ночи. Месяцев вытащил из кармана и показал вахтеру решение ЦК КПСС, подписанное Брежневым (хотя тот еще не был Первым секретарем ЦК), о его назначении председателем этого комитета вместо М. А. Харламова, предусмотрительно отправленного накануне за границу, помнится, в Швецию. Вахтер тем не менее не соглашался пропустить Месяцева. Тогда тот приказал двум «хлопцам» — сотрудникам КГБ, — и они отстранили вахтера. Месяцев в сопровождении «хлопцев» проехал в лифте до кабинета председателя, где находился дежурный, и задал ему только один вопрос: «Где здесь кнопки, которые выключают все радиопередачи на Советский Союз и за рубеж?» Сбитый с толку дежурный показал, как это делается. Месяцев остался на всю ночь караулить кнопки. Видимо, у заговорщиков все еще были опасения, что Хрущев каким-то путем сможет апеллировать через радио к народу.

Ставшая мне известной тогда эта история послужила первым показателем того, что снятие Хрущева было не нормальной демократической процедурой, а результатом заранее спланированного заговора. Кроме того, я хорошо знал Месяцева, который работал со мной в одном отделе. Бывший секретарь ЦК комсомола и близкий друг Шелепина, он отличался редкой способностью болтать пустой комсомольский вздор по любому, самому серьезному вопросу. Хотя он работал заместителем Андропова и отвечал за отношения с Китаем (видимо, Андропов прислушался к рекомендациям Шелепина), Юрий Владимирович практически никогда не привлекал его к решению и даже обсуждению проблем советско-китайских отношений. Тем не менее он оказался на моих глазах первой блохой, которая сделала прыжок через несколько ступеней вверх. Уже этот, хотя и незначительный, факт очень насторожил и меня, и моих друзей.

Потом был любопытный разговор с В. А. Лебедевым, помощником Хрущева, освобожденным сразу после октябрьского Пленума ЦК. В ноябре 1964 года я попал на обследование в больницу. Побыл там неделю и встретился с Лебедевым, который оказался в ужасном состоянии после падения своего шефа и собственного вынужденного ухода. Я никогда особенно не любил Лебедева, хотя был с ним в неплохих отношениях. Он входил в пресс-группу вместе с Шуйским, Сатюковым и другими, возглавляемую секретарем ЦК по идеологии Л. Ф. Ильичевым. И мне не раз приходилось вступать в контакты с Лебедевым. Вел он себя вежливо, деликатно и предусмотрительно, однако меня очень настораживал тот факт, что он был одним из людей, настраивавших Хрущева против левой интеллигенции.

Мне запомнилась записка Лебедева, разосланная по Президиуму ЦК, в которой он ставил вопрос об ужесточении цензуры и санкциях против писателей. И вот в больнице, где я от скуки поигрывал с ним в шахматы, у меня произошел знаменательный разговор. Мы стали, конечно, обсуждать результаты октябрьского Пленума, снятие Хрущева, приход Брежнева. Помнится, по первому впечатлению я говорил о том, что теперь, наверное, начнется эпоха подлинных реформ, полное возвращение на позиции XX съезда партии.

— Вы ошибаетесь, Федор Михайлович, — не сдержался Лебедев. — У вас еще будет не один случай убедиться в том, куда пойдет дело. Новые руководители не только не оправдают ваших надежд, а, напротив, повернут все дело назад, к сталинским порядкам.

Я не поверил человеку, только что отстраненному от власти, хотя этот разговор заставил меня задуматься.

## II

Следующие события одно за другим подтверждали возможность такого поворота. Вскоре после возвращения из больницы я подготовил записку по вопросу, который давно вынашивал: о планировании внешней политики СССР. Ее смысл заключался в том, что до этого политика, в сущности, формировалась на основе ведомственных предложений — МИДа, Министерств обороны, внешней торговли, КГБ, отделов ЦК. Эти предложения рассматривались Президиумом ЦК КПСС, но почти никогда не сводились воедино. Поэтому они нередко противоречили друг другу. А многие решения по внутренним вопросам влияли на наши отношения с Западом.

Например, гонения на Б. Пастернака, вызванные внутренними идеологическими мотивами, сыграли огромную негативную роль в отношениях СССР с Соединенными Штатами и странами Западной Европы.

В связи с этим у меня возникла мысль о создании специального органа, куда сходились бы все предложения из различных ведомств, а также научных учреждений, общественных организаций. Такой орган мог бы готовить для Президиума ЦК КПСС и правительства комплексные документы и предложения. Иными словами, речь могла идти о подлинном планировании общей стратегии нашей внешней политики, в том числе на отдельные регионы и в отношениях с отдельными странами. В записке предлагалось создать комиссию по внешней политике, а при ней группу советников и консультантов. Лично я рассчитывал, что председателем такой комиссии будет Андропов, а наша группа консультантов вместе с другими группами станет работать под руководством комиссии.

Андропов поддержал это предложение, и моя записка была направлена в Президиум ЦК КПСС. Однако решение было прямо противоположным нашему замыслу. Президиум создал комиссию по внешней политике, но во главе ее поставил не Андропова, а Суслова; Андропов получил в ней лишь пост секретаря комиссии. Было отвергнуто наше предложение о создании рабочего органа, который мог бы готовить комплексные документы. Вместо этого было принято решение о создании Управления по планированию внешней политики при МИД СССР.

Такое решение глубоко разочаровало меня. Я прекрасно понимал, что оно не могло дать никаких положительных результатов. Внешняя политика по традиции была прерогативой Президиума ЦК КПСС и лично руководителя страны. Очевидно, что МИД, как исполнительный орган, ни в малейшей степени не был в состоянии координировать деятельность других, в том числе более влиятельных, ведомств или готовить какие-либо комплексные документы. И действительно, это управление вскоре зачахло, оно стало фактически прибежищем для послов, утративших свои посты. Очень скоро прекратила деятельность и комиссия по внешней политике, поскольку, не имея рабочих органов да еще возглавляемая Сусловым, никакой плодотворной работы вести она не могла.

Но, пожалуй, самое глубокое разочарование я испытал в связи с попыткой предложить программу деятельности нового руководства. Помнится, это было в январе 1965 года, когда Андропов готовился к совместной поездке с Брежневым и Косыгиным в Польшу. Тогда по согласованию с ним я подготовил на двух-трех страницах предложения реформ в области внутренней и внешней политики.

Эта программа состояла из пяти пунктов. Она

включала в себя: 1) экономическую реформу; 2) демократизацию и реорганизацию государственного управления; 3) разграничение деятельности партии и государства таким образом, чтобы партия сосредоточилась только на выработке программы и общей стратегии, а все управление и оперативное руководство было передано государственным и общественным организациям; 4) развитие хозяйственного самоуправления предприятий и регионов; 5) последовательное проведение курса на резкое сокращение вооружений, особенно ракетных и ядерных, прекращение военной конфронтации и сокращение военных бюджетов, использование оборонного комплекса СССР и для мирного производства.

Я напряженно ждал возвращения Андропова из Польши, чтобы узнать о результатах его разговора с Брежневым и Косыгиным. Однако он ничего вначале не рассказывал мне. Я был вынужден сам обратиться к нему с вопросом, что обычно не принято. В практике отношений в аппарате существует правило, которое формулируется так: «Никогда не задавай вопросов начальству, когда заранее не уверен в ответе, который оно тебе даст». Я пренебрег этим правилом.

Андропов сказал, что его предложения не встретили поддержки ни у Брежнева, ни у Косыгина. Косыгин высказался за проведение экономической реформы, но настаивал совсем на другом повороте в области внешней политики. Он тогда сохранял иллюзии о возможности восстановления дружбы и союза с Китаем, а это могло, по его мнению, неизбежно привести к определенному ужесточению наших отношений с Западом. (Впоследствии, после своей поездки во Вьетнам, Косыгин посетил Китай, имел длительное объяснение с Мао Цзэдуном и, вернувшись, признал свою ошибку. Он понял, что Мао Цзэдун даже при самых больших уступках Советского Союза не согласится на восстановление нашего альянса, поскольку имеет совсем иные национальные цели.) Что касается Брежнева, то он в обычной своей осторожной манере сказал, что надо подумать, что не следует спешить и фактически не высказался в пользу ни одной из предложенных идей.

Наряду с этими крупными политическими событиями произошли и два малозначительных, которые также повлияли на мое резкое решение об уходе с партийной работы.

Илья Эренбург как-то заметил, что история или ее носители в лице советских руководителей часто совершали свои повороты, используя его творчество как своеобразный объект. Так поступил Сталин, когда сразу после окончания войны выступил с идеологическим заявлением о том, что «гитлеры приходят и уходят, а народы остаются», и призывом прекратить критику немецкой нации. Тогда Эренбург был изображен как антинемецкий националист. А вторично это было сделано Хрущевым по поводу повести Эренбурга «Оттепель». Нечто подобное, но, вероятно, в меньших масштабах не раз происходило и со мной.

Случилось так, что ровно через два дня после октябрьского Пленума, а именно 16 октября 1964 года, я защищал докторскую диссертацию. Главным содержанием ее было теоретическое обоснование идеи общенародного государства и следующих отсюда программных выводов по развитию демократии. Естественно, что в диссертации я неоднократно ссылался на XX и XXII съезды партии и выступления Хрущева, на Программу КПСС, тем более на те части, которые были написаны лично мной и касались проблем демократии.

И вот за два часа до защиты мне позвонил ректор Академии общественных наук при ЦК КПСС Ю. П. Францев. В большом возбуждении он сообщил мне, что группа членов ученого совета этого очень консервативного учреждения, куда я опрометчиво передал свою диссертацию, пришла к нему с протестом против защиты, заявив, что будут голосовать против меня. Главный их довод состоял в том, что в диссертации содержится резкая критика Сталина и защищается идея общенародного государства, что все это будет пересмотрено в ближайшее время новым партийным руководством. Францев предлагал отложить защиту во избежание провала. Но такое решение — вероятно, рациональное в тот момент — казалось мне позорной капитуляцией. Я все еще питал иллюзии по поводу политики, которую будет осуществлять новое руководство. Я ответил Францеву: «Защиту не снимайте, дадим бой».

Придя в академию, в одну из ее роскошных аудиторий, где проходила защита, я увидел сумрачные лица членов ученого совета, среди которых узнал очень многих людей, выброшенных из партийного аппарата во времена Хрущева. И хотя у меня засосало под ложечкой, я в своем вступительном слове и в заключении не только не ослабил, а напротив, усилил защиту идей XX съезда, критику культа личности, обоснование отказа от диктатуры пролетариата и процесса развития демократии.

Члены совета были в замешательстве. Они не знали, как реагировать на подобный вызов. Поэтому никто из них не выступил с критикой диссертации. Мне был задан лишь один вопрос по второстепенному поводу — о характере революции в Болгарии, и все как будто бы шло благополучно. Но тайное голосование было ужасающим: из двадцати пяти человек семь проголосовало против; проходной балл — две трети голосов, что составляло пятнадцать человек. Это означало, что я удержался буквально на волоске. Францев сделал хорошую мину при плохой игре, заявив, что защита показала правильность принятого им решения — вопреки мнению кое-кого из ученого совета.

Тем не менее я испытал чувствительный удар по самолюбию. Мне даже не хотелось отмечать защиту принятым тогда застольем. И только по настоянию нашей консультантской группы мы в узком составе, не приглашая никого из оппонентов и членов ученого совета, в довольно мрачном состоянии духа накоротке отметили у меня дома это событие.

На следующий день Андропов специально пригласил меня к себе и посетовал, что я не предупредил его заранее о готовящейся защите: тогда можно было бы принять необходимые меры, чтобы обеспечить ее успешное прохождение. Но я сказал, что в конечном счете все закончилось благополучно. Андропов был не согласен с этим, полагая, что результаты защиты означали вызов, брошенный аппарату ЦК и ему лично, не говоря уже обо мне. Так или иначе, я пережил горькие минуты. Кроме того, для меня это был первый сигнал тревоги по поводу нового поворота в политике руководства партии.

Другой эпизод был связан с подготовкой выступлений А. Н. Косыгина во время его поездки во Вьетнам в конце 1964 года. Предполагалось, что по дороге он заедет в Китай, встретится с Мао Цзэдуном. Косыгин, как я уже отмечал, рассчитывал «в два часа» уладить все недоразумения с китайскими руководителями. Мы подготовили совместно с работниками МИДа речи Косыгина. Но вот нас пригласили для обсуждения этих речей к А. А. Громыко. Андрей Андреевич был буквально вне себя. Он кричал:

— Что вы, не понимаете происходящих перемен? Что вы насовали в речь — мирное сосуществование с Западом, XX съезд, критику Сталина? Все надо переписать заново в духе новой политики — жесткой борьбы против американского империализма, который пытается задушить революцию во Вьетнаме. По-новому, тепло сказать о нашей неизменной дружбе с китайским народом.

Тут, признаться, я не выдержал, будучи заведенным всеми происходящими переменами. Не вставая с места и почти не разжимая зубов, я сказал: «Андрей Андреевич! Мы работаем в аппарате ЦК КПСС и готовы выслушивать замечания только от нашего руководства, особенно по таким принципиальным вопросам политики».

У Громыко даже челюсть отвисла от моего нахальства. Он, вероятно, не слышал никогда ничего подобного от своих подчиненных. Да и вся группа собранных там работников буквально замерла. Но, к чести министра, надо отметить, что он сдержался и не ответил на мой выпад. Зато позвонил Андропову и там уже дал волю негодованию. Андропов передал мне этот разговор с легкой укоризной.

И еще одна стычка произвела на меня большое впечатление. Одним из первых перемещений в аппарате ЦК, осуществленных Брежневым, было то, что он назначил своего бывшего помощника С. П. Трапезникова заведующим Отделом науки. И вот вскоре после этого мы встретились с Трапезниковым (которого я знал раньше) на приеме в польском посольстве. Он вцепился в меня и долго убеждал, что Хрущев преследовал личные мотивы в критике Сталина, что Сталин, несмотря на некоторые крайности, был великим ленинцем, что он обеспечил победу социализма в СССР. Особенно настойчиво Трапезников втолковывал мне значение коллективизации деревни, о чем он написал впоследствии двухтомную книгу. «Вы не знаете, как это происходило, — говорил Трапезников. — Посмотрите на меня. Мне сломали руку и ноги ручками от вил крестьяне, когда я был направлен на осуществление коллективизации. Это была настоящая битва за социализм».

И действительно, Трапезников на всю жизнь остался инвалидом — хромым и с деформированной рукой. Отойдя от него, я имел неосторожность сказать какому-то приятелю: «Поверишь ли, эта такса пыталась меня обратить в сталинскую веру».

Доброхоты тут же передали Трапезникову мою непристойную шутку. Он крепко запомнил ее, и мне это дорого обошлось, когда я попал на работу в подведомственную ему Академию наук СССР.

Меня удручало и то, что я не мог вполне разобраться в позиции Андропова. Я видел нередко, как он садился в одну машину с Шелепиным, провожая или встречая каких-либо официальных лиц. Такое сближение с «младотурками» (быть может, конъюнктурное) казалось мне предательством линии XX съезда. Юрий Владимирович скоро отошел от них, когда понял, что сила на стороне Брежнева. Впрочем, вероятно, он еще долго сохранял неплохие отношения и с Шелепиным. Забегая вперед, скажу, что я наблюдал два года спустя, во время встречи в Карловых Варах представителей компартий, такую сцену. Брежнев спускается по лестнице, следом идет Шелепин, глядя на него глазами, наполненными откровенной ненавистью, между тем как Андропов придерживает «железного Шурика» под локоть, явно стараясь смягчить его гнев. Забегая еще дальше вперед, напомню, что поводом для изгнания Шелепина стал его визит в Англию, во время которого были опубликованы материалы о его деятельности на посту председателя КГБ. Как попали эти материалы в английскую прессу, кто это стимулировал? Уж не Андропов ли по заданию Брежнева?

И еще один случай, о котором стоит рассказать. Будучи избранным на партконференцию аппарата ЦК КПСС, я в своем выступлении рассказал о той работе, которую ведет наша группа консультантов, а также консультанты других отделов, в частности, о тех проблемах, которые обсуждаются в связи с подготовкой Совещания коммунистических и рабочих партий и об отношениях с некоторыми партиями в области внутренней политики. Я рассказал опять-таки правду, но правда эта очень не понравилась одному из секретарей ЦК, который руководил проведением конференции. В своем заключительном слове он, не упоминая меня, сказал: «Кто же у нас действительно формирует политику, консультанты или Президиум и Секретариат ЦК КПСС?» То же самое он высказал при встрече Андропову, критикуя мое выступление за некие претензии на неподобающую консультантам роль в разработке политических решений.

Это показывало тот психологический климат, который складывался вокруг нашей группы. Не случайно мне нередко приходилось слышать — и внутри ЦК, и за пределами — о «вундеркиндах Бурлацкого». Аппарату не нравилось, что все большее влияние на подготовку документов и речей начинает оказывать научная интеллигенция, а не «коренные» аппаратчики.

Все это накапливалось на протяжении двух месяцев после октябрьского Пленума ЦК и закончилось моим решением об уходе из аппарата.

Близкие друзья, прежде всего консультанты нашего подотдела, знали, что я ушел по своему желанию, но недоумевали, полагая, что я сделал самую большую ошибку в своей жизни.

После решения об уходе я собрал их всех у себя дома. На столе стояли наспех купленные бутылки водки и бутерброды. Обстановка царила странная — настороженная, обеспокоенная, насыщенная непониманием. Я не мог вполне откровенно рассказать о политических мотивах своего поступка. Поэтому в разговоре с консультантами не употребил слово, которое открыто использовал, излагая свои мотивы Андропову и Толкунову, — отставка. Там я говорил наедине, а здесь присутствовало много людей, и не было никакой уверенности, что то, что будет сказано, завтра не станет известно моим противникам. Я сказал примерно следующее:

— Друзья, я ухожу, потому что считаю, что в такой обстановке мне не следует оставаться. Я не хочу и не могу нести ответственности за то, что будет делаться сейчас. Страна вступила в новую полосу, и мы не можем представить себе, какой будет эта полоса и какова будет ее длительность. Но очевидно, что идеи XX съезда, идеи реформации России на какое-то время откладываются в сторону. У нас нет способа повлиять на ход событий сейчас, но каждый из нас вправе сделать выбор — участвовать или не участвовать в этом повороте. Я свой выбор сделал. Это не значит, что я призываю кого-либо из вас повторить мой поступок. Политика требует терпения, возможно, я слишком нетерпелив, но мне кажется, что я смогу оказывать влияние на происходящее со стороны, апеллируя к общественному мнению. Возможно, что это тоже иллюзия. Так или иначе, решение принято и мосты сожжены. Кто-то из вас доберется до цели и сможет существенно влиять на большую политику. Вероятно, это будет Арбатов, или Шахназаров, или Бовин. Надеюсь, что это произойдет. Что касается меня, то я на время выбываю из игры.

Тут поднялся большой спор — как оценивать мой поступок. Арбатов, который еще до этого высказал мне свое мнение, помалкивал. Кстати, он проявил известное благородство, поскольку дал мне совет не уходить в «Правду», а взять какой-то институт в Академии наук: это будет и значительнее, и весомее, и спокойнее. Я, будучи в большом раздражении, бросил ему несправедливую фразу: «Если ты будешь навязывать мне свои советы, я назову не тебя, а кого-либо другого своим преемником». После этого Арбатов замкнулся и во время нашего прощального ужина он, помнится, практически не говорил ничего.

Зато Шахназаров и Бовин вступили в ожесточенный спор. Разговор касался и моего поступка, и в целом принципа, как поступать в аналогичных случаях советникам, когда они не согласны с проводимой политикой. Шахназаров — наиболее эмоциональный — доказывал, что, дескать, Федор поступил правильно, он вернется в аппарат на белом коне. Бовин с присущей ему грубоватой прямотой говорил: «Это ошибка! Это ошибка, которая будет стоить Федору всей его карьеры, а может быть, и жизни».

Позднее я нередко вспоминал эту категорическую оценку. Бовин, став спичрайтером Брежнева, вероятно, полагая, что в любой игре надо быть победителем, оправдывал себя тем, что старался вносить прогрессивные идеи в речи патрона даже в самые трудные времена — во время событий в Чехословакии в 1968 году и трагического вторжения в Афганистан.

Тайная вечеря консультантов окончилась печально. Мы расходились какие-то смурные и немного потерянные. Каждый из нас столкнулся с новой для себя жизненной ситуацией, искал нравственную почву под ногами и одновременно думал о своей личной судьбе.

Странно сказать, мы почти не говорили о судьбе Никиты Сергеевича. Практически он выпал из нашего сознания в тот момент. Так никто не замечает ферзя, снятого с доски рукой противника. Где этот ферзь, куда его поставили или положили — на стол или под стол, как он себя чувствует, — разве об этом задумывается кто-либо из участников игры? Такова судьба политического деятеля: сегодня он в центре всеобщего внимания, его лицо, грозное или улыбчивое, простоватое или интеллигентное, не сходит со страниц газет, экранов телевизоров. Но вот наступает мистическое мгновение — и кадр меняется: на экранах или в газете другое лицо, а то, вчерашнее, как будто бы и не существовало. Даже мы, которые больше или меньше уже тогда считали себя «хрущевистами», как-то не думали и не вспоминали об этом человеке, который так всколыхнул наши души во время XX съезда партии. Таков факт. Его можно по-разному объяснять, но с ним приходится считаться. Умерший писатель вызывает к себе нередко двойной интерес, как было, например, с Пастернаком или Высоцким. Павший политический деятель надолго уходит в забвение...

Что было на самом деле главной причиной моего ухода из аппарата ЦК? Сейчас, когда я задумываюсь над этим, я вижу целый комплекс, а не одну причину, скорее эмоций, чем рациональных побуждений. Протест против политического поворота вспять? Да, это довлело очень сильно над моим сознанием. Я десятки раз повторял тогда Кускову и Белякову — ухожу, ну их всех к чертовой матери. Желание вернуться к творчеству? Да, и это. Я всегда себя чувствовал больше ученым, литератором, чем политиком.

Но если быть до конца откровенным с собой, было еще одно — ошибочная оценка Брежнева. Подобно многим другим, я был тогда абсолютно уверен, что это фигура промежуточная, что он не продержится больше двух-трех лет. Я видел, что за его спиной стоят более опасные силы — неосталинисты, но верил также в неизбежность возвращения реформаторов, ибо другого пути развития страны не было. Я полагал — вероятно, наивно, — что через печать (ушел в «Правду»), да еще при таком либеральном главном редакторе, как А. М. Румянцев, который к тому же был назначен на это место через Андропова по моей рекомендации, я смогу лучше бороться против сползания к сталинизму и за продолжение политики XX съезда. Этим объясняется то упорство, с которым я выступал в «Правде» против тоталитарных режимов, за пересмотр Программы партии и отказ от утопической идеи «коммунистического строительства», за приобщение к современной технологической цивилизации.

Но я глубоко ошибся. Центристская, вялая и ленивая политика Брежнева оказалась удивительно адекватной ожиданиям аппарата и достаточно широких слоев населения. Моя ошибка тем более непростительна, что я не раз обнаруживал в себе сильно развитую политическую интуицию. Я предчувствовал падение Хрущева, а незадолго до смерти Мао Цзэдуна предсказал в печати падение Цзян Цин и возвращение Дэн Сяопина. Вероятно, большое действительно видно на расстоянии. Я слишком сильно был вовлечен в политическую кухню, чтобы оценить по достоинству всех поваров. Инфантилизм — это самая типичная и самая опасная болезнь советников. И еще какой-то сайентизм: мы склонны верить в логику политического процесса, а он насыщен столькими групповыми влияниями, что на выходе может оказаться совершенно алогичный результат. Кроме того, нельзя исключить, что история или провидение имеют какие-то свои, неведомые нам и недоступные человеческому уму цели, по-своему расставляя фигуры на шахматной доске.

# III

Шелепин, конечно, был извещен о моей аналитической записке, обличавшей его неосталинизм. Механизм передачи информации о таких вещах всегда оставался для меня загадкой. Конечно, в принципе понятно, что, когда в разговоре участвует несколько людей, скрыть его содержание невозможно. Тем не менее в обсуждении «диссертации» Шелепина принимало участие всего четыре-пять человек. Впрочем, я не исключаю, что сам Брежнев передал содержание нашего разговора другим членам руководства, и это дошло до Шелепина. Можно допустить также предположение, что Брежнев изложил мою записку в присутствии Шелепина, чтобы потрепать тому нервы, а самому как бы остаться в стороне, человеком, только передающим чьи-то мнения. Так или иначе, но Шелепин буквально через день-другой узнал о моих «инсинуациях» и, конечно, поспешил нанести удар.

Он резко выступил против меня на заседании Политбюро. Его обвинения содержали два пункта. Первое: Бурлацкий выдал «секрет своего статуса в ЦК КПСС американской разведке, опубликовав в журнале «Совьет лайф», рассчитанном на США и другие страны Запада, статью, в которой открыл место своей работы в ЦК». При этом Шелепин сжимал в руках и даже тряс перед глазами членов руководства номером журнала «Совьет лайф», в котором якобы помещена моя статья. На самом деле моей статьи там не было, а была опубликована статья Шахназарова с его портретом, его прекрасной, почти лишенной растительности головой, и должность там была указана его, а не моя. Перепутать было невозможно — ни фамилия, ни портрет ни в малейшей степени не были похожи на мои.

Второе обвинение было не лучше первого. Шелепин сообщил, будто бы Бурлацкий «расстреливает» в «Правде» идеи доклада Брежнева. Это был удар что называется ниже пояса. Ничто не вызывало большего раздражения у наших заказчиков, и особенно у Брежнева, чем намек на то, что кто-то пытается опередить своим выступлением в печати его выступление и тем самым принизить последнее. Леонид Ильич особенно болезненно относился к подобным вещам. Неудивительно, что я был тут же отстранен не только от руководства, но и от подготовки доклада к 20-летию Победы в Великой Отечественной войне.

Больше всего меня поразило, пожалуй, не само решение, а то, что происходило во время обсуждения очевидных наветов Шелепина. После его выступления Брежнев задал странный вопрос: «А где сейчас работает Бурлацкий?» Дело в том, что как раз в это время — и это, быть может, запечатлелось в его сознании — он подписал приказ о моем переходе по собственному желанию в газету «Правда» политическим обозревателем. Шелепин бросил (видимо, не зная о состоявшемся решении): «Вот, в отделе у Андропова». И тут последовала реакция, психологическое значение которой для меня остается невероятным до сегодняшнего дня. Андропов сказал: «Он больше не работает в отделе». И все. Ни одного слова в мою защиту. Он наверняка знал всю лживость выдвинутых обвинений, тем более что вышеназванная статья Шахназарова согласовывалась с ним. Он прекрасно знал и о том, что я не успел еще опубликовать ни одной статьи в «Правде», но не сказал по этому поводу ничего.

Пять лет я служил ему с преданностью интеллектуальной собаки, которая думает, что охраняет дом, а на самом деле охраняет хозяина, содействовал его продвижению по политической лестнице. Своим назначением на должность секретаря ЦК он в огромной степени был обязан именно тому, что сумел взять на себя с нашей помощью подготовку важнейших выступлений Хрущева. Положим, я поступил, с его точки зрения, неэтично, уйдя из отдела вопреки его воле. Но как можно было так просто списать человека, который не причинил тебе никакого зла, а только перестал служить, и то не лично тебе, а тому делу, в которое больше не верил? Своей репликой он демонстративно лишал меня своего покровительства и полностью отдавал на растерзание «комсомольской банде». Он даже отказывался мало-мальски объективно свидетельствовать по поводу меня.

Мне рассказал во всех подробностях об этом эпизоде Кусков, который узнал о нем от Пономарева — тот с большим удовольствием передал эту историю, чтобы она дошла до моих ушей. Я вначале не мог поверить в ее истинность. Это выглядело неправдоподобно, не укладывалось в образ человека, перед которым я так преклонялся. «Так вот оно, как выглядит благодарность власть предержащих. Вот как выглядит предательство. Стоит ли после этого жалеть о своем разрыве со службой?»

В начале 1965 г. я перешел в «Правду», где меня запихали в какой-то большой и сараеподобный кабинет. Видимо, было уже известно, что я впал в немилость. Никто, кстати, не мог понять мотивов моего ухода. Противники радовались тому, что эти «вундеркинды Бурлацкого», наконец, получат по носу. Сторонники строили догадки, будучи совершенно убежденными, что меня выдворили из аппарата вопреки моей воле.

Тем временем мое столкновение с Шелепиным завершилось относительно благополучно. Меня пригласил к себе заместитель заведующего Отделом агитации и пропаганды ЦК, мой старый знакомый В. Кортунов. Он сделал полуофициальное заявление:

— Ты слышал, наверное, что на Политбюро были высказаны критические замечания в твой адрес. Нам было дано поручение разобраться. Первое обвинение заключалось в том, что ты опубликовал свою статью в журнале «Совьет лайф», где сообщил о своем месте работы. Оно не подтвердилось. Второе обвинение — в том, что ты «расстреливал» идеи докладов в статьях в «Правде», тоже не подтвердилось, поскольку ты ничего не печатал. Так что вопрос закрыт. Можешь спать спокойно.

— Как же это я могу спать спокойно? — спросил я его. — Обвинение было высказано, его слышали все члены Политбюро. Ты должен составить справку и представить ее наверх, тогда все убедятся в несправедливости претензий.

— О чем ты говоришь? — с широкой и немного грустной улыбкой сказал мне старый знакомый. — На что ты меня толкаешь? Разве не знаешь, кто выступал против тебя? Что же, ты хочешь, чтобы я уличил его во лжи? Столько лет проработал в аппарате и делаешь такие предложения. Вопрос закрыт. Довольствуйся этим. Работай спокойно, если сможешь.

**Новелла десятая**

# ОДИНОЧЕСТВО

## I

### Глазами Макиавелли

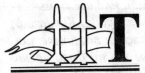

**Т**еперь мне хотелось бы взглянуть глазами Макиавелли на свою роль как советника советских государей. Известно, что сам флорентийский секретарь оправдывал свои жестокие «максимы» — правила поведения правителей — высокой целью, которую он выдвигал и старался им внушить. Эта цель — объединение Италии, клочкообразно разбитой на десятки государств и независимых городов. Книга «Государь», как, возможно, помнит читатель, заканчивается страстным призывом к единению Италии, которому довелось осуществиться только четыре века спустя. Но этот призыв, как и высокие идеи и точные суждения о власти, которые возгласил флорентиец, пережили не только эти века, но живут по сей день, ибо они истинны.

Макиавелли считал, что имеются советники трех видов. Первые — ничего не понимают, даже когда им объясняют; вторые воспринимают объяснения; третьи — и это высший род советников, — сами все пони-

*мают и творят — рассуждения, идеи, советы. Скажу о себе вполне нескромно: я отношусь к третьему роду или сорту советников, ибо выдвигал в течение более чем 40 лет своей работы на этом поприще некоторые нетривиальные, рациональные, а главное — практически выполнимые советы. Дважды мне выпал шанс делать практически непосредственно — для наших правителей, а остальное время я довольствовался выступлениями в прессе, которые, в конечном счете, через посредство окружения и, как правило, от их имени доходили до адресата. Что касается их исполнения на практике, то здесь меня ожидали большие разочарования. Впрочем, дистанция между Словом и Делом во все времена была громадная. Вспомним такие великие примеры, возвышающиеся, как Монблан, над всеми мыслящими и нравственными людьми, как Будда, Конфуций, Христос, Магомет. Их идеи пережили тысячелетия, но кто из правителей в какой бы то ни было части света может сказать: я следовал их заветам?*

*Что же говорить о наших весьма скромных мыслях, формулах и институциях, которые мы предлагали правителям государства, особенно если учесть, что едва ли не самое важное мы заимствовали из опыта более развитых и успешных стран.*

*Оглядываясь назад на 50 лет, прожитые после Сталина, оценивая то, с чего начиналась ломка оставленной им системы и во что она преобразовалась, есть возможность оценить по результатам дела и замыслы наших реформаторов: Хрущева, Горбачева, Ельцина. Скажу сразу свое суждение: самый мощный удар по системе нанес не кто иной, как Хрущев, проявив при этом героизм отчаяния, который и не мог выпасть на долю «благополучного» Горбачева и «удачливого» Ельцина.*

*Система Сталина держалась прежде всего на массовых репрессиях и их тотальной угрозе в отношении* всех — чиновников и генералов, поэтов и трактористов. Как только отпала эта угроза, система была обречена, ее гибель была вопросом времени.

Конечно, она — эта система — держалась не только на насилии. Идеология была также ее цементирующим материалом. И сама по себе идеология имела внешне исторически чрезвычайно привлекательные черты: равенство, образование, благополучие для всех — пускай в далекой перспективе, взаимную помощь людей друг другу. Но все сводилось на нет идеей тотального насилия как средства достижения вожделенных целей.

Хрущев преобразовал и эту идеологию, хотя, конечно, непоследовательно, спонтанно и, главным образом, в той же сфере, которая касалась тотального насилия. Вот некоторые факты, почерпнутые мной, главным образом из личного опыта, который нередко бывает более ценным, чем рассуждения тех, кто что-то вычитал из чужих книжек.

Но вправе ли я считать себя советником Хрущева? Вокруг него были люди, более близкие, чем я. И те, кого я называю красными советниками, такие как, например, Шатуновская и Снегов, вернувшиеся из лагерей, которые помогали ему писать его знаменитый доклад о Сталине на XX съезде. Я называю их красными, поскольку они все еще, несмотря на свой трагический опыт, оставались убежденными ленинцами, а иные из их подельников даже сталинцами. Вот ужас-то какой! Другая группа, которых я определил как черные советники — это бывшие комсомольские вожаки, руководители КГБ, в прошлом просто сексоты и доносчики— А.Шелепин, В.Семичастный и иже с ними. Они тоже имели немалое влияние на Хрущева, может быть, даже большее, чем члены Политбюро, поскольку действовали проверенными и эффективными методами провокаций, личных наветов, поддельных документов, а в конечном счете, успешных заговоров.

Я был в числе «белых» советников, — так я (по личному произволу) обозначаю либералов, которые уже тогда мечтали о коренном изменении системы и вхождении в европейскую и мировую цивилизацию. Нас было мало на корабле власти, но наше влияние было весьма значительным, так как сам Хрущев тянулся к новизне, он был новатор по духу и искал путей сближения с Европой и Америкой, хотя, конечно, не за счет перехода на «позиции капитализма».

Лично я больше всего участвовал в разрушении сталинизма в области духа и, могу сказать без излишней скромности, в замене псевдокоммунистических идей общечеловеческими ценностями. Я почерпнул их больше всего из книг, а затем из личного опыта знакомства с Европой. К 1957 году я посетил с большой группой советских аборигенов 11 стран Европы, проделав путь на теплоходе «Победа» из Одессы в Ленинград. Я увидел мир, который потряс мое воображение: величественные дворцы Рима, Парижа, развалины Афин, Лувр, а затем — дороги, витрины, театры и свободных людей, наполненных чувством собственного достоинства. И, если использовать выражение Радищева, душа моя уязвлена была! Почему наш народ, который ничем не хуже других европейцев, должен жить в бедности и страхе.

Было бы, конечно, самым простым делом просто черпать идеи готового опыта Европы, а тем более США, и попытаться перенести их к нам. Но то был путь обреченный и бесплодный. Следовало искать и находить конструктивные идеи, проекты, модели великого перехода из сталинской тьмы к новому свету. И в этом была проблема. А еще труднее было убеждать людей, вросших в эту власть, рожденных ею, не знающих и не *желающих слышать ни о чем другом, о необходимости кардинальных перемен — тех самых, которые — они это-то понимали — подмывают их власть.*

*Спасительно, что Хрущев был на голову выше всех своих соратников. Ему было присуще — странно сказать — какое-то врожденное чувство демократизма — возможно, казацкого типа? — и он был готов более других смотреть на мир открытыми глазами. Поэтому кое-что удавалось сделать и в сфере духовного перевоспитания власть предержащих, особенно узкого культурного слоя в их составе.*

*Итак, история показала, что Макиавелли опередил Время — и тогда он выглядит в наших глазах героем. Можно сказать, что он выпал из своего Времени, — и тогда он остается мечтателем, идеалистом, который метал бисер перед свиньями и совершенно понапрасну смирялся с подрывом нравственности ради утопической идеи.*

*А что же автор этой книги? Он тоже оказался утопистом, романтиком, наивным писателем, который опередил время, а стало быть, постоянно выпадал из реального Времени и только терпел, по словам Макиавелли, «удары и щелчки судьбы»? Оглядываясь назад, можно сказать: отчасти это действительно так. Неслучайно «реалисты» ельцинской эпохи придумали словечко «соловьи» о шестидесятниках, а затем о их деятельности в пору перестройки. И мне остается только воскликнуть словами шансонетки из «Марицы»: да, Соловей!!!*

*Но может быть и другое суждение о советниках такого сорта. Подвижники. Люди, которые сознательно ложились на идеологические и политические амбразуры в интересах страны, ее народа и государства. Таких людей в России всегда было немало. Вспомним хотя бы декабристов, которые знали, что идут на* казнь ради великого дела приобщения России к демократическим ценностям Европы.

*Автор этой книги, довольно случайно попавший на Олимп, только и делал, что разрушал свою карьеру, «подставлялся», по словам Андропова, — и ради чего — ради своих идей, имеющих цель послужить прогрессу страны.*

*Это выглядит неправдоподобно — не так ли? Недавно на 70-летнем юбилее Михаила Сергеевича Горбачева Александр Бовин, который как будто бы должен был хорошо понимать автора, спросил: «Скажи, ты ушел из аппарата ЦК потому, что тебе не дали должности первого заместителя Андропова?»*

*Я был глубоко потрясен этим вопросом. Если ближайшие соратники так не понимают друг друга, что же говорить о широкой публике? Она должна с доверием относиться к заявлению кагэбэшника Семичастного о том, что «Бурлацкого изгнали из аппарата за интриги». А из «Правды» — тоже за интриги? А из Института конкретных социологических исследований?*

*Людям трудно поверить, что кто-то рядом с ними рискует собой во имя идеи. На протяжении хрущевского и послехрущевского времени Советник предлагал государям и обществу идеи разумных реформ, прекрасно понимая личный риск такой работы. Он уже в то время изобразил это опасное занятие в мысленном диалоге с Макиавелли.*

*Как же оценить предложенные тогда идеи глазами Макиавелли, т. е. без сантиментов, а по результатам? Под результатами понимаются две вещи: влияние на общественное сознание — элиты и народа — это первое, и второе — отражение в политической практике.*

*С этой точки зрения самое значительное, что было предложено, — отмена диктатуры пролетариата и* признание идеи общенародного государства и советской демократии как основы реконструкции государства. Конечно, решающую роль сыграло не то, что Советник включил эту идею в Программу КПСС и активнее других пропагандировал ее, а поддержка Хрущева. Он увидел в этом прямое отражение своего доклада на XX съезде о преступлениях Сталина. Но дело не сводилось к Сталину. Диктатура пролетариата была главной мыслью и Ленина. Он считал это основным в марксизме, что, конечно, не отвечало действительности. С момента Октябрьской революции это как бы теоретическое понятие послужило оправданием массовых убийств, арестов, ссылок целых слоев населения — аристократов, капиталистов, церковников, интеллектуалов, а затем кулаков и партийных функционеров, недостаточно лояльных к Сталину. Это понятие окрасилось кровью десятков миллионов людей. И его изъятие из символа веры сравнимо с осуждением иезуитского ордена римской церковью. Впрочем, это неточное сравнение — крушение Нерона, гибель горбатого Глостера, смерть Ивана Грозного — да и эти примеры бледнеют в сравнении с идеологией и практикой ГУЛАГа.

Но Макиавелли нашел бы серьезный изъян в сокрушении диктатуры пролетариата. Хрущев и его советники перестарались и зашли с идеологией либерализма слишком далеко. Хрущев упустил одну из главных опор однопартийного режима — КГБ, МВД, армию, точнее, упустил контроль над ними. Иначе он не прошляпил бы заговор, который зародили именно там. Он был чрезмерно либерален для своего времени. Это тем более следует сказать о Советнике. Его борьба за идею общенародного государства, против режима личной власти Брежнева и его группы, была явно обречена на провал, *хотя и пропала не даром, как любили выражаться в аппарате.*

*Вторая важная идея, выдвинутая Советником, — строительство развитого социализма путем осуществления экономических и политических реформ. Она была предложена в Записке, которую Андропов докладывал Брежневу и Косыгину, и отвергнута ими. Позднее неугомонный Советник выступил в 1966 г. в «Правде» со статьей под таким же названием — «О строительстве развитого социалистического общества». И она была взята на вооружение властью — но как? В извращенном виде. Сама эта идея содержала две главных стратегических установки: 1) отказ от «коммунистического строительства» с его дальнейшим огосударствлением всего и вся; 2) утверждение политики реформ. Однако эта идея, которую кто-то из бывших консультантов, готовивших доклад Л.Брежнева, включил в текст, зазвучала совершенно иначе, как некий пропагандистский символ.(?) Было заявлено, что мы УЖЕ ПОСТРОИЛИ развитой социализм и можем предложить его как образец всему социалистическому и несоциалистическому миру. Единственно полезное, что осталось от этой идеи — это отказ от так называемого коммунистического строительства. Что ж, и это было немаловажно. Но на подобной основе возникла идеология стагнации, того, что впоследствии получило название «застоя».*

*Что сказал бы великий реалист Макиавелли в этой связи? Вероятнее всего, посмеялся бы над причудливостью исторического процесса и неловкостью Советника. Но я бы ответил — от мифотворца слышу!*

*Третья идея была заявлена в зачаточном виде в Записке в Президиум ЦК, т. е. Хрущеву «О проекте новой Конституции СССР». Там предлагалось учредить президентскую республику. Как уже отмечалось, Хрущев даже не понял всего значения предложенной реконструкции государства и посмеялся над молодыми людьми, которые хотели снять его с поста Председателя Совмина — куда более значительного в его глазах, чем должность президента, которую он ассоциировал с Председателем Президиума Верховного Совета СССР.*

*Этой идее предстояло великое будущее. К ней мы вернулись уже в эпоху перестройки и она легла в основу реконструкции старого режима, а впоследствии послужила основой Конституции России.*

*Надо упомянуть и размышления об экономических реформах, которые Советник пропагандировал, опираясь прежде всего на опыт Югославии, Венгрии, а также заглядывая через железный занавес в Западную Германию Людвига Эрхарда. А.Косыгин, как известно, подхватил некоторые из этих идей, подготовил специальный Пленум ЦК на эту тему, который, однако, опоздал и произошел во времена раннего Брежнева, полностью похоронившего всю эту стратегию. Эта идеология возродилась только через 20 лет и разбилась на течения: умеренное (перестройка) и радикальное (шоковая терапия). Советник остался на позициях умеренных, постепенных реформ и пришел в столкновение со всей эпохой Ельцина и его советников, среди которых выделялись лихие комсомольские функционеры, с которыми ему довелось столкнуться еще при Хрущеве.*

*Еще одна идея Советника и советников — примирение с Западом, а затем и заимствование западного опыта. Прежде всего, в технологии — это понимали все. Затем — в уровне жизни — этого хотели почти все. И наконец — в устройстве власти, управления, экономической структуры на принципах свободы, конкуренции, гражданского общества. Это понимали единицы, и в их число входил наш Советник. Он был западником с головы до пяток, но русским западником, гото-*

*вым следовать лучшим образцам западного опыта, но бережно сохранять культурные традиции России. В отличие от этого Хрущев интуитивно тянулся к Западу, но имел в сердце своем непреодолимый барьер: марксистскую идеологию превосходства социализма над капитализмом. Когда Советник пытался объяснить, что сталинский «социализм» — это продолжение азиатского способа производства со всесилием и всевластием государства, он не находил понимания даже у наиболее разумных и образованных коллег. Не то, что у Хрущева, который был в этом плане, конечно, совершенно безнадежен.*

*Думаю, что главный упрек, который Макиавелли сделал бы советникам периода оттепели — **непонимание необходимости превентивного насилия**. Если хочешь предотвратить чудовищное насилие, нужно вовремя умело и рационально использовать силу. Этот упрек прежде всего должен быть адресован самому Хрущеву. Хрущев **должен был** вовремя избавиться от Брежнева после его трусливого и предательского поведения на июньском Пленуме ЦК 1957 г. Он **должен быть** раскусить Шелепина, Семичастного и других скрытых сторонников неосталинизма и вовремя заменить их. Он **должен был** привести к руководству новых людей, сторонников XX съезда и не сделал этого. Надо откровенно сказать, что Советник, который сам привел в аппарат ЦК именно такую группу людей, ни разу не ставил вопроса в такой плоскости ни перед Анроповым, ни перед Хрущевым. Понимал заранее, что это бессмысленно? Или сам недооценивал жесткую, но точную сталинскую установку: кадры решают все! Макиавелли осудил бы Советника больше всего за это.*

*В противовес ему Дэн Сяопин в 1979 году полностью сменил руководство маоистского ЦК КПК и прави-*

*тельство Китая. И обеспечил условия для экономических реформ.*

*Хрущев не сделал этого. Читатель может вспомнить портреты вождей того времени — Брежнева, Подгорного, Кириленко и других, — разве с этими недалекими, плохо образованными, консервативными деятелями можно было осуществлять реформы? Но и от самого Хрущева, который возвысился над ними, но ушел от них не очень далеко, тоже нельзя было ждать глубоких структурных реформ, которые уже в его время стучались во все двери.*

*Советник и советники Хрущева, а также Андропова и других разумных руководителей проделывали небесполезную работу по расчистке площадки от сталинского мусора и обозначению пунктирных линий преобразований страны. Это не так много. Но и не так мало.*

*А что сказал бы флорентийский секретарь по поводу самого спорного моего поступка за всю мою жизнь? Я сам до сих пор, вспоминая те далекие события, мучаюсь вопросом — правильно ли я поступил, когда так резко хлопнул дверью — и где? — в самом центре коммунистического храма — в ЦК КПСС? Мне предлагали до этого на выбор должности — секретаря московского горкома по пропаганде, заместителя министра иностранных дел, а самое главное — ко мне прекрасно относился Леонид Ильич. Вполне возможно, что я оказал бы через него куда большее влияние на процесс реформации, чем через печать с ее самыми узкими рамками возможностей. Да и свою жизнь я переломал, искорежил, в том числе в самой чувствительной сфере — семейной...*

*Легче всего сказать — я поступил опрометчиво, не хватило терпения, сжатых челюстей и способности выжидать. Но мне думалось тогда, что я создаю некий нравственный эталон для политических советников, содействую очищению нравов, демонстрируя свое равнодушие к должностям и чиновной карьере. Однако тогда меня никто не поддержал, даже близкие мне советники из моей группы испуганно отвернулись от меня. Особенно после истории в «Правде».*

*Но вероятнее всего, все определялось тем, что у меня не было или не хватало воли к власти, той самой воли, которую воспевал Ницше и которой были в избытке наделены наши и не наши вожди. Я не дорожил атрибутами власти и мечтал только об идейном, духовном влиянии. «Его загубила любовь к литературе», — не помню, о ком это было сказано еще в XIX веке. «Чинов я не искал, а славы не добился», — говорил Лермонтов устами Арбенина. Впрочем, есть и другие образы наших современных поэтов, которые приходят мне на ум, когда я думаю о своей политической судьбе. Это Высоцкий. «Посмотрите, вот он без страховки идет, чуть левее наклон — упадет, пропадет». И еще у Булата Окуджавы: «Один солдат на свете жил, красивый и отважный, но он игрушкой детской был, ведь был солдат бумажный...»*

*Это очень унизительно так о себе думать. Но разве судьба других, куда более значительных «солдат» — Хрущева или, впоследствии, Горбачева, — не была унизительна? Но на их примере я вижу, что она одновременно имеет и отблеск нравственного величия, или более скромно — на моем примере — подвижничества. Кстати говоря, такую же судьбу пережили и многие другие советники в новую эпоху, при Ельцине, когда было несравненно легче делать свой выбор.*

*Теперь другой вопрос, который мне задавали неоднократно. Был ли Андропов вовлечен в заговор и когда он узнал о нем? У меня сложилось в то время впечатление, что Шелепин держал его в стороне. И потому, что считал Андропова слишком преданным Хрущеву человеком. И потому, что видел в нем потенциального соперника. Не случайно он подсадил к нему в качестве заместителя своего дружка Н. Месяцева, который должен был после отстранения Хрущева занять пост завотделом вместо Ю. В. Кроме того, и первоначальная реакция Андропова на октябрьский Пленум — «пойдем более последовательно по пути XX съезда» — говорит, что он не знал сути происходящего переворота. Когда он стал разбираться в происходящем, он резко пошел на сближение с Шелепиным (ездил в одной машине даже), но обмануть того не сумел. А тут еще я с собственными разоблачениями «железного Шурика» в глазах Брежнева. Это, конечно, бросало тень на Ю. В. в глазах Шелепина и других «младотурков». Вероятно, в этом и главная причина, почему он не воспротивился более решительно моему уходу — может быть, даже испытал облегчение? Правда, потом, если верить Л. Толкунову, пожалел об этом.*

## II

Если вернуться к группе консультантов, то интересно отметить, что четыре ее члена в следующую эпоху были избраны народными депутатами СССР — Ю. Арбатов, О. Богомолов, Г. Шахназаров и я, а трое заняли посты руководителей подкомитетов в Верховном Совете СССР. Г. Герасимов стал заведующим отделом печати МИДа, а позднее послом в Португалии.

Видимо, все-таки есть какая-то логика в политическом процессе. Каждая политика призывает к себе подходящих людей для своего осуществления. Не случайно, что меня призвали таким молодым, наивным и неопытным, но полным антисталинской страсти в период Хрущева, не случайно меня оттерли, давили и «ставили на место» в период Брежнева, не случайно меня вернули в период перестройки. Всякому овощу свое время. Время — это то, что работает на нас или против нас. Нужны терпение и вера, что твое время еще не ушло.

Время Брежнева было трудным испытанием для нашей, как и других групп советников. Дело не только в том, что уж очень велик был соблазн приобщиться к коррумпированной системе государственного равнодушия и расточительства. Сложнее было найти свое место людям, которые не могли отказаться от активной политической жизни. Кто был прав — я, который бросил вызов, или те, кто продолжал служить новым богам в надежде амортизировать их негативное влияние на общество, внести элемент культуры и прогрессивных идей в политику? Затрудняюсь ответить.

Раньше, в пору задавленности, я с растущим раздражением наблюдал за стремительной карьерой многих советников, которые становились академиками, членами высших партийных и государственных органов, идя на неизбежные компромиссы. Теперь у меня не поднимается рука, чтобы бросать в них камни. Политика — это особый, отнюдь не деликатный и нравственный род игры. И политический человек часто стоит перед трудным выбором: уйти в сторону или делать максимум возможного при сложных обстоятельствах, не ставя на карту всю свою биографию. Поэтому скажем словами Христа: не судите и не судимы будете. Пусть каждый сам выбирает собственный путь. Время позаботится о том, чтобы все расставить по своим местам.

Вообще говоря, роль советника во все эпохи формировала особый тип политического человека — человека, который должен как бы вписаться в образ другого лица и одновременно оставаться самим собой. Советник обременен почти тем же чувством, что и руководитель, он мыслит категориями государственных, общенациональных интересов. Но не он принимает решения, не на нем лежит бремя ответственности и риска за результат. Эта «встроенность» и вместе с тем отстраненность воспитывает тип личности, имеющей сходные черты при любых режимах. Исполнительность и критичность, соучастие и анонимность, раскованность и стремление «попасть в струю», вечное недовольство патроном и желание потакать ему, — чем выше талант, чем острее чувство достоинства, тем сложнее выступать в этой роли. И только тогда, когда советник искренне верит государю, вождю, руководителю, он действительно выступает в своей истинной роли, становится незаменимой спицей в державном колесе. К сожалению, лично я так и не нашел своего «государя» ни в период оттепели, ни в последующую эпоху реформ. Поэтому я сам отходил в сторону, когда мне не импонировали новые государи. Так было в момент прихода Брежнева. Так повторилось и в следующую эпоху... — при Ельцине...

Время, о чем так глубоко писал Шекспир, сильнее любого человека, оно поворачивает наш характер то в одну, то в другую сторону, высвечивая в нем лучшие или худшие черты.

И еще два слова о политическом советнике как типе личности и деятеле. Некогда к этой довольно редкой, но вечной профессии принадлежали люди значительные и даже великие. Аристотель, Сенека, Макиавелли, а у нас в России — князь Голицын, Сперанский, Столыпин, реформатор России при Николае II. Все это представители одного племени — советников при политических руководителях. Менялись эпохи, политические режимы и нравы, а тип советника не то чтобы оставался неизменным, но сохранял какие-то родовые черты. В одно и то же время — это Шуйский при Борисе Годунове и инок, который в келье на Бориса «донос ужасный пишет». И не случайно, когда Шуйский захотел стать государем, он был отвергнут и растоптан: не в свои сани не садись!

Я попытался схватить этот тип личности в пьесе о Макиавелли «Советник государя». (Она публикуется в другой книге.) Не знаю, удалось ли мне это, но в ней есть сцена, которой я дорожу. Встреча в тюрьме — воображаемая — Макиавелли с государем. Там — главное о двух таких несхожих биологических структурах. Советнику не дано стать государем, как государю не дано быть советником. В чем же здесь дело? Для одного главное — завоевать и сохранить личную власть, а как ею распорядиться, это уже другое дело — преобразование, реформы или застой — все это производные. Для другого главное — служение идее, хотя, конечно, и он не лишен личных амбиций. Один способен принимать решения, и — по обстоятельствам — самые жестокие. Другой не хочет, не может марать рук. Даже давая жестокие советы, он не в состоянии их выполнять. Казни, убийство, вероломство, нарушение обещаний, предательство друзей — словом, все, что сопутствует политике, — ему, советнику, чуждо. Он сохраняет достоинство и честь или пытается их сохранить, служа не только доброму, но и жестокому и несправедливому государю. А в чем он ищет оправдания? В служении державе, нации, какой-то великой цели, которая возвышается над головой любого государя. Для Макиавелли, например, этой целью было единение Италии, как для

Сперанского — эволюция России в направлении Запада.

И вот я — скромный представитель этого племени — больше двадцати лет выступал в той же роли. Я работал для Куусинена, Хрущева, Андропова, Косыгина, стараясь где можно протолкнуть новые идеи или хотя бы намек на них, то, во что я верил и чему так страстно старался послужить. Конечно, у меня есть книги и статьи, однако моей главной жизнью было не это. Служение стране, народу, процветанию государства и каждого человека. Я не рассматриваю это как достоинство, напротив, сейчас нередко вижу в этом некий признак наивности и инфантилизма.

Чему служил, я уже сказал. А теперь — чем служил, какие идеи нес? Что было для меня самым важным?

На этот вопрос я пытался ответить в заключительном диалоге автора и героя в книге «Загадка и урок Никколо Макиавелли». Герой называет цель своей жизни: реформаторство. Эта книга была написана в начале 70-х годов, когда это слово еще не звучало со всех амвонов. Реформаторство сопутствовало истории человечества во все времена. Это очень достойное дело, но для одного человека совершенно непосильное, особенно если у него нет такой маленькой вещи, о которой мечтал Архимед, — рычага, с помощью которого можно перевернуть мир. Этот рычаг — власть прогрессивного государя, независимо от того, кто выступает в этой роли: народ через парламент, либеральный монарх или Генеральный секретарь.

**Автор**. Ваше подлинное имя?

**Никколо**. Флорентийский секретарь.

**Автор**. Ваше родовое имя?

**Никколо**. Оно вам известно.

**Автор**. Простите мою назойливость, но в русской

транскрипции оно изображалось по-разному: раньше Махиавель, затем Махиавелли, а сейчас Макиавелли и Макьявелли. Какое же верно?

**Никколо.** Переведите просто — вредный гвоздь, и дело с концом. Впрочем, имя флорентийского секретаря мне ближе родового. Я заслужил его сам.

**Автор.** Национальность?

**Никколо.** Флорентиец из Италии; итальянец из Флоренции — по вашему вкусу.

**Автор.** Социальное положение?

**Никколо.** Разночинец.

**Автор.** Что-о?

**Никколо.** По-русски это звучало бы именно так. Из обедневших аристократов. Положение самое двусмысленное.

**Автор.** Образование?

**Никколо.** Незаконченное. Но, пожалуй, все-таки высшее.

**Автор.** Семья? Родственники?

**Никколо.** Семья — Мариетта и дети. Родственников, то бишь родных себе душ, не имел.

**Автор.** Профессия?

**Никколо.** Чиновник. Дипломат. Публицист. Историк. Литератор.

**Автор.** Простите, уточняю — призвание?

**Никколо.** Реформатор.

**Автор.** Реформатор чего?

**Никколо.** Учреждений и нравов. Я желал изменить свое Время и ускорить его бег.

**Автор.** Что же, вы преуспели в своем реформаторстве?

**Никколо.** Мы пробудились сами и возродили Время.

**Автор.** Вы изведали счастье?

**Никколо.** Единожды, когда закончил «Государя».

**Автор**. А «Рассуждения»? «Военное искусство»? «Мандрагора», наконец?

**Никколо**. То были минуты и величия, и горечи. Судьба «Государя» отравила все. После, ища суда зрителей, я ожидал лишь ударов бича.

**Автор**. Но в чем причина?

**Никколо**. Причина в том, что нет предприятия более трудного для исполнения, более ненадежного относительно успеха и требующего больших предосторожностей при его введении, чем введение новых учреждений. Нововводитель при этом встречает врагов во всех тех, кому жилось хорошо при прежних порядках, и приобретает только весьма робких сторонников в тех, чье положение должно при этих нововведениях улучшиться.

**Автор**. Отчего же?

**Никколо**. По завистливости человеческой природы открытие новых систем и истин было всегда так же опасно, как открытия новых вод и земель, потому что люди более склонны порицать, чем хвалить чужие поступки. Однако, побуждаемый тем естественным влечением, которое я всегда чувствовал, делать все, что я считаю способствующим общему благу, не обращая внимания ни на какие посторонние соображения, я решился пойти по пути, не посещавшемуся до меня никем.

**Автор**. И вам дано было открыть новые истины?

**Никколо**. Если скудость ума, недостаток опытности в современных делах, слабое познание прошедшего делают мои сочинения ошибочными и малополезными, то по крайней мере я прокладываю путь тому, кто с бóльшими достоинствами, большим красноречием и проницательностью сумеет выполнить его удовлетворительнее: поэтому если я не заслуживаю похвалы, то не должен быть и подвергаем порицанию.

**Автор.** Вас оценили в ваше время?

**Никколо.** О! Открыватель истин и преобразователь должен быть честным. А человек, желающий в наши дни быть во всех отношениях чистым и честным, неизбежно должен погибнуть в среде громадного бесчестного большинства; люди обыкновенно предпочитают средний путь, который и есть самый пагубный, ибо они не умеют быть ни вполне честными, ни вполне гнусными.

Модель отношений между государем и советником, приложима и к современной эпохе. Сталин, с одной стороны, и Бухарин — с другой. О Бухарине говаривали во времена Ленина: у него есть все, чтобы стать лидером, кроме одной малости — характера. Хрущев был прирожденный лидер, но он никогда не смог бы стать советником. Будем утешаться этим...

Наше поколение советников 60-х годов в лице лучших представителей проделало небесполезную работу по сокрушению стереотипов тоталитарной власти. Не только сталинизма, нет — всей идеологии подавления человека громадой государственной машины. Иногда, когда у меня особенно тоскливо на душе, я утешаюсь тем, что участвовал в разрушении таких бетонных основ старого режима, как культ вождя, авторитарная власть, холопство народной массы. И особенно — в утверждении элементарных общечеловеческих ценностей современной цивилизации — свободы, достоинства личности, демократии, открытого общества, политической культуры. Ничего нового, никакого открытия в этом нет, лучшие цивилизации везде основаны на таких ценностях. Но как нелегко было выдавливать из себя рабскую покорность стереотипам и как невероятно трудно было нести новое сознание и руководителям, и общественному мнению.

Скромные и незаметные разрушители и строители, мы работали, однако, на самом трудном объекте, твердом, как скала, и грязном, как угольные копи, — в забое политики. И даже если мы сделали немного, придут новые поколения реформаторов, которые сделают больше. И пусть они помнят о предшественниках. Это поможет им не повторять пройденного, а идти дальше и проникать глубже. Пожалуй, нет страны в мире, которая в большей мере нуждалась бы в реформации и реформаторах. И в большей мере заслужила это своими неисчислимыми страданиями.

Сейчас, когда я вступаю в последний период своего существования, с меня все больше опадают, как осенние листья, жалкие догмы той идеологии, с которой я начинал жизнь. Мне все ближе ценности христианской морали и либерализма великих просветителей человечества. Перелистывая «Нравственные письма» Сенеки, наткнулся на высказывание: «Я хотел бы жить свободным среди свободных людей».

Меня поразило, что два тысячелетия назад люди испытывали ту же жажду и ту же тоску, которую чувствуем мы теперь. Можно попробовать обрести личную свободу, примкнув к элите — к богатым, благополучным, преуспевающим. Можно отправиться в поисках большей свободы в дальние пределы. Но достойная цель — обретение личной свободы в своей стране в среде свободных людей.

Я никогда не верил, что Россия обречена самой историей на несвободу. Не верил утверждениям Руссо, что в России никогда не будет демократии. Мне больше импонирует мысль Н. Бердяева: «Добыть себе относительную общественную свободу русским трудно не потому только, что в русской природе есть пассивность и подавленность, но и потому, что русский дух жаждет абсолютной Божественной свободы».

Принеся неслыханные жертвы своей мечте о невиданном рае на земле, мы сильно опоздали на стремительно летящий поезд мировой цивилизации. Но вся наша великая культура от Толстого и Достоевского до Кандинского и Прокофьева — свидетельство затаенной силы нашего духа.

Либерализм, как я понимал это в эпоху оттепели и начала реформации, — это личные права, национальный суверенитет, гарантии обездоленным слоям, открытое общество, сбросившее с себя вериги несвободы, изоляции, исключительности, общество, возвращающееся в мировую цивилизацию. Парламентская республика, всенародно избираемый президент, рынок, близкий к модели социал-демократических стран (Швеции, Австрии), личная свобода и собственность для каждой семьи, приоритет науки, образования, свободного состязания различных направлений в культуре, — таковы простейшие ценности, за которые я боролся.

## III

Древние говорили: «Судьба человека — это нрав его». Никита Хрущев стал жертвой собственного нрава, а не только жертвой среды. Торопливость, скоропалительность, эмоциональность были непреодолимыми его чертами.

Человек идет дальше всего, когда не знает, куда идет, говорили древние. Но шаг его при этом извилист и неровен — он то резко вырывается вперед, то сильно откатывается обратно. Так выглядели многие экономические и социальные реформы Хрущева.

Время не рассеяло бесчисленные мифы вокруг его имени у нас и за рубежом. Разделив судьбу других реформаторов, Хрущев не снискал объективного признания в массовом сознании. Народ, который когда-то возвышал Ивана Грозного и осуждал Бориса Годунова, не мог принять после Сталина общественного деятеля, лишенного мистической магии, земного и грешного, подверженного ошибкам и заблуждениям. Шолохову еще в период оттепели приписывали фразу о Сталине: «Конечно, был культ, но была и личность». То был скрытый упрек Хрущеву как куда менее значительной фигуре. Упрек человеку, который будто бы, подобно шекспировскому Клавдию, стащил корону, валявшуюся под ногами.

А тем временем в странах Запада Никиту Хрущева ставили на одну ступеньку с Джоном Кеннеди и папой Иоанном XXIII и видели истоки ухудшения международного климата в конце 60-х годов в том, что эти лидеры по разным причинам сошли с политической арены. Появилось множество книг, посвященных анализу «хрущевизма» как нового течения в социализме.

Можно было бы сказать — нет пророков в своем отечестве, но это было бы неточно. Вопрос глубже и сложнее. Пожалуй, ближе других к оценке Хрущева подошел Эрнст Неизвестный, с которым Хрущев вел свою «кавалерийскую» полемику в Манеже. Созданный скульптором памятник на могиле Хрущева — бронзовая голова на фоне белого и черного мрамора досок — удачно символизировал противоречивость оттепели и ее главного героя.

Сейчас, почти сорок лет спустя, сравнивая период до и после октября 1964 года, мы лучше видим силу и слабость Хрущева. Главная его заслуга состояла в том, что он сокрушил культ личности Сталина. Это оказалось необратимым, несмотря на все трусливые попытки водворить пьедестал на прежнее место. Не вышло. Значит, вспашка была достаточно глубокой. Значит, пахарь трудился не зря. Мужественное решение о реабилитации многих коммунистов и беспартийных, подвергшихся репрессиям и казням в период культа личности, восстанавливало справедливость, истину и честь в жизни государства. Мощный, хотя и не во всех отношениях эффективный и умелый удар был нанесен по сверхцентрализму, бюрократизму и чиновному чванству.

Во времена Хрущева положено начало перелому в развитии сельского хозяйства: повышены закупочные цены, резко уменьшено бремя налогов, стали применяться новые технологии. Освоение целины при всех недостатках сыграло свою роль в обеспечении населения продовольствием. Хрущев пытался повернуть деревню к зарубежному опыту, первой сельскохозяйственной революции. И даже его увлечение кукурузой было продиктовано благими намерениями, хотя и сопровождалось наивными крайностями. Самую худшую роль сыграла также гигантомания в деревне, сокращение приусадебных хозяйств.

С именем Хрущева связаны крупнейшие достижения в области науки и техники, позволившие создать фундамент для достижения стратегического паритета. До сих пор у нас перед глазами стоит встреча Юрия Гагарина с Хрущевым, ознаменовавшая прорыв нашей страны в космос. Мирное сосуществование, провозглашенное еще на XX съезде КПСС, становилось более прочной платформой для соглашений, деловых компромиссов с Западом, особенно после потрясения в период Карибского кризиса. К эпохе оттепели восходят истоки Заключительного акта в Хельсинки, который закрепил итоги Второй мировой войны и декларировал новые международные отношения, экономическое сотрудничество, обмен информацией, идеями, людьми.

В ту пору страна приступила к решению многих социальных проблем. Жизненный уровень населения в городе и деревне стал постепенно расти. Однако намеченные экономические и социальные реформы захлебнулись. Серьезный удар по надеждам реформаторов нанес разгром демократического движения в Венгрии в 1956 году. Не последнюю роль сыграла самоуверенность Никиты Сергеевича, его беспечность в вопросах теории и политической стратегии. «Хрущевизм» как концепция обновления социализма не состоялся. Если воспользоваться образом, который так любил главный оппонент Первого Мао Цзэдун, Хрущев ходил на двух ногах: одна смело шагала в новую эпоху, а другая безвылазно застряла в тине прошлого.

Отвечая на вопрос, почему в 60-х годах реформы потерпели поражение, можно было бы сказать и так: консервативные силы смогли взять верх над реформаторами потому, что аппарат управления, да и все общество были еще не готовы к радикальным переменам. Но это слишком общий ответ. Нужно попытаться выяснить, чем воспользовались консерваторы.

Одна из ошибок состояла, на мой взгляд, в том, что поиск концепции реформ и путей их осуществления был основан на традиционных административных и даже бюрократических методах. Хрущев обычно давал поручения о «проработке» тех или иных проблем — экономических, культурных, политических — министерствам, ведомствам, то есть тому самому аппарату управления, который должен был ограничить свою власть. Аппарат же всегда находил способ прямыми, косвенными, двусмысленными решениями уберечь себя от контроля.

Более или менее удачные реформы как в странах Восточной Европы, так и в особенности в странах Западной Европы и Азии обычно намечались группой специалистов, главным образом ученых и общественных деятелей, которые работали под руководством лидера страны. Так было, скажем, в Венгрии, Югославии, Китае. В Японии я встречался с профессором Охита, который считается автором японского «чуда». В ФРГ план реформ был составлен в свое время профессором Эрхардом, который впоследствии стал канцлером страны.

Второе — «народ безмолвствовал». Теперь, опираясь на опыт гласности, мы особенно ясно видим, как мало было сделано, чтобы информировать людей о прошлом, о реальных проблемах, о намечаемых решениях, не говоря уж о том, чтобы включать самые широкие общественные слои в борьбу за реформы. Сколько раз слышал в эту пору: «А чем Хрущев лучше Сталина? При Сталине хоть порядок был, бюрократов сажали и цены снижались». Не случайно в момент октябрьского Пленума ЦК КПСС в 1964 году едва ли не большинство во всем обществе вздохнуло с облегчением и с надеждой ожидало благоприятных перемен.

И последний урок. Он касается самого Хрущева. Этот человек острого природного политического ума, смелый и деятельный, не устоял перед соблазном воспевания собственной личности. «Наш Никита Сергеевич!» Не с этого ли началось грехопадение признанного борца с культом? Прилипалы топили его в море лести и восхвалений, получая за это высокие посты, награды, премии, звания. И не случайно —

чем хуже шли дела в стране, тем громче и восторженнее звучал хор льстецов об успехах «славного десятилетия». Они же и предали его. Неужели Ельцин был прав, — спрошу я, забегая вперед, — когда так часто менял советников?

Хрущев, к сожалению, так и не сумел полностью отбросить фанатизм цели, для которой годятся любые средства. Сталинское поколение верило в близкое торжество коммунизма в нашей стране и еще в полутора десятках окрестных стран. Поэтому гибель каких-то десяти-двадцати миллионов необходима и оправданна. Хрущевское поколение еще донашивало веру в скорое пришествие коммунизма, который мнился как всеобщее благополучие и мир. Поэтому поношение какой-то группы «ничтожных интеллигентиков» — не более чем уборка мусора на великом пути. Брежневское поколение оправдывало подавление инакомыслия, привилегии и коррупцию могуществом супергосударства, вооруженного термоядом, которое может вмешаться в любое событие в мире... Каждый новый руководитель как бы заново испытывал род опьянения величием задач, возложенных на него историей. Душа Хрущева была полна добрых намерений. Но «...не благородные мысли и даже деяния людей, а деяния, завершившиеся успехом, — вот что спешит запечатлеть История» (Бичер). И «трудность оправдания никогда не принимается историей» (Грэфтон).

...Мне рассказывал один из помощников Хрущева об удивительном пророчестве У. Черчилля. Это было во время визита Хрущева и Булганина в Англию в 1956 году. Вот что сказал старый британский лев: «Господин Хрущев, вы затеваете большие реформы. И это хорошо! Хотел бы только посоветовать вам не слишком торопиться. Нелегко преодолеть пропасть в два прыжка. Можно упасть в нее».

Я рискнул бы добавить от себя: пропасть нельзя преодолеть и тогда, когда не ведаешь, на какой берег собираешься прыгнуть.

Нет никакой загадки русской души: это придумано людьми, которые, находясь на окраине европейской цивилизации, хотели выработать некий эталон жизни для всего человечества. Есть реальная история страны, представляющая собой одну из многих ныне существующих цивилизаций, которая мучительно приобщается к современной технологической революции и, преодолевая десятилетия изоляции, наследие авторитарно-патриархальной политической культуры, пороки этатизма, постепенно и спонтанно входит в мировое сообщество. Никита Сергеевич Хрущев, а также лучшие из его советников, внесли свою лепту в этот процесс.

# СОДЕРЖАНИЕ

**Бурлацкий Федор Михайлович**

**Н. ХРУЩЕВ И ЕГО СОВЕТНИКИ —
КРАСНЫЕ, ЧЕРНЫЕ, БЕЛЫЕ**

Ответственный редактор *В. Жукова*
Художественный редактор *А. Сауков*
Художник *Е. Пермяков*
Технический редактор *Н. Носова*
Компьютерная верстка *Л. Панина*
Корректор *Н. Кирилина*

ЗАО «Издательство «ЭКСМО-Пресс». Изд. лиц. № 065377 от 22.08.97.
125190, Москва, Ленинградский проспект, д. 80, корп. 16, подъезд 3.
**Интернет/Home page — www.eksmo.ru**
Электронная почта (E-mail) — info@ eksmo.ru

*По вопросам размещения рекламы в книгах издательства «ЭКСМО»
обращаться в рекламное агентство «ЭКСМО». Тел. 234-38-00*

*Книга — почтой: Книжный клуб «ЭКСМО»*
101000, Москва, а/я 333. E-mail: bookclub@ eksmo.ru

*Оптовая торговля:*
109472, Москва, ул. Академика Скрябина, д. 21, этаж 2
Тел./факс: (095) 378-84-74, 378-82-61, 745-89-16
E-mail: reception@eksmo-sale.ru

*Мелкооптовая торговля:*
117192, Москва, Мичуринский пр-т, д. 12/1
Тел./факс: (095) 932-74-71

ООО «Медиа группа «ЛОГОС». 103051, Москва, Цветной бульвар, 30, стр. 2
Единая справочная служба: (095) 974-21-31. E-mail: mgl@logosgroup.ru
contact@logosgroup.ru

ООО «КИФ «ДАКС». Губернская книжная ярмарка.
М. о. г. Люберцы, ул. Волковская, 67.
т. 554-51-51 доб. 126, 554-30-02 доб. 126.

**Книжный магазин издательства «ЭКСМО»**
Москва, ул. Маршала Бирюзова, 17 (рядом с м. «Октябрьское Поле»)

Сеть магазинов «Книжный Клуб СНАРК» представляет
самый широкий ассортимент книг издательства «ЭКСМО».
Информация в Санкт-Петербурге по тел. 050.

*Всегда в ассортименте новинки издательства «ЭКСМО-Пресс»:*
ТД «Библио-Глобус», ТД «Москва», ТД «Молодая гвардия»,
«Московский дом книги», «Дом книги на ВДНХ»

ТОО «Дом книги в Медведково». Тел.: 476-16-90
Москва, Заревый пр-д, д. 12 (рядом с м. «Медведково»)

ООО «Фирма «Книинком». Тел.: 177-19-86
Москва, Волгоградский пр-т, д. 78/1 (рядом с м. «Кузьминки»)

ООО «ПРЕСБУРГ», «Магазин на Ладожской». Тел.: 267-03-01(02)
Москва, ул. Ладожская, д. 8 (рядом с м. «Бауманская»)

Подписано в печать с готовых диапозитивов 25.02.2002.
Формат 84×108 $^1/_{32}$. Гарнитура «Таймс».
Печать офсетная. Бумага писчая. Усл. печ. л. 23,52 + вкл.
Тираж 5100 экз. Заказ 5684

Отпечатано в полном соответствии
с качеством предоставленных диапозитивов
в ОАО «Можайский полиграфический комбинат»
143200, г. Можайск, ул. Мира, 93.